高等职业教育改革与发展研究

郭庆娟　欧阳岑姝　徐树正　著

哈尔滨出版社
HARBIN PUBLISHING HOUSE

图书在版编目（CIP）数据

高等职业教育改革与发展研究 / 郭庆娟，欧阳岑姝，徐树正著. — 哈尔滨：哈尔滨出版社，2023.6
　ISBN 978-7-5484-7367-1

Ⅰ. ①高… Ⅱ. ①郭… ②欧… ③徐… Ⅲ. ①高等职业教育－教育改革－研究－中国 Ⅳ. ①G719.21

中国国家版本馆CIP数据核字（2023）第118269号

书　　名：高等职业教育改革与发展研究
　　　　　GAODENG ZHIYE JIAOYU GAIGE YU FAZHAN YANJIU

作　　者：郭庆娟　欧阳岑姝　徐树正　著
责任编辑：韩伟锋
封面设计：张　华
出版发行：哈尔滨出版社（Harbin Publishing House）
社　　址：哈尔滨市香坊区泰山路82-9号　邮编：150090
经　　销：全国新华书店
印　　刷：廊坊市广阳区九洲印刷厂
网　　址：www.hrbcbs.com
E－mail：hrbcbs@yeah.net
编辑版权热线：（0451）87900271　87900272
开　　本：787mm×1092mm　1/16　印张：12.25　字数：250千字
版　　次：2023年6月第1版
印　　次：2023年6月第1次印刷
书　　号：ISBN 978-7-5484-7367-1
定　　价：76.00元

凡购本社图书发现印装错误，请与本社印刷部联系调换。

服务热线：（0451）87900279

前　言

高等职业教育"以服务为宗旨，以就业为导向"的办学宗旨，"以学生为中心，以职业能力为本位"的人才培养目标，促使着我国职业教育教学必须进行改革与创新，因为只有这样才能打破以往发展的"瓶颈"。近年来，在我国的高职教育教学的实践过程中，我们也时常听到"教学改革""创新教育""探究学习""新课程教育教学"等"高出镜率"的词汇，"改革"一词成为教育教学专家、教学一线的教师一致的呼声。但是怎么改，具体上应该怎么操作，却是各说各的，很难形成共识。

随着新一代信息技术的发展和渗透应用，新职业岗位对人才的素质和能力提出了更高的要求，传统职业能力观受到了极大挑战。为了与经济发展及产业结构相适应，新职业能力观要求技术技能人才以信息化运用为基础能力，注重适应生产方式创新与技术工具革新，知识技能从满足单一具体岗位转向满足由多岗位组成的职业群或职业面，要求技术技能人才具有收集、整理、使用信息技术的能力，自我学习与管理的能力、自主创新创业的能力以及跨文化沟通的能力等。

积极构建学习型社会为职业教育发展提供了更广阔的舞台。当前，普通教育职业化与职业教育普通化成为教育发展的一个重要趋势，因此，全面促进普通教育与职业教育"互联互通"，建立健全职业教育与普通教育的融合机制，显得尤为迫切。具体实现途径为：高等职业教育层次上移，架设职业教育"立交桥"，构建职业教育本硕博学位制度，推进社区教育，强化在职人员的职业教育与培训。

我国高等职业教育发展的历史短，很多高职院校都是由原来的中专院校重组、合并而成，虽然在规模上、硬件设施上都有一定的提升，但是真正符合高职教育规律的课程体系并没有很好地建立起来，在很大程度上还处在起步阶段。所以，当前我国的高等职业教育院校应着重从专业课程设置、师资队伍建设、教育教学模式、评价体系等方面入手进行改革，以"培养人、发展人"理念为目标，切实来改变高等职业教育"水平不高、技能不强、适应能力差、就业困难"的现状。

本书由郭庆娟、欧阳岑姝、徐树正编写完成，字数25万。具体写作分工如下：第三章高等职业教育专业设置、第六章高等职业院校教育科研管理与评价、第七章高等职业教育思想政治教育研究、第八章高等职业教育师资队伍建设由黑龙江教师发展学院郭庆娟编写完成，字数15万；第五章专业课程教学体系的改革由湖南化工职业技术学院欧阳岑姝编写完成，字数 2 万；第一章高等职业教育发展研究、第二章高等职业教育教学改革概述、第四章人才培养目标和基本特征由郑州商学院徐树正编写完成，字数 8 万，最后由欧阳岑姝统稿完成。

高等职业教育改革与发展研究需要长时间的探索与完善。由于我们的探索能力与水平有限，书中还有很多不完善和错误的地方，恳请各位专家和读者不吝赐教。

目 录

第一章 高等职业教育发展研究 ·· 1
 第一节 国外高等职业教育 ·· 1
 第二节 国内高等职业教育 ·· 7
 第三节 高等职业教育与工匠精神 ··· 10
 第四节 高等职业教育发展驱动力 ··· 14
 第五节 新时代高等职业教育的模式 ······································ 20
 第六节 高等职业教育的挑战与对策 ······································ 30

第二章 高等职业教育教学改革概述 ·· 33
 第一节 互联网与高等职业教育 ·· 33
 第二节 高等职业教育校企深度合作 ······································ 35
 第三节 企业参与高等职业教育治理 ······································ 37
 第四节 慕课对高等职业教育的影响 ······································ 41
 第五节 高等职业教育特色之逆向思辨 ·································· 46
 第六节 高等职业教育社区化办学的探索 ······························· 51

第三章 高等职业教育专业设置 ··· 57
 第一节 高等职业教育专业设置的主要特点 ··························· 57
 第二节 高等职业教育专业设置的基本原则 ··························· 60
 第三节 高等职业教育专业设置的依据及程序 ······················· 64
 第四节 高等职业教育专业设置标准 ······································ 69
 第五节 高等职业教育专业设置的方法与要求 ······················· 76
 第六节 高等职业教育专业设置的策略 ·································· 83

第四章 人才培养目标和基本特征 ·· 89
 第一节 发达国家高等职业教育人才培养目标 ······················· 89
 第二节 我国高等职业教育人才培养目标 ······························· 91

  第三节 发达国家高等职业教育人才培养基本特征 ……………… 93

  第四节 我国高等职业教育人才培养基本特征 …………………… 96

第五章 专业课程教学体系的改革 ………………………………………… 99

  第一节 教学过程的改革与创新 …………………………………… 99

  第二节 实践教学内容和体系的改革与创新 …………………… 101

  第三节 教学方法和手段的改革与创新 ………………………… 102

  第四节 考试方法的改革与创新 …………………………………… 103

  第五节 教学体系的改革与构建案例 …………………………… 105

第六章 高等职业院校教育科研管理与评价 ……………………………… 113

  第一节 高等职业院校教育科研的文化建设 …………………… 113

  第二节 高等职业院校教育科研管理的内容 …………………… 116

  第三节 高等职业院校科研管理制度体系 ……………………… 118

  第四节 高等职业院校教育科研评价 …………………………… 124

  第五节 高等职业院校科研方面存在的问题 …………………… 133

  第六节 加强高职院校教育科研的策略 ………………………… 137

第七章 高等职业教育思想政治教育研究 ……………………………… 141

  第一节 高等职业教育思想政治教育实证分析 ………………… 141

  第二节 高等职业教育思想政治教育效果不佳的原因分析 … 152

  第三节 高等职业院校思想政治教育取得的主要成效 ………… 154

  第四节 高等职业教育思想政治教育创新策略 ………………… 156

第八章 高等职业教育师资队伍建设 …………………………………… 167

  第一节 国内外高等职业教育师资队伍研究现状 ……………… 167

  第二节 高等职业教育教师的使命与素质 ……………………… 169

  第三节 高等职业院校人才梯队构成 …………………………… 174

  第四节 高等职业教育师资队伍建设的现状 …………………… 176

  第五节 影响"双师型"教师队伍建设的因素 ………………… 179

  第六节 高职院校"双师型"教师队伍建设的策略 …………… 181

参考文献 …………………………………………………………………………… 188

第一章 高等职业教育发展研究

第一节 国外高等职业教育

职业教育是近年来教育学领域研究的热门课题之一。在回顾相关文献的基础上，本节内容介绍了世界上几个比较有代表性的国家的职业教育模式及发展情况，分析比较了这些国家的职业教育在制度架构、模式和教育理念等方面的特点，揭示了国外职业教育对我国的启示。

作为高等教育机构，培养适应高度信息化社会和国际化时代的人才，实施具备专门化、信息化、世界化的实用性特色教育，采取产、学、研相结合的方式，为国家和地区经济的发展做出贡献，并且通过完善的大学文化体制促进社会文化不断向前发展，都是职业教育院校共同奋斗的目标。而国外，特别是发达国家在这一方向上的努力更是值得学习和借鉴。

一、国外高等职业教育模式简介

（一）德国"双元制"模式

德国"双元制"模式，是20世纪20至50年代后期逐步形成的，是一种青少年既在企业里接受职业技能培训，又有部分时间在职业学校里接受专业理论和普通文化知识的教育形式，它将企业与学校、理论知识和实践技能教育紧密结合起来，是一种主要以专业技术工人为培养目标的职业教育制度。

"双元制"职教体制下的学生具有双重身份：职业学校的学生和企业的学徒。有两个学习地点：职业学校和企业。企业的培训大部分是在工作岗位上由具备实践经验的培训教师按照培训大纲实施，学校的理论教学主要是在课堂上进行，同时辅以部分实践操作。

（二）美国CBE模式

CBE，即"以能力为基础的教育或能力本位教育"。其产生于二战后，现广泛应用于美国、加拿大等北美国家的职业教育中，较为先进。概括地说，CBE理论是以能力为基础强调能力培养、能力训练的教育教学思想体系。以 CBE 为核心的能力本位职业教育是一种以满足企业需求为目的，以实际能力培养为主的职业教育。它以全面分析职业角色活动为出发点，以提供产业界和社会对培训对象履行岗位职责所需要的能力为基本原则，强调学员在学习过程中的主导地位，其核心是如何使学员具备从事某一职业所必需的实际能力。

美国的能力本位职业教育的教学体系大致包括五个组成部分：市场调查分析；能力图表的确定；学习包的开发；教学实施；教学管理。

（三）澳大利亚 TAFE 模式

TAFE，意思是"技术和继续教育学院"。TAFE 是高级职业教育机构，类似于我国的高等职业技术学院。

和大学一样，TAFE 是澳大利亚高等教育非常重要的一部分。目的主要是培养具有高度专业知识和技术的人才，课程的设置注重专业性和实用性并重，教学内容是教学工作和课堂教学相结合。TAFE 教育不仅可以提供证书、文凭，还有和大学衔接的课程，可以为学员继续攻读学士学位甚至是更高学位提供有利的条件，因此，它在澳大利亚深受欢迎，是未来职业发展的最佳选择，拿到 TAFE 文凭的毕业生可以直接进入各个行业当中大显身手。

（四）英国 BTEC 模式

BTEC 是英国"商业与技术教育委员会"的简称。1983 年，英国两大职业评估机构"商业教育委员会"与"技术教育委员会"合并而成 BTEC，1996 年又与伦敦考试与评估委员会合并，更名为"英国爱德思国家学历及职业资格考试委员会"，成为英国最大的考试认证机构。爱德思是英国教育部授权成立、监管的机构，从事学术教育、学历评审以及资格认定等工作。它是国际性教育组织，其颁发的 BTEC 证书被世界大多数国家所认可。

目前英国的 BTEC 课程分为文凭课程（Diploma）和证书课程（Certificate）两类，从级别上分为初级、中级和高级，共涉及 9 个大类、上千门专业，涵盖许多实用领域，如设计、商业、护理、电脑、工程、酒店和餐饮、休闲和旅游等，其资格证书通过在学校、学院或大学以及工作场所的学习予以获得。BTEC 国家高级证书 HNC 和国家高级文凭 HND 课程都以职业为对象，英国的大多数大学和高等教育机构都设置了这些资格课程。学生通常需要两到三年时间进行学习，但其中很多都要求学生具备一段工作经历，读完后即取得高级国家文凭 HND，相当于英国大学二年级的水平（英国大学学制为三年），相当于我国的大专文凭。这些毕业生可以申请直接进入相关院校读本科最后一年并取得学士学位，是另一种代替普通中学教育证书和大学预科高级水平考试的证书。BTEC 国家证书与文凭及高级教育证书大致相同。

二、国外高等职业教育模式特点

（一）法律法规体系健全

在德国，规范职业教育的法律、法规很多，基本法律有三个，即联邦《职业教育法》、联邦《职业教育促进法》和《手工业条例》，此外还有《青年劳动保护法》《企业基本法》《培训员资格条例》等。正是这些法律、法规，同时还有一套包括立法监督、司法监督、行政监督、社会监督在内的职业教育实施监督系统，使德国的职业教育在培养目标、专业设置、经费来源等方面均有了明确而具体的要求，保护了学生接受职业教育的权利，规定了企业和学校"双元"打造技术人才的义务，进而完善了职业教育的管理，促进了职业教育健康有序发展。

英国也首先从法律法规上明确职业教育的作用和地位。英国各个时期都是通过立法来调整和引导职业教育的发展的。二战末期，为复兴战后的英国教育，以丘吉尔为首的联合政府颁布了著名的"巴特勒法案"，规定英国的公共教育体系分为初等教育、中等教育和继续教育三个相互衔接的阶段，确立了职业教育在中等教育和继续教育中的地位，对英国职业教育的发展具有划时代的历史意义。1966年，英国发表了《关于多科技术学院和其他学院的计划》的白皮书，正式给予多科技术学院与普通学历教育同等的地位。在1986年发表的白皮书《齐头并进——教育与培训》中，政府提出了新的职业资格体系，即国家职业资格，拉开了职业资格改革的序幕，并于1988年的《教育改革法》中正式予以确认。20世纪90年代，针对21世纪的人才需求，英国政府颁布了《21世纪的教育和训练》白皮书等，把加强职业教育与培训、提高素质摆在突出的位置上。此后，又颁布了《学习的时代：一个新的不列颠的复兴时代》绿皮书，提出了产业大学的试点计划。这些涉及职业教育的法律法规对于英国职业教育的发展发挥了至关重要的推动作用。

（二）校企合作，社会需求主导职业教育发展

职业教育的根本目的是要解决学校教育滞后于社会发展需要的问题，不断提高劳动力适应社会需求的能力。

在英国，尤其是自20世纪80年代以来，其职业教育发展呈现出的明显特点之一，就是教育部门与产业界的伙伴关系日益加深，产业界成了职业教育发展的先导，越来越多地参与职业教育活动或直接对员工进行职业培训，影响和推动了英国职业教育向适应社会需求的方向发展，英国职业教育的灵活性日益显现。

在德国，企业把职业教育作为"企业行为"来看待，企业内不仅有相应的生产岗位供学生生产实践，还有规范的培训车间供学生学习实践；不仅有完整的培训规划，

还有充足的培训经费；不仅有合格的培训教师和带班师傅，还有相应的进修措施，这一切均使"双元制"的"机制层面"更为健全、更为完善，而使整个职教体系得以有效而顺利地开展。

在澳大利亚，强调和行业的紧密联系，充分发挥行业的主导作用是其职业技术教育的一大特色。在多年的职业教育改革和探索中，逐渐形成了以行业为主导的职业教育制度，极大地支持和推动了 TAFE 的可持续发展，形成产、学、研一体化发展的良好局面，也成为 TAFE 备受青睐和称赞的主要原因之一。其中，行业主导着有关职业教育和培训的宏观决策，参与 TAFE 学院办学的全过程，负责教学质量评估，以及投资岗位技能培训。此外，澳大利亚还设有产业培训理事会作为培训的顾问机构，发挥着纽带和桥梁的作用。产业培训理事会一头连着产业，另一头连着国家培训管理局、各州教育培训部及其 TAFE 学院。一方面行业根据雇主提出的专门培训要求，向 TAFE 学院拨款开展培训，据估计，每年用于各种形式的培训费约为 25 亿澳元；另一方面，学院也必须依靠企业，为企业"顾主"服务。

（三）建立国家统一的证书、文凭和学位框架

澳大利亚为十年制义务教育之后的教育和培训建立了全国统一的、与工作岗位相对应的教育和培训证书体系。它包括：证书Ⅰ，证书Ⅱ，证书Ⅲ，证书Ⅳ，普通文凭，高级文凭，第一学位，高级学位。在该证书体系内，低一级与高一级证书（文凭、学位）之间建有衔接关系，学生在取得证书Ⅰ之后，再学习几个模块，即可取得证书Ⅱ；余者类推。在普通高中教育阶段，学生就可以自由地选择证书Ⅰ和证书Ⅱ要求的职业教育课程；高中毕业进入 TAFE 学院后，在高中教育阶段所得的职业教育课程的学分得到承认，即不必从头学起，可直接学习后续的课程模块。学生从 TAFE 学院毕业后，也可以进入大学学习，其在 TAFE 学院学习的相关专业的课程全部或部分得到承认，这为 TAFE 学院毕业生进一步深造、取得大学学位创造了条件。由于课程一般为模块式的，学生可以进行全日制学习，也可以在就业后进行部分时间制学习，使就业前教育和就业后教育有机结合起来。

在英国，政府允许职业技术教育与普通的学科教育之间互相转学，即中学毕业后（16 岁后），学生可以选择进普通学校继续学习，也可以选择职业技术学校按 GNVQ 或 NVQ 学习，这三者之间可以互相转学。接受职业教育获得 GNVQ 高级证书或 NVQ 三级证书者，既可以就业，也可以免试直接升入大学攻读学士学位，还可以继续沿着职业教育的途径取得 NVQ 四级、五级证书，其学历资格相当于学士学位。之后，还可以再攻读硕士、博士学位。这从根本上改变了社会鄙视职业教育的传统观念。

（四）先进的教育理念

与传统教育相比，英国 BTEC 模式确立了一种新的教育理念，"以学生为中心"

的理念成为 BTEC 管理者和教师的共识。考核发证主管部门在这一指导思想下开发课程、设计教学目标，教师在这一理念下从事教学活动。BTEC 强调学生是学习的主人，强调学生的自主学习，学校应为学生的学习服务。教学过程重视学生的个性发展，鼓励个人潜能的开发。BTEC 的教学大纲、教学方法、"任务法"的考核评估方式以及完善的学习支持系统的建立等都体现出"以学生为中心"的思想。

德国"双元制"也是一种以实用为本位的模式，强调技能和实践能力的培养，旨在培养学生将来在社会上就业、竞争和发展的能力，在工作中具体地发现、分析、总结和解决问题的能力及其操作、应用、维护和维修能力，以及独立、协作、交往、自学等一系列关键能力。

美国能力本位职业教育理论也强调学生自我学习和自我评价，教师是学生学习过程的指导者和管理者，负责按照职业能力分析表所列的各项专业能力开发模块式的学习套件，建立学习信息资源室；学生要按照学习指南的要求并根据自己的实际制订学习计划，采用自己的方式进行学习；学生在完成学习任务后先进行自我评价，认为达到要求时再由教师进行考核评定。这就确立了以能力标准为参照评价学生多项能力的标准参照评价模式。

三、国外高等职业教育模式的启示

中国高等职业教育正在快速、持续发展，高等职业教育的教学逐步规范，办学规模迅速扩展。虽然中国的职业教育在体制、规模、层次、效益等诸多方面取得了长足的发展，但依旧面临着众多障碍和困惑。如职业教育的最高层次仍然定位在专科，并且具有教育终结性，在人们心中的地位较低，被看成是"次等教育"；从官方到民间，对职业教育重视不够、政策不配套、认识不到位、办学不规范、特色不显著、投入无保证等因素，依然制约着中国职业教育的发展。国际职业教育中的特色教育，为中国职业教育的发展提供了广阔的想象空间。

（一）政府高度重视与支持

发达国家的职业教育在发展过程中，政府扮演了很重要的角色，主要通过研究和分析问题、制定法律和政策、财政资助，以及鼓励和引导组织、个人参与职业教育活动，领导和组织实施职业教育的各种行动计划等手段来发挥积极作用。因此，我国各级政府应该提高对职业教育的认识，高度重视职业教育的发展，不仅要从教育角度，更要从带动产业创新、支持科技进步、促进经济发展、保障公民权利、优化劳动就业、维护社会稳定等角度来审视职业教育，从政策的引导、法规的制定、经费的投入、督促协调等给予全方位的支持。

（二）健全职业教育立法，完善职业教育体制

大力优化发展职业教育的法制环境，坚持依法治教。认真贯彻落实《中华人民共和国职业教育法》和《国务院关于大力推进职业教育改革与发展的决定》，加大宣传力度和执法力度，狠抓各项政策的落实，保障职业教育的持续健康发展。落实各级政府、部门、行业组织、企业参与职业教育的责任，健全职业教育的保障体系。

（三）职业教育与产业界、劳动市场的密切配合

国际上职业教育体系大致都由大学、企业、社会团体、私人四个系统组成。广开学路，不仅意味着多系统办学，而且课程的种类、深度、组织形式也多种多样，适合不同层次学习者的需要，这些都值得我们学习和借鉴。我国职业教育学习内容比较单一，多为学术性的，实用性不强。因此，要重点扶持一批具有现代教学设施、有丰富教学经验和一流管理水平的职业院校作为我国专业技术人才的职业教育基地。

职业教育的课程设置本就具有职业定向的特征，就是以就业为导向，培养社会职业工作岗位第一线从事操作、服务或管理的技能型人才，这就决定了企业是职业教育产品的接受者、检验者、使用者，更是职业教育的直接受益者。因此，职业教育只有与企业密切联系，让企业更多地参与其中，才能培养出企业所需要的人才。同时，企业作为职业教育的受益者，理应承担相应的义务。

（四）树立"学习用户"运行理念，实现我国职业教育创意、信念、贡献的办学理念

高等职业教育的培养目标和特征决定了职业技术人才的培养必须坚持以能力培养为本位。职业教育的目的：立足于国家的教育理念，研究和教授人类社会发展的各种必需的理论和实际应用方法，培养为社会各个领域做出贡献的指导性人才。职业教育目标：培养适应高度信息化社会和国际化时代的人才；实施具备专门化、信息化、世界化的实用性特色教育；采取产、学、研相结合的方式，为国家和地区经济的发展做出贡献；通过开放式教育、终身教育为教育的发展做出贡献；通过完善的大学文化体制促进社会文化不断向前发展。

（五）推行适合中国职教发展需要的"双师型"师资队伍建设

教师的进修是建立"双师型"师资队伍的重要组成部分。要根据教师的不同情况，进行不同程度的进修，可允许长期培训与短期培训、在职进修与脱产进修、系统培训与部分培训等多种形式交替进行。要重视教师的综合素质的培训，更新教学内容，转变传统的教育思想，完善教育方法。同时，对富余职教教师进行转换专业的培训，以解决教师总体缺乏和结构不合理的现象；对学历低的教师应该加强文化水平和专业技能的培训。

在师资培养方面，一方面通过高等院校培养大批高学历、高质量的人才，提高师

资队伍的学历水平、知识水平；同时，高等院校要与企业紧密结合，在提高知识水平的同时，也要加强教师实践本领与技能的训练。另一方面，从社会大量选聘专业技术人员到师范院校学习基础文化知识，学习时间至少要一年以上，以保证教师综合素质的质量。修完基础文化课程以后，必须参加全国教师资格考试，通过考试者才有资格做职业学校的教师。职业学校还可以聘用兼职教师，比如招聘一些具有丰富实践经验的企业家或生产一线的技术工人作为兼职教师或客座教授，即实践指导型教师。

第二节 国内高等职业教育

2019年初，国务院印发《国家职业教育改革实施方案》，这个方案被认为是职业教育改革发展的顶层设计蓝图，从经济发展、教育规律等层面，以提升职业教育质量为主线，提出7个方面20项政策举措。结合该方案以及我国目前经济发展形势和职业教育发展的阶段，从中可以窥探到我国高职教育未来的发展方向。

一、高质量、内涵化发展

改革开放40多年来，我国高职教育经历了全面恢复、初步创立、规范发展、规模发展、内涵发展五个发展阶段。学界多认为高职教育全面进入内涵化发展阶段的标志是2006年的"示范性高等职业院校"建设。教育部早在2000年就提出了专业教学改革试点，其后2003年的高职高专院校精品课程建设工作，2004年的职业教育实训基地建设试点工作，2003年和2004年的高职院校人才培养工作水平评估等政策均是在推进高职教育质量提升。到2010年，教育部又在原有"示范性高等职业院校"的基础上，新增100所骨干高职建设院校。"示范校和骨干校"建设项目使高职院校的内涵发展和辐射带动能力极大提高。

2014年下发《国务院关于加快发展现代职业教育的决定》，提出要创新发展我国的高职教育，使其向着做优做强的方向发展。教育部在2015年要求开展关于职业院校教学诊断与改进工作，并提出创新发展行动计划，启动了职业院校管理水平提升行动计划，对高职院校特色发展、教学能力和管理水平等提出指导、规划和要求。2019年，教育部继续推进此项工作，提出了实施中国特色高水平高职学校和专业建设计划的意见及职业院校专业人才培养方案制订与实施工作的指导意见，以专业群建设为核心的发展思路促进高职院校加快校企合作，进一步提升质量，向类型化教育转型。可以看出加快发展职业教育，培育质量文化，促进高职院校内涵化发展，是高职院校迫需要解决的问题，也是其必然的发展方向。

二、体系化、类型化发展

1985年《中共中央关于教育体制改革的决定》首次提出积极发展高等职业技术院校,逐步建立"职业技术教育体系"。1991年《国务院关于大力发展职业技术教育的决定》提出初步建立起有"中国特色的职业教育体系"。2010年,《国家中长期教育改革和发展规划纲要》中提出形成"现代职业教育体系"的构想。虽然我国提出建设职业教育体系的构想较早,但其建设却一直处于迟缓状态。

2014年《现代职业教育体系建设规划》提出要"探索发展本科层次职业教育""引导一批普通本科高等学校向应用技术类型高等学校转型,重点举办本科职业教育""系统构建从中职、专科、本科到专业学位研究生的培养体系"。职业教育的体系化建设节奏加快。次年,《关于引导部分地方普通本科高校向应用型转变的指导意见》极大地推动了应用型本科与中等职业教育、专科层次高职教育的衔接。2019年,教育部同意15所"职业学院"更名为"职业大学",成为本科职业院校,使本科层次职业教育向前迈出重要一步。目前,我国初等职业教育逐渐消失、体系底部抬高,本科层次职业教育开始显现,专业学位研究生教育逐渐成熟、体系短板补齐。

职业教育内部体系化的形成推动职业教育类型化发展,2019年《国家职业教育改革实施方案》中进一步明确了职业教育的类型化教育特征,将其与普通教育区分开来,指出两者同等重要,但并不相同。作为一种类型教育,高职教育与本科教育呈现明显差异,随着"高职高考"制度的逐步建立、"双师型"教师队伍的构建、实验实训基地建设和高比例实践课、学分银行制度、1+X证书制度、技能大赛和职教活动周、校企合作等举措的落实,将进一步促进职业教育特色办学的制度和政策的完善,深化高职教育的类型化发展。

三、校企一体、产教融合

职业教育一个显著特点是校企合作、产教融合,不论是德国的"双元制",还是北美的CBE模式、澳大利亚的TAFE模式,都将培养"职业能力"作为核心,都极其注重和加强学生在企业的实践活动。我国2010年《国家中长期教育改革和发展规划纲要(2010—2020年)》提出要制定校企合作办法法规,促进校企合作制度化发展。2014年,国务院提出了深化校企合作、产教融合,完善校企合作育人的机制。订单式培养模式和现代学徒制是推进校企合作的两个主要模式。通过试点单位深化和推进产教融合,促进"引企入教"和"引教入企"。2018年,国家发布《职业学校校企合作促进办法》,这个办法为校企合作提供了合作模式,并从制度上提出校企合作的促进措施和监督检查机制。

2019年，配合职教改革方案的实施，国家制定了《建设产教融合型企业的实施办法（试行）》，遴选出第一批培育的24家产教融合型企业，并指出力争到2022年培育1万家左右产教融合型的企业。国家从政策层面促进企业在专业设置、课程教材、培养方式、岗位资格认定等教学实践上有更多主动性和自主权，助推更多企业把握全球产业发展、国内产业升级新机遇，主动推动高职院校专业建设与产业发展相适应，真正将校企联合育人的职业教育特色落到实处。

四、普及化

从高等教育的发展规律和高职教育特殊类型及其承担的重要使命来看，我国高职教育未来将走向普及化。"世界高等教育发展经历了精英化时代、大众化时代和普及化时代。"这里所说的普及化主要指的是入学率和总体规模，高职教育的普及化也是从这个层面来说的。高等职业教育是高等教育的重要组成部分，也是构建学习型社会和终身教育体系的关键链条。高等职业教育在成人高等教育和社会各类劳动力资源的职业教育上有更强的灵活性，比普通本科教育在入学方式、就读方式等方面有更加多样的形式，因而其普及化的优势较为明显。

国际上把一个国家的高等教育毛入学率分为精英教育、大众教育和普及教育三个级别，三个级别对应的高等教育毛入学率分别是低于15%、15%～50%和高于50%。2019年，我国高职教育面向新型农民工、退役军人等扩招100万，这个扩招政策推动我国高等教育毛入学率突破50%，迈入教育普及化阶段。目前国际上有17个国家高等教育毛入学率超过80%，35个国家毛入学率在60%~80%，12个国家毛入学率在50%～60%。我国未来高等教育毛入学率提升空间非常大，按照高职教育在高等教育中的占比，其未来发展也将走普及化道路。德国约有60%的初中生毕业后去了职业学校，有20%的高中生毕业后进入应用技术大学。我国《高中阶段教育普及攻坚计划》提出将逐步引导50%的初中毕业生毕业以后进入到职业学校。另外，我国2018年高考考生约有47%进入高职学校。未来，随着高职教育的进一步发展，其普及化的趋势将越来越明显。

五、国际化

全球经济正在加速融合、高度关联，产业的国际化要求教育必须面向国际，对于承担着输送制造业人才和高端技术人才的高职教育来说，其发展也必将走国家化道路。

《中国教育现代化2035》提出我国教育应该积极参与国际教育的规则、标准，参与研究制定评价体系。发达国家高职教育不仅在学生交流上追求国际化，而且在教师交流、专业布局、院校建设等各个方面均有国际化视野。其国际化"引进来、走出去"的成功经验值得借鉴，也是我国高职教育未来发展的方向。

六、信息化

全球正处于信息化时代，"互联网＋"、大数据、云计算、人工智能、智慧校园等是时代主题。教育信息化是顺应时代发展要求，培养符合时代需求的合格人才以及提高教育资源利用率的必然之路。《中国教育现代化2035》就提出要加快建设教育信息化，构建智能化校园、一体化、智能化教学和管理服务平台。

早在2010年，教育部就提出了高职院校专业教学资源库建设项目。2015年，教育部下发《职业院校数字校园建设规范》。2017年，教育部提出了指导意见，进一步推进职业教育信息化发展。2018年教育部发布《教育信息化2.0行动计划》。除此以外，国家连续三年印发《教育信息化和网络安全工作要点》，指导和推动职业院校的数字资源应用共享项目、"职业岗位核心能力精品课"的建设和职业教育专业教学资源库建设。教育部通过多项政策使优质专业教育资源惠及更多院校，大力推进教育信息化工作，促进精品课程、数字校园、智能教育发展。信息化不仅是时代的主要发展方向，也是职业院校适应社会发展、提高教学能力和教育资源利用率的主要方式，是其主要发展趋势之一。

第三节　高等职业教育与工匠精神

伴随着我国教育体制改革的稳步推进以及现代教育思想的深入推广，职业教育在我国教育体系中所占的地位越来越高，尤其是在创新实践型人才培养的要求下，如何就现有高职教育模式进行创新，已经成为高职教育发展面临的主要问题。对此，本节基于高等职业教育工作中十分重要的工匠精神培育工作，详细阐述了增强高职学生工匠精神的具体策略，旨在给予广大高职院校可行的帮助和建议，并以此促进高职教育事业的进一步发展和进步。

自2016年工匠精神首次进入政府工作报告后，就学生工匠精神进行培育已经成为高职教育的重要教育内容。但是，从目前来看，受制于文化环境、社会环境、教育水平等多方面因素限制，当前高等职业教育仍存在教育思想落后、教育方法单一等方面的问题，这不仅严重影响了学生的职业素养，同时也不利于高职教育事业的健康发展。对此，基于实际情况探究高等职业教育工匠精神培育的具体路径，符合高职教育的发展需求，值得给予足够重视。

一、高等职业教育中工匠精神的基本概念和主要内容

（一）精益求精的务实精神

在《大学》中，"如切如磋者，道学也"明确指出了精益求精的务实精神在人思想中的重要地位，对此，务实精神同样也是高职教育工匠精神中的关键一环。其中，务实精神不仅包括对于工作岗位专注、负责的踏实工作态度，同时也涵盖坚持创新、挑战自我的奋斗精神，是学生从事职业工作的基础素质。

（二）严谨专注的质量精神

在我国基础生产工作中，保障产品质量始终是确保行业持续发展的关键前提，因此，对于高职学生来说，质量精神同样是其工匠精神中重要组成部分。所谓的质量精神，一方面可指对产品质量不断突破的进取意识，另一方面也可包括认真工作、始终坚持把工作做到完美的工作态度。

（三）虚心认真的协作精神

在职业工作中，团队协作往往是决定各项生产工作生产效率的关键因素。因此，在培育高职学生工匠精神时，也应就其虚心认真的协作精神进行培养，即引导学生具备充足的责任意识，并在坚持做好自身岗位工作的基础上不断进行职业交流，最终以此确保各项工作的协调进行。

（四）执着坚持的敬业精神

就职业工作中遇到的问题进行大胆质疑，并坚持做好本职工作，这是工匠精神中敬业精神的主要体现。对于高职学生来说，很多学生并非不具备充足的职业能力，而是缺少应有的职业精神，因此，只有进一步对学生的岗位责任意识进行激发，并帮助他们形成较强的工作观念，才能确保其从事工作的积极性，保障其职业工作的效率和质量。

二、高等职业教育中学生工匠精神缺失的具体原因

（一）文化歧视层面

目前来看，文化歧视因素仍是制约高等职业院校学生工匠精神提升的关键原因。在现有教育环境下，多数公众均认为本科教育才是学生发展的正确道路，这使得高职教育难免会受到社会歧视，并导致高职学生对自我学习意识的严重限制。同时，在我国传统"劳心者治人，劳力者治于人"思想影响下，工匠工作在我国职业体系中仍处于较低地位，这使得多数家长并不希望自己的孩子成为一线工人，进而同样也在很大程度上影响了学生工匠精神的有效培育。

（二）社会环境层面

基于社会环境层面，伴随着我国经济政策的逐步实施以及改革开放进程的进一步推进，人们的生活质量已经得到了显著改善，但是，从目前来看，受制于利益至上的经济发展思想以及日益复杂的互联网环境，人们更加喜欢从事互联网等"短平快"行业，这使得传统工匠培育环境严重受到影响，不仅不利于培育良好工匠氛围的有效形成，同时也在很大程度上阻碍了当代学生的思想成长，最终使学生很容易产生浮躁、逆反的心理，并导致其工匠精神的显著降低。

（三）教育体制层面

针对现行高职教育体制，抛开教育行业对于高职教育的不认可和不重视，单是高职学生本身素质较差所致的教育难题便足以让工匠精神培育面临较大困境。由于当前进入高职院校的学生多为高考失败的学生，因此其不仅表现出很明显的逆反情绪，同时也极不配合学校的管理教育，进而导致很多高职院校只能通过强制化管理规定来约束学生，不仅不利于培育学生的自主学习意识，同时也不能使学生具有应有的职业工作态度和岗位责任意识，最终影响学生的终身发展。

（四）办学水平层面

除教育体制外，由于高职院校本身资金引入力度远不如本科院校，因此其无论是师资力量还是教育环境均相对较差。例如，针对航空服务、日语等新兴专业，很多高职院校虽然已经开设了相关专业，但却表现出较为严重的"先有学生，后有教师"问题，进而不仅不利于院校办学水平的真正提高，同时也使得职业教育所强调的实践能力培养形同虚设。此外，在实际教学过程中，多数教师的教学思想相对落后，教学方法较为单一，这使得教学效果始终无法达到应有标准，进而在很大程度上影响学生工匠精神的有效培育。

（五）教学模式层面

在教学模式层面，因校企联合机制不健全所致的"重理论、轻实践"问题依旧存在。现今高等职业教育虽然依托于现代学徒制等新型教育机制的有机应用，一些高职院校已经拥有了较为不错的实践教育环境，但由于现行多数国内企业仍均以获取经济利益为主要发展目标，因此不仅学生的切实利益无法得到保障，同时学生的实践学习环境也相对较差。此外，受制于实践教育思想的落后，很多学校多把帮助学生寻找实习单位视作校企合作，不仅合作内容相对有限，同时合作效果也大打折扣，并不能促进校方以及企业的共同发展。

三、高等职业教育中培育学生工匠精神的有效路径

（一）打破传统育人观念，提高职业社会地位

基于以往社会对于工匠职业的不认可和不重视，应进一步加强工匠文化宣传，逐步提升社会公众对于工匠职业的尊敬。为构建和谐的工匠精神培育环境，应逐步对工匠人才选拔渠道进行拓宽，并借助媒体手段广泛宣传工匠事迹，进而在提升工匠职业社会知名度和认可度的基础上有效促进高职院校工匠精神培育思想的真正形成。例如，政府可围绕"鲁班奖"等工匠职业奖项进一步构建完善的技术人才评价标准，并通过改革工资分配机制来保障工匠职业的切实利益，最终为工匠创设良好的工作氛围，并以此在保障工匠职业切实利益的同时促进工匠文化的广泛传播。

（二）加强企业文化宣传，调动人才创新热情

在高职工匠精神培育过程中，企业文化往往发挥着较大作用。一方面，应基于国内外先进学徒制度，如德国"双元制"构建完善的校企联合机制，并尽可能通过校企合作为企业树立良好的企业形象，最终在实现校企双赢的合作模式下，有效促进企业人才培养渠道的进一步拓宽；另一方面，针对国内企业，要逐步摒弃以往利益至上的发展理念，在可持续发展思想指导下积极参与高职人才培养事业，进而在不断打造民族品牌的过程中营造良好的企业工匠氛围，以此为高职学生提供健康的实践学习环境，并在促进学生职业精神有效提高的基础上确保传统工匠精神的广泛传播和长久延续。

（三）优化院校教育机制，创新人才培养思想

在校方层面，基于高职院校在我国教育改革事业中的地位，院校领导要逐步就自身教育责任进行明确，在不断转变自身教育思想的基础上有效构建完善的人才培养方案，进而通过系统的职业教学有效为学生创造良好的工匠精神培育环境，并以此促进学生职业素养和思想道德的全面提升。同时，针对高职教师在日常教学中的重要影响，要进一步加快师资力量建设，逐步就现有教师的专业素养进行提高，使其既能够严格按照学校规定完成基本教学任务，又能够不断对教学模式进行创新，为学生提供最及时的职业教学服务，最终为学生树立良好的人生目标，并在激发学生工匠意识的基础上有效促进学生探究奋斗意识的全面提升。

（四）完善人才培养模式，构建健全制度环境

为保障工匠精神培育工作有序开展，应在现有国家政策基础上不断为学生创设和谐的实践学习环境，进而在确保学生切身利益的基础上使学生拥有充足的实践学习机会，并最终以此促进学生实践能力和职业素养的有效提升。同时，要积极学习国内外

的优秀职业教育经验，尽快在结合国内职业教育发展情况的基础上构建更加完善的职业教育制度体系，进而在突出学生自主创新意识培养的同时有效构建以"校企合作、工学结合"为核心的实践教学体系。此外，针对实际高职实践教学过程，要进一步就校企合作内容进行拓宽，除了可鼓励学生进入企业实习外，还应要求高职教师定期进行企业培训，以此确保职业教育的实践性。

（五）改善学徒教育机制，明确人才培养流程

在现代高职教育思想指导下，包括现代学徒制在内的全新教育机制已经得到了人们的重视和认可。对此，高职院校要进一步就原有实践教学机制进行创新，通过不断明确人才培养流程和学生评价体系来保障实践教学的具体教学水平。一方面，针对学徒教育过程，考虑到学徒教育多由企业师傅和学校教师双方共同进行教学，因此除了应严格按照《中华人民共和国教育法》对职业教师的从业资格进行明确外，还应借助相关规定就企业师傅的教学资格进行考核；另一方面，针对学生评价体系，应逐步打破以往唯分数论的评价形式，尽可能在综合考量学生实习表现和学习成果的基础上，保障学生评价的准确性和科学性。

综上所述，本节基于高等职业教育，详细阐述了在高职教育中培育学生工匠精神的现存问题和改进策略，针对工匠精神对高职学生从事职业工作的重要影响，进一步明确工匠精神的培育思想，并在不断优化高职教育环境、健全高职教育制度的基础上，有效创新高职实践教学形式，全面培养学生的职业素养和思想意识，才能实现高职院校与社会企业的合作共赢，并且促进高职教育事业的持续发展和健康进步。

第四节　高等职业教育发展驱动力

在高等职业教育发展的历史中，主要存在技术因素、经济因素、教育因素、社会因素四大驱动因素。它们具体的作用机制分别是：技术革新驱动了高职的产生与发展；产业升级推进了高职内涵的延拓；高等教育大众化助力了高职规模扩张；社会稳定需要高职提供助力。新时期我国高职教育应从以下四个方面正确看待与处理自身发展的驱动因素，包括正确认识多因素驱动高职发展，促进驱动高职发展的多因素融合用力，顺应人工智能时代技术升级的历史趋势，抓住高职扩招以及产业升级的时代机遇。

高等职业教育是我国现代职业教育体系的重要组成部分，承担着为社会经济发展培养高端技术技能人才的重要责任。随着《国家职业教育改革实施方案》的颁布与逐渐落实，"双高计划"名单的公布，高等职业教育需要更加自觉地思考自身的使命并调整自己的定位与布局。因此，对高等职业教育发展的驱动力进行更深层次的探究是

十分必要的,这将有助于从历史的视角找寻高职教育诞生与发展的缘由,分析得出其中存在的核心驱动要素,进而促进新时期高等职业教育的完善与发展。

一、比较视野中高职教育发展基本轮廓概览

对高职教育发展基本轮廓的勾勒,有助于把握中西方高职教育发展的基本曲线与规律,为下一步分析高职教育发展的基本驱动因素及其作用机制提供重要的历史参照。

(一)西方高职教育发展的基本轮廓

西方高等职业教育在主要西方国家表现了出不同的形式,如德国的高等专科学校、英国的多科技术学院、美国的社区学院、法国的短期技术大学等。由于同是资本主义国家制度和市场经济治理模式,其高职教育呈现出了相似的发展历程:起源于工业革命对高技术人才的需求,二战后获得大规模发展,20世纪70年代的"一枝独秀",以及之后的持续稳步发展。

西方高职教育起源于工业革命的兴起,它对技术变革提出了更新更高的要求。工业革命与职业教育之间的关系是复杂的,其实初期的工业革命不是推进了教育,而是造成了教育的倒退。此时的职业教育比较薄弱,出现了一些机械工讲习所,但是大都由私人创办和组织,独立于学校教育体系之外。这些可以看作是高职教育的萌芽状态。随着各国工业革命的普遍展开和完成,从19世纪中叶开始,技术对经济和军事竞争中的作用逐渐充分地发挥出来,各国政府开始重视技术教育,技术教育因此也成为国家事务。在各国政府的主导下,各国创办了各种高职学校。西方高职教育在此基础上开始逐步发展。

二战后,各个国家的人民饱受战争带来的痛苦与创伤,内心渴求一份能给自己带来安稳生活的工作,技术技能培训因此成为普遍的社会需求,一大批退伍军人也对社会培训提出更多更高的要求;二战后的科技与经济进一步发展,原有工作岗位和新增社会岗位的知识与技术含量进一步扩充和提高,技术技能性人才培养层次的高移成为不可阻挡的趋势。在此情况下,各国政府纷纷以各种形式为本国供给高技术技能人才,高职教育获得了长足发展。一方面,高职办学规模不断扩大,另一方面,出现了很多新建的高职。

20世纪70年代,经济危机波及到了距离经济较近的高等教育与职业教育,高等教育受到了极大的影响。经济的衰退导致就业机会急剧减少,缺少实际技能的普通高等教育毕业生受到极大影响,因此,人们在进行高等教育选择时,更加倾向于能够提供社会所需就业技术技能的高职教育,高职教育由此获得了更高的社会吸引力,并得到了较大发展。

随着技术革命的不断深入,新技术不断涌现,以及由此塑造各种新的经济形态,

如知识经济和信息经济等，这些都对技术技能人才的知识与能力提出了更高、更新的要求，加之高等教育大众化潮流对各国高等教育结构的冲击，各国政府继续探索着高职的办学模式，不断丰富高职办学的内涵，以应对社会与经济发展的新要求。

（二）中国高职教育发展的基本轮廓

我国高职教育走过了一条艰难发展的道路，也正是因为其发展的路径曲折，人们才会被我国高职教育如今所获得的成绩所震撼。我国高等职业技术教育，就其基本的服务面向和所培养的人才类型而论，应该起始于清末创办的"高等农工商实业学堂"。当时，洋务派首先从"器物"层面学习西方，以期达到救亡图存的目的，开办学堂则是最为直接的方式。京师同文馆和福建船政学堂是清末洋务运动中最具代表性、影响最大的两所新式高等学堂。1904年，清政府颁布《奏定学堂章程》（癸卯学制），将"高等农工商实业学堂"列入其中，规定其修业年限为中学后三年，外加一年预科，最初分农业、工业、商业、商船四类。之后，学堂种类不断增多，且都处于国家学制的大框架内，"高等职业教育"在我国的教育建制中获得了基本的位置。

新中国成立后，政府为了培养急需的各类产业的技术和管理人才，曾一度大力发展专科教育，然而由于全面学习苏联的原因，高等专科教育建制遂被取缔，拆并和改编到普通高校和高职中，"高等职业教育"的发展遭遇重大冲击。当时经济还处于较低水平的恢复发展阶段，高职尚能为社会保证基本的技术技能供给，但是随着经济建设的逐步展开，社会对提供高技术技能的"高等职业教育"需求已不可遏制，专科教育遂以各种形式保存与发展下来，如在普通高等学校纷纷设立的专修科，部分高校动员入学的本科学生改修专科。

随着全国上下开始全心全意进行社会经济建设，以及不断扩大开放进入世界产业升级的洪流中，进一步发展高职教育以培养高技术技能人才成为时代的课题。从1985年《中共中央关于教育体制改革的决定》明确要求发展高等职业技术院校，到1996年发展高职教育被写进《中华人民共和国职业教育法》，高等职业教育又重新被纳入教育的顶层设计当中。

从20世纪末至21世纪初，高等教育大众化的世界潮流以及我国高等教育大扩招决策的落地，为高职教育的规模扩张提供了巨大的历史推动力。在"三改一补"政策的指引下，我国高职教育多路径探索，获得了极大发展，无论是高职院校数量还是学生人数，都占据了高等教育的"半壁江山"；高职教育在规模上得到快速发展后，一个更加重要的问题摆在了人们的面前，即高职教育的内涵建设。一方面，通过提高高职院校的办学门槛、示范性高职院校建设、高职创新发展行动计划、"双高计划"等项目不断提升高职人才培养能力；另一方面，不断探索适应新经济、新技术业态的高职学制，旨在冲破专科层次的高职办学水平，积极探索开办技术应用本科与职业本科，甚至更高学历层次的职业教育。我国高职教育正朝着助力职业教育成为类型教育的目标而迈进。

二、高等职业教育发展的驱动因素及其作用机制

中西方高等职业教育都走过了一段波澜壮阔的发展之路，其发展过程颇为曲折、存在的形式和样态多种多样。但是抽丝剥茧可以发现，在高职教育诞生及其发展的过程中，存在着技术因素、经济因素、教育因素、社会因素这四大驱动因素。这几大因素通过不同的作用机制共同推动了高职教育的发展，且不同因素在不同历史时期的不同组合塑造了高职教育发展的基本轮廓。

（一）技术革新驱动下高职教育的产生与发展

技术因素对高职教育发展的驱动作用是通过技术革新提高生产过程的技术含量实现的。技术的革新使得生产过程中的设备操作、工具使用、管理与服务的技术含量不断提高。技术革新，一方面，要求某些一线岗位从业者具有一定的知识与技能储备；另一方面，要求某些一线岗位从业者具备处理复杂技术问题的能力。这二者共同促成了职业教育课程容量的扩大，使得传统的技术技能供给方式——学徒制、短学制的职业教育与培训逐渐显得力不从心，与课程容量扩大相适应的新型职业教育逐渐产生，并呈现出"高等性"的性质；技术知识在质与量上的提升与扩充需要更长的职业教育学制来承载，由此在中等教育基础上的高等职业教育基本形态开始形成。

职业教育与技术的发展紧密联系，技术发展史上几次重大的革新主要体现在几次工业革命上，从以"蒸汽"为动力的第一次工业革命和以"电气"为动力的第二次工业革命，到如今方兴未艾的以人工智能、量子信息技术、虚拟现实等为核心驱动力的第四次工业革命，向高职教育提出了越来越高的要求。为了适应技术世界的革新，各国采取各种措施，不断加大对高职教育的投入，积极探索更高效的高素质技术技能人才的培养模式，高职教育的内涵得到不断加深。

（二）产业升级推进高职教育内涵的延拓

经济发展的趋势是走产业升级之路，逐渐降低对资源的依赖、减轻对环境的破坏，产业发展模式由资源、劳动力密集型走向技术密集型。在产业升级总的趋势下，高职的内涵不断延伸与拓展。为经济发展创造财富的传统三大支柱产业——农业、工业以及服务业此消彼长，内部结构不断优化，不断产生新的产业形态，尤以高新技术产业、现代制造业以及现代服务业等为现代产业的代表。这些产业或者行业对自身所需要的高素质技术技能的人才规格不断修正，高职教育则通过课程与人才培养模式的改革与探索，在满足产业界需求的同时，也实现了自身内涵的延拓。

现代制造业以及现代服务业需要一线岗位从业人员具备基本的文化素养、基本的理论知识储备以及过硬的技术实践能力。无论是在"机器换人"的背景下，现代企业所购置的新型大型设备、生产线需要大量合格技术技能人员来操作、运行与维护，还是面对客户个性化、定制化的大量服务需求产生的高端服务人员的缺口，高职院校在专业的设置、学制的创新、工作任务与能力分析等方面已经经历了一系列的变革，服务产业发展的能力不断增强。

（三）高等教育大众化助力高职教育规模扩张

高等教育大众化在高职教育获得规模发展上功不可没。高等教育大众化是高等教育发展的历史潮流，也是教育公平的内在诉求，其极大地提升了人口的整体素质水平。然而，人才结构理论以及高等教育大众化中的质与量的关系，都要求高等教育在进入到大众化阶段后，其内部结构也应发生变化，即高等教育大众化中的增量部分在很大程度上要由高职教育吸纳。历史也证明，高等教育大众化的潮流直接推动了高职教育规模的扩张。尤其在高等教育大众化、20世纪末高等教育扩招的共同作用下，我国建成了世界上规模最大的高等职业教育体系，高职教育占据了高等教育的"半壁江山"。发达国家高等教育在20世纪50年代开始进入大众化阶段，大量发展的是应用性、职业性的高等教育，适应经济与社会发展的需要，从而又提高了社会的生产能力与文化科学水平，使社会能容纳更多的大学毕业生就业，这也体现了高等教育大众化与社会经济发展之间的辩证关系。

高职规模的扩张使得实施专科教育的高职院校数目增多，更多学生获得了接受高等教育的机会。虽然不能以一般普通学术大学的办学模式来要求高职院校，但高职院校毕竟也处在高等教育层次，其基本的高等通识教育提升了高职学生的文化素质，在一定程度上推动了高职技术技能教育的实施。总的来说，高等教育大众化助力高职教育在世界范围内快速扩张，高职教育的吸引力与影响力与日俱增。在高等教育大众化的助力下，高职教育在很多国家依然存在巨大的发展空间。

（四）作为社会稳定器存在的高职教育

社会稳定是社会学中非常重要的一个命题，人们对整体社会稳定的内在诉求使得教育成为社会的重要稳定器，以及社会治理所依赖的工具之一。高职教育则以其独特的性质、结构与功能成为维护社会稳定的重要选择。二战过后，面对满目疮痍的城市废墟以及饥寒交迫的失业人群、退伍军人，在恢复经济与社会稳定的双重作用下，各国开始大力发展高等职业教育。近几十年以来，我国社会经济建设取得了非凡的成就，其中高职教育做出了巨大贡献，高职院校不仅为经济建设的发展输送了大量高素质技术人才，更是避免了大量社会人员因缺少技能需要国家救济而给经济带来沉重负担。

社会稳定要求基本的社会流动与变迁的机制存在。高职院校提供的教育资源使一部分社会底层与边缘人群获得赖以谋生的技能,以及使不能上普通大学的学子重获了成长成才的希望。随着人们生活水平的不断提高,人们对高等教育的需求也越来越多样、越来越个性化、越来越务实。高职院校以其灵活的办学模式、紧密连接行业产业的特点,在及时消化社会高等教育需求方面发挥着不可替代的作用。当前,我国高职院校正在紧密落实大规模扩招的政策,从这一政策提出的背景以及所扩招的对象来看,其提出的目的除了进一步挖掘我国劳动力的人才潜能,更是为了通过满足扩招对象急迫的教育需求,为经济发展创造稳定的社会环境。

三、我国高职教育应正确看待与处理自身发展的驱动因素

(一)正确认识多因素驱动高职教育发展

通过回顾高职发展的历史轮廓以及分析高职发展的驱动因素,可以发现,多因素共同驱动高职教育发展。并且在不同时期,各因素所发挥的作用也不同。这就启示我们,在分析某一时期某一国家高职教育发展状况时,要树立综合思维,不能片面归因,以避免对当下高职教育发展决策造成误导。

坚持多因素的分析框架可以帮助我们获得高职教育发展历史关键事件的合理解释。人们受传统思维定式影响,通常认为职业教育(包括高职)发展与经济和技术的发展可以同频共振,其实不然,技术进步与经济发展固然是高职教育发展的根本驱动力,但是却又受到种种因素的制约。例如,新中国建立初期,单从经济建设的角度来看,我国的高职教育理应获得大规模发展,然而,由于一味学习苏联的职教学制,专科教育反而被取缔,高职教育发展一度遭受重创。因此,坚持多因素分析框架分析高职教育发展的史实,在抽丝剥茧的过程中寻找高职发展的多种驱动因素和作用规律,并以历史观照现实,是我们当前高职教育发展不能忽视的重要方面。

(二)促进驱动高职教育发展的多因素融合用力

正确认识与解释高职教育发展的各驱动因素是手段,目的是合理利用各种驱动力,促进各因素在推动高职教育发展上融合用力。高职教育发展驱动因素在不同时期的不同组合塑造了高职教育发展的不同形态,而在不同的时期,高职教育发展的核心驱动因素也是不同的。一方面,分析核心驱动因素是必要的,往往这一核心因素在推动某一时期的高职教育发展上能起到决定作用,创造条件与这一核心因素的作用机制相适应,是高职教育充分展现自身发展主动性的表现。另一方面,作为核心因素的补充,其他因素也是不可忽视的,无论是经常作为"次要因素"出现的教育因素还是社会因素,其实都在推动高职教育规模扩张和内涵深化方面发挥着自身独特的作用。各因素协同融合用力,相互配合,是新时期高职教育发展的实践自觉。

（三）顺应人工智能时代技术升级的历史趋势

总体来说，技术因素在高职教育发展的整个过程中发挥着最主要的作用，因为技术升级往往也影响经济发展、教育变革，在所有因素中更"上位"，技术的主导作用也为高职教育发展的历史所证明。基于此，在技术革新不断加快的今天，高职院校应该尤其关注技术世界，并据此开设专业、设计课程、不断革新人才培养模式。事实上，在当前由人工智能驱动的新一轮技术革命的背景下，高职教育已然受到了巨大的冲击，高职教育的研究者与工作者，纷纷在各自领域大胆想象和思考人工智能时代的高职教育可能面临的挑战、机遇以及应对策略。

人工智能带来了各行各业的技术革新，各个岗位的技术含量不断增加、自动化程度越来越高，智能化成为了这个时代的重要主题。在这一轮的技术革新中，职业教育将发挥自身在技术传承与革新中的优势，促进人工智能更好地为人类服务。高职教育作为职业教育的高级形态，为了发挥技术的驱动作用，需要进一步分析人工智能时代高素质技术人才的知识与能力结构，深化现代学徒制的人才培养模式改革，为产教融合与校企合作建立国家制度平台。

（四）抓住高职扩招以及产业升级的时代机遇

为了解决更为宏观层面的国家战略需求问题，即更高质量、更充分就业的问题，我国做出了高职扩招的决策部署；产业升级是我国经济在发展到一定阶段以后主动选择的经济转型之路。这二者既有事物发展规律的必然成分，但也更多体现了国家意志，这两项对高职教育发展都有着直接或巨大推动作用的政策，不会在任何历史时期都出现，高职院校应抓住当前发展的这一历史机遇，进一步扩大高职教育的内涵与影响力、吸引力，助力实现职业教育成为类型教育的目标。

如果技术升级是高职发展的内在驱动力，那么经济转型、产业升级与扩招的政策则可以理解为高职发展的外在驱动力。

第五节　新时代高等职业教育的模式

我国高职教育的发展模式难以真正建立起来，其主要问题在于"产""教"分离现象突出，企业缺失主体意识，产教融合的利益机制尚未形成。学校和企业"双主体"办学是推动高职教育模式改革、实现产教融合的根本出路，而这需要学校主动作为、政府推动落实、行业积极尽责、企业增强意识等多方努力。落实到具体的推进路径，建议把实施现代学徒制作为开展教学模式改革的突破口，把推动科学研究与社会服务职能的融合作为办学改革的着力点，从而共同促进校企"双主体"模式的实现。

新时代我国高等教育和职业教育发展的方向要求是"实现高等教育内涵式发展"和"深化产教融合、校企合作"。高等职业教育兼具高等教育和职业教育的双重属性，经过多年的实践探索已逐步摸索出了自己特有的办学方向和优势，但企业参与制度进展缓慢，教育模式并不稳定。为实现高职教育产教融合的内涵式发展，建立校企合作"双主体"办学模式是最根本的出路，我们需要通过政策措施和现代学徒制、社会服务路径加以重点推进。

一、我国高职教育的模式探索

（一）高职教育的办学与发展

我国高职教育"模式"问题伴随着高职院校的创建而产生，并经历了办学模式改革、关注内涵、明确三个阶段。

1. 早期高职教育办学模式改革

1980年教育部批准创建南京金陵职业大学、无锡职业大学等13所职业院校，是我国最早试办的一批高职院校。其办学方式为"收费、走读、不包分配"，培养方式沿用传统的学科型培养。1991年邢台职业技术学院率先在全国试办高中起点的"双起点、双业制、双证书、订单式"高职教育模式。1994年全国教育工作会议提出"三改一补"办学模式，原国家教委先后批准了18所重点中专探索举办五年制高职班。1996年《中华人民共和国职业教育法》正式颁布和实施，首次确定了高职教育的法律地位，教育主管部门将原有的高职、高专和成人高校统称为"高职高专教育"，并提出要"大力发展高等职业教育"，之后全国的专科层次院校开始了"职业技术学院"的模式探索。

2. 高职教育开始关注内涵建设

2002年《国务院关于大力推进职业教育改革与发展的决定》进一步提出，"深化职业教育办学体制改革，形成政府主导、依靠企业、充分发挥行业作用、社会力量积极参与的多元办学格局"。自此，我国高职教育由规模扩张进入内涵建设阶段，办学方向初步形成。2004年《教育部等七部门关于进一步加强职业教育工作的若干意见》指出，"推动产教结合，加强校企合作，积极开展'订单式'培养。"两年后，教育部、财政部启动实施了"国家示范性高等职业院校建设计划"，遴选了100所高职院校在办学模式、人才培养模式、教育教学改革、课程体系与教学内容改革等方面进行探索。2010年《国家中长期教育改革和发展规划纲要（2010—2020年）》明确了职业教育"工学结合、校企合作、顶岗实习的人才培养模式"，并提出"制定促进校企合作办学法规，促进校企合作制度化"。同年9月，教育部、财政部新增了100所左右的骨干高职院校，在创新办学体制机制，推进校企合作办学、合作育人、合作就业等方面进行重点建设。

3. 高职教育模式方向已然明晰

《国务院关于加快发展现代职业教育的决定》《现代职业教育体系建设规划（2014—2020年）》《高等职业教育创新发展行动计划（2015—2018年）》《教育部关于深化职业教育教学改革全面提高人才培养质量的若干意见》等重要文件的出台，均指明"产教融合、校企合作"这一职业教育发展的重要方向，并提出关键是激发企业举办或参与举办职业院校的积极性。经过多年的实践探索，我国参与职业教育的企业数量大规模增长。

回顾历史，我国高职教育办学始终与经济社会的发展并肩前行，"产教融合、校企合作"的基本方向已然明晰，并被社会各界广泛认可，被国家示范性高职院校、骨干院校和其他各高职院校在实践中证明了其正确性。《国务院办公厅关于深化产教融合的若干意见》和《职业学校校企合作促进办法》（以下简称《办法》）先后发布，在这一发展方向上进一步向前迈进。

（二）高职教育模式方向的实现难题

高职教育"产教融合、校企合作"的基本发展方向与促进地方经济发展，促进就业、改善民生的目标相吻合。各地区高职院校依据自身优势进行了多样化的路径探索，一些共性问题也随之显现。

1. 坚持"产教融合、校企合作"的方向

这是促进地方经济发展的需要。随着大学与社会发展联系越发紧密，学校作为技术技能积累的重要载体，理应承担起推动区域产业技术创新的责任。许多高职院校依据地方的产业结构建设专业群，并建立动态调整机制；深度参与地方企业的技术改造，为企业创造新的经济增长点；主动开展技能补偿，提供教育与培训。这是促进就业、改善民生的基础。高职教育以就业为导向，实现学生从自然人、学校人到社会人、职业人的转变，这是学生生存与发展的基础，也是个性张扬、实现个人价值的载体。高职院校致力于培养具有就业竞争力的技术技能人才，保障学生毕业后"有职业""有好职业""敢于创业"等多层目标的实现。

2. 实现高职教育模式方向的问题所在

许多高职院校一直以来都在进行着多样化的路径探索，如甘肃林业职业技术学院与威龙公司签订"订单式"人才培养协议，推进教产学一体化运行；浙江工贸职业技术学院创建了浙江创意园、温州市知识产权服务园、国际服务外包园三大园区，以"学园城一体化"平台为依托，融高职教育改革与园区建设于一体。在这些探索过程中许多高职院校也形成了丰富的校企合作办学经验。

当前，亟待解决的问题主要表现在以下四个方面。第一，"产""教"分离现象突出。专业设置与产业集群、课程内容与职业标准、教学过程与生产过程、技术攻关与企业创新等多方面实为"两张皮",或者只是"浅融合"。学校和企业各想各的事,导致校企合作循环不畅,降低了人才培养的质量和资源配置的效率。第二,企业的"主体"意识缺失。"主体"相对于"客体"而言,指某项实践活动和认识活动的承担者。在校企合作过程中,不少企业仅将校企合作作为解决用工困难的权宜之计,"市场"属性浓厚,忽视了其"教育"属性,没把育人当作是自己的事情。第三,融合的利益机制尚未形成。校企合作过程中存在的"校热企不热"的现象,其根本原因是利益不对等,校方只期待企业"掏腰包"并付出,而不给予必要的利益,显然企业并不愿意承担学校育人的责任和成本。第四,制度建设任重道远。产教融合、校企合作的可持续发展需要政府从制度层面加强建设。近年来国家已经在制度建设方面做了大量工作,但多以宏观指导性、调控性的制度设计为主,操作性、规范性、多部门协调性的实施细则较少,校企合作中各方的责、权、利没有明确,从而导致有些制度难以落地。

二、校企"双主体"办学是高职教育模式改革的出路

（一）"双主体"办学成为根本出路的原因

《办法》指出,"校企合作实行校企主导、政府推动、行业指导、学校企业双主体实施的合作机制。"其中,"双主体"合作是指学校和企业(含行业、事业组织)双方共同举办、管理、协调各方利益并运营高职院校的活动,是对过去校企合作的延续和深化。校企"双主体"合作模式成为改革的根本出路,主要原因体现在以下四个方面。

1. 由高职教育的特性决定

职业教育具有职业性、社会性、人民性三个特性。其中,职业性为本质属性,其他为派生属性。高职教育的本质属性不仅有职业教育的"职业性",还有高等教育的"高等性"。"高等性"凸显水平,以提升整体水平和核心竞争力;"职业性"体现类型,以就业为导向,培养的人才需适应职业岗位的需求。而校企"双主体"合作模式注重高职院校科研实力和服务能力的提升,走内涵式发展道路;也强调企业作为学生学习不可或缺的场所,实现从教育到行业、企业的跨界,符合高职教育"高等性"和"职业性"的特性。

2. 由企业发展的长远需求决定

企业的发展离不开人才资源,培养和储备人才是企业生存和发展的核心竞争力。高职教育培养的高素质、高技能人才必须是本行业的内行,为企业提供"对路"的高水平劳动力。另外,高职院校的师资队伍为企业技术创新提供智力支撑,全方位、多渠道为企业解决技术难题,实现科研成果向现实生产力的转化。从长远需求看,行业、企业作为高职教育重要的社会供给主体和人才培养质量的最终检验者,理应与学校一同作为高职教育办学的主体力量,因为有经验的劳动力是不可能从其他行业引进的。

3.由国际经验和发展趋势决定

从国际范围看,德国有"双元制模式"、英国有"三明治模式"、澳大利亚有"TAFE模式"、美国有"CBE模式"、加拿大有"合作教育模式"、日本有"产学官合作模式"等,其特有的教育模式是各发达国家经济腾飞的有力支撑。源于国外先进的教育理念,顺应国际职业教育发展趋势,我国提出了校企"双主体"合作模式。校企合作是指职业学校和企业通过共同育人、合作研究、共建机构、共享资源等方式实施的合作活动。"双主体"概念的加入更加突出"企业重要主体作用",将企业原本"参与"的角色定位提升到了"主体"的高度。

4.由我国未来的发展方向决定

2015年"中国制造2025""创新驱动发展战略"等决定我国未来发展方向的重大战略相继被提出。"中国制造2025"围绕先进制造、高端装备等重点领域,实施加快制造业转型升级、提质增效的任务,到2025年要从制造业大国迈入制造业强国行列。"创新驱动发展战略"紧扣调结构、转方式,推动大众创业、万众创新,在供需两端发力,促进产业迈向中高端。这些战略的实现需要能够有效完成制造技术、产品、业态、组织的人才,校企"双主体"合作模式聚焦创新性、复合性、应用型人才的培养,能够推动战略目标的实现。

(二)"双主体"办学需要各方联合推动

落实校企"双主体"合作模式应该是今后我们需要重点推进的一项工作,它是从"美好理念"到"治理结构"的一项制度安排,需要政府、高职院校、行业、企业各方联合推动。具体工作着力点有以下四个方面。

1.学校积极主动作为

从当前校企合作的实践操作看,高职院校合作的积极性和主动性较高,通过主动寻求与企业的合作机会,建立实训实习基地,缓解毕业生就业的压力,实践证明这一路径是对的。今后落实校企"双主体"合作模式,学校还要更加积极主动作为,因为在模式对路的前提下谁不作为、谁作为得晚,谁将来被淘汰的可能性就大。学校要努力帮助企业进行技术攻关、项目研究、产品升级,缩短科研成果转化周期,提高产品竞争力,找准与企业合作的利益契合点。这是一件需要长期努力的事情。

2.政府推动改革落实

政府是公众利益的代表,具有公认的权威性和广泛的公信力。虽然最终决策由校企双方协商达成一致,但政府发挥的重要推动作用是其他主体无法替代的。主要包括三个方面:一是完善顶层政策设计和各级政府的配套制度,如确定"双主体"办学的形式,规定各利益主体的权责,明确企业成为办学主体的资格标准等;二是实施必要的扶持和激励措施,通过多种形式,调动社会力量参与"双主体"办学,如给予补贴、购买服务、资本合作等,并搭建交流平台,实现信息的对称与共享;三是对办学过程和绩效进行必要的监督和制约,如对不符合规范的办学行为和主体进行调整,协调主体间的利益冲突,保证"双主体"办学的效益最大化。

3.企业强化主体作用

单靠高职院校一方作为也难以实现长期有效的合作。《办法》提出允许"有条件的企业举办或者参与举办职业学校"或"在职业学校设置职工培训和继续教育机构",对于"企业职工培训和继续教育的学习成果,可以依照有关规定和办法与职业学校教育实现互认和衔接",还提出会"鼓励省级人民政府开展产教融合型企业建设试点"。显然,这意味着有部分企业不再等同于纯生产型企业,而是具有与高职院校同等地位的教育型企业。赋予有资格的企业以教育机构的地位意味着教育是企业的事,这是一种社会担当,也是国家和人民对该企业的认可,从而充分激发企业的主体意识。

4.行业组织履行职责

我国行业组织大多依赖主管部门或大型企业,自身发展力量不足,管理、资金、人才短板突出,导致其协调指导作用没有得到充分发挥。行业组织是高职教育重要的责任主体,因为企业的技术技能边界可能不清,而行业的边界是清楚的。德国、荷兰等发达国家的行会组织履行制定标准、主持考试、颁发各类资格证书等职责,我国《关于加快发展现代职业教育的决定》也明确要求行业组织要履行好"发布行业人才需求、推进校企合作、参与指导教学、开展质量评价等职责。"接下来,是要加强该职责的落实,推动行业组织功能实体化,增强其实质性的影响作用。

三、以现代学徒制为突破口推动校企合作

(一)现代学徒制是国内外的共同选择

在"产教融合、校企合作"的基本方向下,校企"双主体"办学模式的改革呼之欲出,前行的道路究竟是什么?国内的专家学者、一线工作人员均认为"现代学徒制"是正解,这与国际职业教育发展的主流趋势也保持一致。

1.国内学者一致认同的正确路径

赵志群认为,"只有现代学徒制才有可能提供职业教育情境学习所需要的工作与学习情境。"徐国庆认为,"现代学徒制在高职教育中有着广阔的应用空间,应当把它看作提升我国高职教育内涵的关键抓手。"浙江省教育厅相关工作人员认为,"推广实施现代学徒制,有助于打通职业教育产教融合的'最后一公里'。""现代学徒制发挥了学校和企业的双主体作用,让我们真正找到了病灶。"

2.国际职业教育发展的主流趋势

作为官方正式用词,"现代学徒制"的概念最早出现在1993年英国政府的"现代学

徒制改革"项目中。之后，德国以校企合作为基础的"双元制"模式将现代学徒制的具体落实发挥到极致，成为世界各国职业教育发展的重要参照。在实践过程中，现代学徒制有三种基本表现形式：以企业为主的市场导向形式；以学校为主的教育调节形式；互补功能的"双元制"形式。

以澳大利亚为例，具体表现为：学徒通过集团培训公司寻找雇主；学徒与雇主到国家注册的现代学徒制服务中心签署培训协议（培训协议要在相关的州或领地的培训当局注册，依据的标准是澳大利亚全国统一的资格框架和资格框架下的"培训包"）；学徒到培训机构（培训机构主要承担者为TAFE学院）进行面试；学徒、雇主、培训机构进行协商沟通后三方签订培训计划（培训计划要明确培训目标、培训的能力项目和三方的权利和义务）；学徒在雇主的企业和TAFE学院接受训练，其中大部分时间在企业，占比达到80%。

（二）探索具有中国特色的现代学徒制

当前我国行业、企业的教育意识较之其他发达国家还不够成熟，学徒制在本土化的过程中，展现出了多种形式。采取互补融合的"双主体"形式，积极推进现代学徒制特别是企业新型学徒制，是我国现阶段值得努力推进的重要事项。

1. 推进现代学徒制试点工作

"现代学徒制"首次出现在2011年《教育部关于推进高等职业教育改革创新引领职业教育科学发展的若干意见》。2014年《国务院关于加快发展现代职业教育的决定》《教育部关于开展现代学徒制试点工作的意见》先后发布，明确了开展现代学徒制试点工作的总体要求。现代学徒制的显著特征是"双主体""双身份"。我国高职院校在实践过程中努力做到以校企合作为基础，以学生（学徒）的培养为核心，以学校、行业、企业的深度参与，教师、师傅的深度指导为支撑。扎根于中华大地的现代学徒制表现出了政府主导、学校主体、企业主动意识不断增强的特征。

以宁波城市职业技术学院为例，该校确定了"城市园林专业群现代学徒制试点""汽车技术服务与营销专业现代学徒制试点"，具体表现为：学校的学员（确定为现代学徒制培养对象的学生）以双向选择的原则与企业签订《顶岗实习协议》《就业协议承诺书》，明确契约关系；实行校内教师和企业师傅共同培养的双导师制，学员6人为一组，通过协议与企业优秀技术骨干确定师徒关系；校企共同出资将4S店设在校内，以"校中厂"的形式开展教学。

2. 企业新型学徒制另辟蹊径

现代学徒制可以在学校实现，也可以在企业完成，但前提必须是校企合作。为充分发挥企业的培训主体作用，2015年《关于开展企业新型学徒制试点工作的通知》遴选出首批新型学徒制试点单位和行业试点牵头单位。其出发点是探索企业职工培训新模式，主要内容是"招工即招生、入企即入校、企校双师联合培养"，对象为有培训需求的企业技能岗位新招用人员和新转岗人员。企业新型学徒制试点采取政府引导、企业主体、院校参与的形式，丰富了我国技能人才培养的路径。究其本质，它是一种以企业为重要学习场所的有效培养学习者技能形成的方式，核心依然是学校和企业深度合作，专业教学和现场实践无缝对接，教师和师傅深入指导，共同实现培养学生（员工）精湛的技能。

（三）我国推进现代学徒制的制度保障

源于英国的现代学徒制是在自由经济环境下进行的校企合作，除了受正式制度的约束外，更多地依靠非正式制度的约束，如校企合作的文化传统、社会舆论、企业的社会责任感等。而我国是在政府主导下进行校企合作，在非正式制度严重缺失的背景下，更多地依靠正式制度的约束，即需要国家有意识的设计并实施具有明确条文的法律、政策、规则等。但当前我国现代学徒制的相关制度建设亟待完善，形成具有中国特色的现代学徒制仍需要一个过程。

1. 确立学校和企业的责任和利益制度

我国正在努力践行的现代学徒制以"校企合作"为主要特征，具体表现为：试点单位积极推进招生与招工一体化；建立双导师的选拔、培养和考核机制，校企互聘共用师资队伍；加强行业、企业、学校或第三方机构多方考核体制，完成技能考核后可获得学历证书和职业资格证书，推进双证融通；等等。但是，双主体合作很容易造成主体不明的后果，确立其责任和利益的制度至关重要，制度设计要充分考虑学校和企业的行动逻辑与利益诉求，充分保障其基本权益。

2. 建立企业师傅的选拔、培训等相关制度

承担学徒培养的责任人来自高职院校的教师和企业的师傅，尤其企业师傅的技能水平、责任心、个人职业修养等是影响学徒培养质量的关键。我国已经建立了较完善的教师资格制度、教师培训体系等，但针对企业师傅的相关制度几乎空白。各试点院校对企业师傅的聘请完全是自发行为，很难保障其质量，企业师傅在进行人才培养时的参与度也有限。必须把企业师傅的资格认证、技能培训等相关制度上升到国家层面，通过国家制度的规约，有效地进行管理。

3. 建立学徒的考核制度，把握质量核心

质量是现代学徒制应该始终关注的核心，为避免学徒不会异化成为"学生工"，需要建立较完善的学徒培养考核制度，这需要试点院校和合作企业参考行业标准，根据人才成长规律和岗位实际需求共同研制考核目标。在进行结果考核的同时还要与过程考核相结合，主要考核学徒的理论知识、实践操作、平时表现以及最终的业绩等，

由教师、师傅、企业或第三方机构共同实施考核。并依据培养过程和考核结果及时反馈，不断改进教学，重构培养方案。

四、以科研与服务职能的融合加速产教融合

（一）高职教育应积极践行科研与服务职能

从"大学是传授知识的场所"的欧洲中世纪巴黎大学，到"大学也是研究高深学问"的德国现代柏林大学，再到"大学还是提供社会服务"的美国威斯康星大学，形成了高等教育的三大基本职能——人才培养、科学研究、社会服务。那么，高职教育要不要履行科研职能？应该如何履行呢？

1.高职院校的科研职能不容忽视

纵观国际，科研与服务职能深度融通，担负起推动区域经济发展的责任，是现代大学发展的一个重要趋势，甚至还催生出了一类创业型大学。

高职教育作为高等教育的重要组成部分，长期以来培养了数以万计的技术技能人才，但科学研究和社会服务职能尚待进一步彰显。这里的基本问题是，高职教育要不要从事科学研究活动？在过去的二十余年里，高职教育发展的总体态势很好，甚至好过许多"三本"院校的人才培养。这得益于它一心一意搞教学，紧贴市场办专业。而一批"三本"院校却纠结于科研指标，上不去、下不来，地位比较尴尬。但是，随着现代职业教育体系的建立，特别是一批应用型高校的转型发展，高职教育上层次的议题提了出来，如何上层次，要不要搞科研的问题必须回答。笔者认为，只要你是高等院校，教学、科研、服务三大职能都要履行，否则就不能称为高等教育，但如何履行却大有不同。

2.以市场需求为导向主动服务区域发展

不同于研究型大学，我国的高职院校科研工作起步晚、实力不足，受人才和条件的制约，难以承担前沿的、基础性的重大研究课题。但高职教育是与区域经济联系最为密切的现代教育形式，《国务院关于加快发展现代职业教育的决定》提出，高职教育要"密切"产学研"合作，培养服务区域发展的技术技能人才，重点服务企业特别是中小微企业的技术研发和产品升级。"要建立服务即科研的理念——高职院校结合区域环境、产业特性调整自身定位，服务范围聚焦于所在区域经济社会的发展；科研内容着力于应用性研究和技术服务；衡量标准是横向经费数量，而不能是基金项目数量。同时，这与高职教育校企"双主体"办学模式的方向也是一致的，面对国家的政策，多数高职院校热衷于向企业"化缘"，校企合作难以长久。高职院校若想要与行业、企业"称兄道弟"，进行长期有效的合作，必须要拿出过硬的"资本"，如实用的技术力量、众多的服务项目和高技术技能的毕业生等。

（二）在高水平服务过程中深化产教融合

高职院校在对企业技术创新能力支持、对城市活力与品位提升过程中，自身也能够得到发展、得以锤炼，这是一种与整个区域社会得到互动的发展。高职院校在对中小微企业进行技术支持的过程中，需要根据企业的需求及时调整自己的服务内容和手段；通过不断强化与企业信息、文化和知识技能的双向流动，促使高职院校的人才培养模式、课程教学等处于不断调整与变革中；通过自觉、内发地形成校企"双主体"参与，实现人才培养质量的提升、教学条件的改善、基地的拓展、"双师型"师资队伍的优化、管理水平的提升等，最终形成强大的内驱力和对优质资源的占有。

与企业（地方）互动的过程中提升自身实力的做法已有多个高职院校进行了不同探索，并取得成效。例如，浙江工商职业技术学院联合企业共同组建"模塑制品表面装饰与智能成型技术协同创新中心"，该中心的大深度、大曲率模内表面装饰技术被应用于惠而浦、海尔、九阳等企业的家电产品，以及吉利等汽车内外饰件，为合作企业新增产值1.4亿元。

总结经验做法，主要有以下三个方面：

第一，通过行企协同、校地合作等形式，遴选出具有优势的创新团队、科研项目等进行重点培育。面向区域经济发展，以市场为导向，具有优势的高职院校、企业、科研团队等多方共同创建协同创新中心，并将其作为行业企业共性技术研发、社会服务的重要平台。

第二，将横向项目、专利申报纳入社会服务评价体系，激励教师投入时间和精力在产业、技术创新上。通过强化项目管理、加大奖励力度等措施，鼓励教师下厂下店，发挥其专业优势，在生产一线中开展技术攻关、项目研发和专利申报等，扩大其服务范围和层次。

第三，提升科研和社会服务能力，两者深度融通以支撑高技能人才的培养。高职院校实施"产学研"结合是培养具有创新精神和实践能力的高级专门人才的重要途径，并鼓励具有民族特色的文化研究、技艺传承创新研究走进校园。通过提升科研能力，服务区域经济发展，在互动发展、双向流动的过程中，能够促进校企"双主体"育人的实现。

形成中国特色高职教育模式是一项长期的、复杂的工作，校企"双主体"合作办学是可行的出路，产教融合、工学结合、知行合一是育人方向。全面推行现代学徒制特别是企业新型学徒制，通过社会服务开展技术开发和推广工作，加强和健全企业参与制度，是我们未来需要加以努力的探索点。

第六节　高等职业教育的挑战与对策

高等职业教育是我国整个教育体系中不可或缺的一部分，兼具高等教育和职业教育的双重特色，是与我国经济社会发展密切相关的重要层次的教育。目前，我国高等职业教育在培育"大国工匠"的时代呼唤中，在"大众创业、万众创新"发展背景下，还高等职业教育本来面目，让高等职业教育更"接地气"，是高等职业教育未来发展的走向，也是其自我革命、自我重建、自塑品牌的天赐良机。未来10年，一批广受社会、家长、学生肯定并口口相传的高等职业教育品牌将迅速崛起，"追逐品牌高职教育"将成为高等职业教育的重要市场现象。当然，相当一部分的高职教育也逃不出"惨淡经营"，直至被逐出教育市场的命运。

一、高等职业教育面临的挑战

经济社会的本质在于"趋利避害"，市场经济体制下，没有哪个行业永远"独秀于林"，市场竞争的渗透力无时不在，经过阶段性发展，高等职业教育的"狼烟"在开始酝酿，挑战的"鼓点"已经敲响……

（一）社会对"工匠精神"的渴求与师生的心理准备不足的"挑战"

社会工匠需要精细、精准、精致，精益求精，但许多高职院校的教师没有向实际、实用、实操转向，或者转向不够。高职院校"双师型"教师比例还远远不能满足学生数量暴涨的需要，且由于成本因素，高职院校的创新创造动力严重不足，"狼来了"的警觉性差，更谈不上由专家对每一个学生"量身设计"和"定制打造"。加之高职院校的学生本身学习的主动性欠缺，更谈不上学习的专注度和钻研力，这与"大国工匠"的高远追求相差甚远，"基础不牢，地动山摇"，学生本身的"先天不足"也给学校品牌发展带来一定的难度。

（二）学校专业、文化、管理的同质化与创名升位的特色需要的挑战

"一招鲜，吃遍天"，但现在的高职院校绝大多数都呈现出专业、文化、管理的同质化，这种"天下一统"的布局，让我们的家长和学生本人在选择时很难有"眼前一亮"的感觉，学校也很难提高录取筹码，只会长期处于"低水平运转"状态，出现"有规模，无特色；有效益，无明天"的生存状况，只要生源竞争加剧就会如同"秋风扫落叶"般倒下。

（三）大数据背景下的办学环境与封闭机械的办学思维的挑战

在"互联网时代"，学校的一切活动都在被监控、被研究，无论是专业的开拓、文化的丰富、管理的精细和日常的活动，甚至管理者的私生活都是在社会这个大望远镜下无遮拦的状态中进行的，如果决策者、管理者思维还停留在传统经验里，看不到开放的"自媒体"会常常把学校的管理置于大众眼球之中的现实，那么，学校生存危机就已经靠近了。所以，学校管理者、教师的语言和行为规范显得比以往任何时候都更加重要，如果处理得当，会被人高高举起，自然成为"品牌"；如果处理失当，就会被万夫所指，让大众彻底抛弃。比如，过去的很多矛盾靠"等"来解决，现在就要求靠"快"来解决；过去的一切活动都是校园的事，现在的一切活动都是全社会的事；过去都是靠报纸、电视进行传播，现在是靠"刷屏"吸引眼球。

二、高等职业教育的发展对策

高等职业教育的生存和发展永远都是与时代的主旋律相伴而行的，作为一线的"操盘手"，我们既不乐观地判断职业院校的明天会更好，也不悲观地认为前方的路太凄迷，怀着一颗平常心，相信付出终有回报，一切都是事在人为，努力作为、寻找对策、精准发力，才是上策。

（一）特色师资永远是高职院校生存发展的核心竞争力

根据社会主流专业寻找特色师资，培养特色师资，是学校管理者重中之重的工作之一。根据自己院校主干专业寻访"能工巧匠"，以包容的心态，克服门户之见、克服文化差异，建立一种有效机制，真正做到"请进来，走出去"，把"实操大师"请进来，将我们的师资"放出去"，互帮互助，互促互进，将专业教育做到一个高度，牢牢掌握本专业的"话语权"，同时，建立本院校"教师素养提升学校"，对全体教师进行"大市场、大文化、大境界"知识轮训，让全体教师自觉着力高等职业院校所需要的"实用型人才"硬软实力的精准培养上，实现学校品牌发展的战略目标。

（二）"抓两头，促中间"，实现学生综合素养整体提升

职业院校应顺应时代潮流，根据目前"实用型专业"培养的需要和"少子女家庭"孩子的心智偏弱的实际，学校应成立"学生职业规划中心"和"学生心智成长研究中心"，可邀请有经验的专家教育学生"如何客观正确认识自己""如何科学评价自己的心智""论职业素养"等，再对学院各种专业组建"攻关突击队""1+3实验团"（即1个专业+3个技能）"青年领袖训练营"来充分激活"一潭死水"，利用"学习力训练营""访贫问苦冬令营""国学寻根夏令营"等，整体提升学生的学习能力，激活他们学习专业、学习文化的潜能，着力"人才复合化"，让学生感慨"大学无悔""青春无悔"，实现学校、学生"双赢"效果。

（三）开放办学，不断开拓"校企合作新模式"

高职院校应有专门人员研究市场经济发展的走向，主动走访身边大企业，搜集用人信息、总结用人标准，适时开设新专业，并根据用人标准改善学科建设，主动邀请大企业人力资源主管到学院现身说法，促进学生全面成长。主动并低成本参与企业技术攻关，甚至参与"市场分析、公共关系、组合营销"等一揽子的发展策略的实施，让学生近距离"实战演练"，院校出思想、出思维，由企业决断。企业以实现经济效益为赢，院校以训练师资、培养学生为赢。

（四）与时俱进，主动适应大数据时代对学院管理的全方位挑战

学院的一切管理都须与普世价值观同向同行，才能赢得全社会的理解和支持。坚持"一个中心，三个基本点"的办学方向（即以培养学生全面成长为中心，坚持教育教学科学化、坚持活动信息化、坚持人才复合化），以不断创新引领学院新发展，以不断设计的高品质、高品位活动吸引眼球，以学院微信、微博、网站为主要宣传阵地，再紧紧依靠各班建立的家长、学生微信群传播学院管理文化、渗透学院主旨思想，将优秀的学校形象源源不断地输送给社会，进而建立良好的知名度和美誉度。

总之，高等职业教育在我国突飞猛进，已经进入一个新阶段，这就是"发展＋提升"阶段，"人无远虑，必有近忧"，需要我们提前未雨绸缪，只有提前布局、提前调控，才能永立潮头、独步天下。

第二章 高等职业教育教学改革概述

第一节 互联网与高等职业教育

高等职业教育以培养生产、服务与管理为一体的高技能、专业性人才为主要目标，对社会生产率与生产质量的提升能够产生重要影响。在现代信息技术快速发展的时代背景下，移动互联网开始进入到学生的学习活动中。学生可以通过手机、平板电脑等展开学习活动，丰富学习需求，这对其知识与技能的深入学习能够产生重要影响。文章将对高等职业教育的实际情况加以分析，分析移动互联网的应用方式，希望能够对相关研究活动带来一定借鉴价值。

一、巧用移动互联网技术，搭建全方位交流平台

传统的高等职业教育过程中多采用"灌输式"的教学方法，教师讲解、学生倾听，学生实际在课堂学习中的参与度不足、话语量较少。移动互联网技术与高等职业教育的融合，能够为学生搭建一个良好的学习平台。教师可以借助微信公众号、QQ或者是教学APP软件等，构建一个便于学生与教师交流的平台。学生存在任何问题均可以通过软件实时向教师发出提问，教师也可以基于学生普遍存在的问题进行讲解，动态掌握学生的学习情况与学习进度。

教师还可以邀请毕业生、企业管理人员等参与到平台交流过程中，介绍当前企业中实际工作现状、专业技术要求等等。毕业生可以基于自身的工作经验，为在校生介绍个人的工作经验等，打造良好的学习与交流氛围。

二、提供丰富性学习资源，创新职业教育的形式

互联网技术在高等职业教育中的应用，可以基于学生的性格特点进行分析，融入更多学习资源，创新职业教育的形式，使学生能够感受到学习的乐趣，且可以借助移动终端充分利用个人的碎片化时间进行学习，提升学生的学习效率与学习质量。

互联网技术的应用能够丰富学生的学习资源，且打破学习时间的限制、学习空间的限制等。比如教师可以采用慕课等方式，融入大量的学习资源，鼓励学生进行自主学习或者合作学习等，打造开放性的学习环境。

慕课教学期间，可以将教学内容划分为若干个小版块，制作成为短小且精美的视频。课程教学视频时间控制在5分钟到15分钟，且课程平台能适配大多数的智能手机屏幕，更有利于学生随时随地进行移动学习。在此基础上，教师还可以借助各类在线教育网站开展教学活动，组织学生自主学习。学生可以利用互联网搜索各类学习资源，成为学习的主人，基于自身的专业能力、时间安排等灵活开展学习活动，比如可以慢放内容、重放视频内容等等。

三、注重动态全程性反馈，构建多元化考评机制

传统高等职业教育比较关注课堂讲解、学生学期考试后的成绩等，但是对学生学习过程、学习态度以及价值观念的关注程度不足。素质教育理念下，需要转变教育评价的方式，注重动态全程性反馈，构建多元化考评机制。

比如教师可以借助移动互联网对学生某个单元、章节的学习情况进行测验，了解学生对学习内容的掌握情况。互联网技术的应用，能够使教学考核评价活动更加简单，且能够借助互联网实现是实时测评，在各个单元学习内容结束之后，学生也可以通过互联网展开自主测评活动，了解自身的学习现状，且可以通过互联网参与各类模拟操作活动等，将理论知识与实践活动相互融合。

教学评价期间教师不仅仅需要关注学生的理论课程考核成绩，更需要关注学生学习期间的创新想法、合作意识以及探究能力等等，培养学生积极探索、主动研究的精神，增强学生未来的职业发展能力与职位竞争能力。教师可以通过移动互联网搭建良好的互动平台，学生可以借助互联网向教师提出问题、教学方法的相关建议。这些都可以为学生综合素质的提升奠定良好基础。

互联网技术在高等职业院校教育期间的应用，能够实现"教"与"学"的智能化发展，突破学习期间时间、空间的限制。教师可以通过巧用移动互联网技术搭建全方位交流平台、提供丰富性学习资源，创新职业教育的形式及注重动态全程性反馈，构建多元化考评机制等方式，改善传统高等职业院校教育存在的问题，挖掘学生更多的潜在能力，为高等职业院校学生提供丰富的学习机会，为其专业知识的深入学习及未来发展奠定良好基础。

第二节 高等职业教育校企深度合作

随着我国教育体制以及经济体制改革的不断深入推进，当前时代校企合作的力度不断加深。校企合作模式可以有效地提高学生的实践能力，为其日后的发展创设出更多复合型人才，但是目前校企合作中仍然存在着较多问题，阻碍了高等职业教育校企深度合作。基于此，本节简要分析了高等职业教育校企深度合作工作的不足与方法措施。

高等职业教育是培养我国专业型技能人才的重要组成部分，随着社会经济的迅速发展，人们对职业技能型人才的要求也越来越高。目前我国已经发展出一批具有特色的校企合作模式，但是仍然存在着一些问题，阻碍了校企之间的深度合作，因此，本节全面分析了目前阻碍校企深度合作的因素，并针对这些问题提出了相应的解决措施。

一、高等职业教育校企深度合作过程中存在的不足

（一）校企深度合作动力不足

虽然说当前较多高校对校企合作的重要性有了一定的重视，但是在具体的实践过程中，校企之间的合作仍然存在较多的问题，依旧停留在政策文件阶段，所以双方之间的合作处于一个表面化阶段，并没有加大合作的深度。该问题存在的原因就是二者之间深度合作的动力不足，此方面不足是由于双方在合作过程中并没有得到最大化的利益。学校与企业进行合作的目的就是促进学生的学习，使其能力可以进一步应用于实践工作当中，提高学生的实践能力，所以说，学校在进行教学工作时追求的是社会效益，希望可以以此来有效增强学生的专业素质并加强学校的相关科研成果。而企业与学校进行合作的目的是为了提升企业的经济效益。因此，当企业与学校进行合作时，若企业自身的利益没有得到充分的满足，那么其积极性就不能得到有效的提高，与学校的深度合作也没有足够的热情。所以，要想进一步增强学校与企业之间的合作力度，就需要平衡双方之间的利益关系。

（二）相关管理运行机制不够完善

随着我国社会经济的不断发展，政府对校企合作在职业教育中的作用也越来越重视，但是目前推进该合作的相关法律法规的制定进程还是处于一个较慢的状态。目前，关于校企合作的指导性、独立性的文件与政策虽然说较多，但是具体的规章制度不够完善，对合作过程中的各项环节也没有做出具体要求。除此之外，目前高等职业教育

校企深度合作过程中存在的主要不足，就是相关的管理运行机制不够完善。校企合作在具体的开展过程当中，如果没有良好的机制进行引导，那么很容易导致整个工作流程无法顺利进行，给学生的教育带来了严重的影响。所以，在其发展过程中，要想更好地提高高等职业教育校企深度合作的质量和水平，就必须不断完善相关运行机制，建立健全管理条例，提供更加全面和更加科学的教育手段和教育方法。另外，相关的学校政策和制度支持也是学校培养校企合作人才的一个有效办法，能够为校企合作提供更加全面的制度保障，降低学校在校企合作方面出现问题的可能性，优化校企合作的教育环境。各地的教育部门还可以通过不断出台相应的政策推动校企合作的开展，提高校企深度合作的能力。结合当地的实际情况与企业具体的生产特点，引导校企进行合作，不断地加强合作的能力和质量。

（三）双方进行合作的服务平台较为传统、落后

当前，随着我国信息技术的不断发展，各种信息技术被广泛应用于各行业的发展建设中，对加强学校与企业之间的合作交流工作来说也不例外。然而，具体结合当前各高校与企业之间的合作情况来看，其缺乏对互联网先进技术的有效应用，这就使得双方在进行合作时，信息的交流平台较为传统、落后，不能及时传递双方之间各类信息，导致学校与企业之间的信息产生不对称的问题。这方面问题的存在使得双方进行合作的投入成本较高，而且合作的效率也较低。缺乏对先进信息服务交流平台的有效应用，使得学校不能及时发现当前市场对各类人才的相关要求，而企业也不能招聘到自己所需的人才，这种情况严重制约了双方的进一步合作。

二、推动校企深度合作的方法措施

通过上面的分析可以看到目前阻碍校企深度合作的因素较为多元化。因此，笔者主要从国家加大政策保障力度、建立健全管理机制，以及加强对信息技术的应用并创新校企合作服务平台形式三方面来全面阐述做好校企深度合作的方法措施。

（一）国家加大对校企合作政策的保障力度

由于目前学校与企业之间进行合作时，一些具体的规章制度不够完善，这就使得双方在进行合作时动力不足，企业对加强与学校之间的交流没有积极性。所以，在日后的工作当中，国家应当发挥自身的作用。首先，要健全相关的法律规章体系，并且要根据各地区学校与企业之间的实际发展状况制定适合各地区的规章制度，为双方之间的深度合作提供制度保障，引导其工作的顺利开展，为各项环节的有效推进提供保障；其次，也要健全交易成本以及补偿机制，这样才能有效保护好企业参与到双方合作之间的积极性，借此才能确保学校与企业在合作过程中实现共赢。

（二）建立健全运行管理机制

目前在学校与企业合作时，相关的管理机制较为传统、落后，阻碍了工作的顺利进行，影响了工作效率的提高，所以，在日后的合作过程中，要对运行管理机制的建立健全做到足够重视。首先，政府要发挥主导作用，在学校与企业进行合作时，对双方的利益进行一个明确的协调规定，并且也要对双方的责任与义务进一步进行明确，这样才能推动该工作的顺利进行；其次，学校在与企业进行交流合作时，也要不断地掌握行业的发展动态及方向，积极创新人才的培养机制，这样才能对学生的培养方案及时地进行相应改革，适应时代要求；最后，企业在参与校企合作时，也可以通过参与学校课程改革等各方面的工作，来积极为学校的改革发展提供具有丰富经验的工作人员。

（三）加强对先进技术的应用，创新校企合作服务信息平台形式

要想更好地加强高等职业教育校企深度合作的质量和水平，还需要加强对先进技术的应用，不断地创新校企合作服务信息平台的形式。在这个过程中，要不断丰富校企合作的形式，在传统教学中引入企业的力量，定期开展对学生的培养活动。在具体过程当中，为学生提供更加丰富的实践活动，鼓励学生到企业中进行生产实践和参与专业的实习活动，让学生体验更加深刻的实践过程，按照学校的课程进行安排，然后由企业的人员定期组织工作进行培养，通过不断引进先进的生产技术来丰富校企合作的模式，创建更多的平台，满足学生学习时的需求。根据学校和企业合作的特点进行灵活的选择，结合本校的实际情况，确定不同的合作方式。通过创新校企合作服务信息平台，让学生能够获得更多有关于校企合作的信息，从而能够发掘出更加符合自身的合作模式，全面的提升校企合作的深度。

总而言之，要想进一步加强高等职业教育校企之间的深度合作，国家就要加大对该工作的政策保障力度，并且校企之间也要建立健全运行管理机制，学校也要加强对信息技术的应用并创新校企合作服务平台。

第三节 企业参与高等职业教育治理

当前，企业参与高等职业教育治理存在以下问题：高职院校不够重视企业用人需求，行业协会的协助与支持作用未能得到充分体现；企业参与校企合作的补偿机制不完善，校企合作缺乏完善的信息资源共享平台；企业的主体性地位不明确，企业人力资本产权的配置有待完善。据此，本节提出了企业参与高等职业教育治理的对策：将专业标准与产业标准对接，促进行业协会科学化发展；建立企业参与高等职业教育治

理的成本补偿制度，构建信息化平台；明确企业的主体地位，对企业的人力资本产权进行科学配置。

企业是高等职业教育的重要利益相关者之一。为了更好地履行社会责任，企业应积极参与高等职业教育治理工作。针对企业参与高等职业教育治理存在的问题进行深入分析，并提出相应的化解对策，有助于明确企业在高等职业教育治理工作中的权责，优化资源配置，从而有效激活企业参与高等职业教育治理的内生动力。

一、企业参与高等职业教育治理的重要性

能够避免高等职业教育"决策失灵"。高等职业教育的发展不仅需要中央政府的宏观引导，还需要地方政府、高职院校、企业、教育专家、学生家长等主体的积极参与。当前，在制定高等职业教育决策的过程中，企业未能切实发挥作用，使得高等职业教育决策的科学性较差、时效性不强。唯有真正发挥企业的决策权，使企业积极主动地参与到高等职业教育治理工作中，才可以避免由政府主导决策带来的"决策失灵"问题，进而提升决策的科学性。

能够提高高等职业教育公共服务质量。从高等职业教育的社会属性来看，其具备一定的准公共产品特征。政府必须保证高等职业教育的公平供给，但公平供给需建立在高效的基础上。目前，高职院校处在快速发展阶段，但存在办学经费不足的问题。在这种情形下，如何高效、合理地利用现有资金非常重要。同时，在高等职业教育治理工作中，各地仍旧沿用以政府为主导的计划管理方式，不能发挥市场的调节作用，未建立健全企业参与高等职业教育治理的制度框架，导致本应有较大话语权的企业被排除在高等职业教育治理与决策之外，使得各高职院校未能将主要精力放在满足企业用人需求方面，而是放在处理与政府相关部门的关系方面。高等职业教育的本质是为企业培养对口的专业型人才，只有企业参与高等职业教育治理工作，才能更好地体现高等职业教育的特点，提高高等职业教育的公共服务质量。

能够解决高等职业教育资源不足的问题。近年来，我国高等职业教育快速发展。高等职业教育已占据我国高等教育的半壁江山。尽管如此，高等职业教育仍然无法满足社会的需求。究其原因，主要是高职院校教育经费不足，造成办学基础设施薄弱、实习实训条件落后、师资力量不足。要解决这些问题，必须提高企业参与高等职业教育治理工作的程度。政府应积极出台相关法律法规，激励企业举办或者参与举办高职院校，这样不仅能够有效解决高等职业教育资源不足的问题，还能提高高职院校人才培养质量。

二、企业参与高等职业教育治理的问题聚焦

高职院校不够重视企业用人需求，行业协会的协助与支持作用未能得到充分体现。随着高等职业教育改革进程的不断推进，高等职业教育人才培养取得了阶段性成果。《职业学校校企合作促进办法》指出："开展校企合作应当坚持育人为本，贯彻国家教育方针，致力培养高素质劳动者和技术技能人才；坚持依法实施，遵守国家法律法规和合作协议，保障合作各方的合法权益；坚持平等自愿，调动校企双方积极性，实现共同发展。"校企合作已成为当前高职院校人才培养的主要形式，企业为高职院校人才培养提供人才、技术及设备支持。然而，企业参与高等职业教育治理的积极性较低。

究其原因，第一，高职院校不够重视企业用人需求。当前，高职院校在完善专业理论知识教学的同时，有意识地培养学生的职业技能，但没有将人才培养标准体系与行业技术标准体系有机结合，人才培养未能充分体现社会需求。第二，行业协会的协助与支持作用未能得到充分体现，企业与高职院校的合作缺乏标准化合约。行业协会是指介于政府、企业之间，商品生产者与经营者之间，并为其服务、咨询、沟通、监督、公正、自律、协调的社会中介组织。高职院校开展校企合作人才培养模式无法离开行业协会的支持。当前，校企合作缺乏以行业内部管理制度为依据的标准化合约来约束双方的行为，这间接影响了企业参与校企合作的积极性。

企业参与校企合作的补偿机制不完善，校企合作缺乏完善的信息资源共享平台。第一，企业参与校企合作的补偿机制不完善。在校企合作过程中，企业投入了大量的资金、人力、设备、场地等，然而并没有得到预期的经济效益。虽然政府先后出台了一系列鼓励和扶持企业参与高等职业教育治理的政策法规，但相关税收优惠、财政补贴等配套措施仍有待完善。第二，校企合作缺乏完善的信息资源共享平台。在校企合作过程中，校企间缺乏交流平台、沟通渠道不畅，校企双方信息交流不对称，导致企业不能及时了解合作动态。

企业的主体性地位不明确，企业人力资本产权的配置有待完善。第一，企业的主体性地位不明确，在高等职业教育治理过程中发挥的作用十分有限。企业在高等职业教育招生，以及专业人才培养方案、课程标准制定等方面缺乏参与权，导致企业优秀文化无法有效融入高职院校人才培养工作。第二，企业人力资本产权的配置有待完善。人力资源是企业赖以生存和发展的核心资源。在校企合作过程中企业投入了大量人力成本，但政府没有出台对参与校企合作企业的奖励机制，没有给予优惠条件，对企业的利益保护不到位，导致企业的人力资源成本过高。同时，参与校企合作的企业在人力资本产权上不具备完全独立性，导致人力资本产权争议与人力资本流失严重，进而部分企业只能将实习学生作为廉价劳动力使用，以补偿企业投入的成本。

三、企业参与高等职业教育治理的对策分析

将专业标准与产业标准对接，促进行业协会科学化发展。第一，高职院校提升市场化意识，将专业标准与产业标准对接。专业标准与产业标准有效衔接是高等职业教育治理体系的主要特征。高职院校应加强师资队伍建设，鼓励企业高技术技能人才兼职授课，这样有利于提高学生的实践能力和职业技能，为社会提供专业对口的有用人才。同时，由于实习学生尚未完全融入工作岗位，其产生的经济效益与企业普通员工相比相对滞后，因此，可以适当延长学生的实习期，尽可能安排合适的实习方式，为充分发挥企业在实践中的育人优势提供保证。另外，教育主管部门需积极促进、扶持行业协会的发展，同时以多种途径促进行业协会发挥作用，如与行业协会建立委托关系，鼓励行业协会参与到行业标准建立、人才市场研究与人才培养质量评价等一系列工作中，避免信息不对称导致院校和企业的资源浪费和人才培养方向的偏差，减弱交易的不确定性对企业参与高等职业教育治理造成的消极影响。第二，通过制定标准化合约，促进行业协会科学化发展。要想降低企业参与高等职业教育治理的不确定性，首先需制定标准化合约。从本质上来讲，标准化合约就是企业参与高职院校教学过程应遵循的基本要求。就目前情况来看，为引导企业遵循标准化合约，除发挥行业协会的作用外，还需发挥政府的监督作用。政府的监督与保障有助于提升企业参与高等职业教育的积极性，并可能促进企业重复参与校企合作，而这种重复性合作可以让企业深入了解院校的履约情况及人才培养流程，从而产生长期参与高等职业教育治理的行为。企业多次参与到高等职业教育人才培养工作中，不仅对于企业自身，而且对于政府、社会和院校等各方也都是极为有益的。因此，在行业标准制定方面，政府应引导行业协会发挥自身优势，并给予行业协会参与编制实训方案的权利，实现实训方案与行业标准相衔接，避免信息不对称问题导致人才培养工作出现误差。随着行业协会的普遍成立，政府应自觉放权，鼓励行业协会推进校企合作、参与指导教育教学、开展质量评价等。另外，由于人力资本交易不同于普通交易，存在一定的特殊性，因此企业培训合约的正式执行应受到行业协会的监管。倘若校企之间发生冲突，则需行业协会参与协商解决，这样可以有效降低校企间的道德风险，打造政府、企业、院校、行业共同发挥职能的标准化平台，保障行业协会发展道路的科学性、规范性。

建立企业参与高等职业教育治理的成本补偿制度，构建信息化平台。第一，建立企业参与高等职业教育治理的成本补偿制度，实施选择性激励。政府应对积极参与高等职业教育治理的企业给予合理的补偿，但要把握好补偿的力度。目前，政府能够利用诸多手段补偿相关企业，如财政补贴、税收优惠等，这些手段具有良好的激励效果。然而，部分地方政府并未对企业的参与行为进行有效筛选，不能有效地发挥激励作用。

为了引导企业真正有效地参与高等职业教育治理，地方政府应区别对待企业的积极参与行为与消极参与行为，制定赏罚分明的制度。对为高等职业教育发展做出突出贡献的企业，应给予奖励，如提供贷款优惠、税收优惠、专项基金补贴等；对不积极响应高等职业教育发展的企业应给予一定的惩罚，如提高贷款要求等。第二，构建信息化平台，保障人力资本收益。企业参与信息化平台建设可以为企业树立良好的品牌形象。经济激励与品牌效应都是刺激企业参与信息化平台建设的诱因，并且两者间存在一定的关联。除经济激励之外，企业还想获得大众的认可和良好的口碑，这样便可对潜在客户的消费偏好进行引导。因此，政府部门应搭建信息公开平台，完善社会激励机制，促进行业协会监督职能的有效发挥。如此不仅能够监督企业在校企合作中的表现，还能在一定程度上宣传企业的品牌，增加企业的品牌资产。

明确企业的主体地位，对企业的人力资本产权进行科学配置。第一，明确企业的主体地位，优化企业内部治理结构。只有明确企业在高等职业教育治理工作中的主体地位，才能使企业根据自身的基本情况和用工需求参与治理工作，从而培养出符合企业需求的高技能实用型人才。因此，政府应明确企业在校企合作中的义务与责任，如招生权、专业设置权、企业文化的渗透权等，使得企业深入参与高等职业教育治理工作。校企合作双方有终止合作的权利，当任何一方认为合作中有损害自身利益的行为产生时，都可以提请终止合作。地方政府应根据当地的教育发展状况及企业的发展状况，优化校企合作环境，引导企业优化内部治理结构。第二，对企业的人力资本产权进行科学配置，从而减少交易费用。促进企业积极参与高等职业教育治理工作需要具备两个条件：一是国家承担一定比例的企业支出，二是国家制定独立产权激励政策。若无法实现上述条件，则企业在大多数情况下并不会主动参与到高等职业教育治理工作中。基于社会学视野来看，公共利益处于动态变化状态，只有当个人利益与公共利益重合时，个人才可能从群体角度采取行动。对于企业参与而言，一是教育主管部门应分割高职院校实习学生这一人力资本产权，对参与企业使用该人力资本产权的方式、时间等内容做出明确规定，避免该人力资本产权流出企业。二是教育主管部门还应对高职院校实习学生这一人力资本产权进行限制，避免未参与校企合作的企业"免费搭车"使用该人力资本产权，这有助于避免该人力资本产权受到稀释。

第四节　慕课对高等职业教育的影响

"MOOC"是英文 Massive Open Online Courses（大规模开放的在线课程）的缩写，翻译过来是慕课。慕课于 2012 年在美国兴起，随后在美国 Coursera、Udacity 和 edX

三大平台的相继开课运营后，吸引了世界各地的学习爱好者加入，《纽约时报》将2012年称作"MOOC年"，慕课成为网上学习的一种趋势。2013年，清华大学和北京大学加入线教育平台edX，慕课正式进入中国，这在中国的教育界引起了很大的震荡。此后，慕课在我国高校广泛传播，大学生纷纷注册账号，通过手机、电脑进行学习，这对教学效率的提升产生了很大作用。慕课是传统在线学习模式的升级版和加强版，得到了高校师生的青睐。然而，慕课对于高等职业教育的影响很大，它对高等教育的教学模式、教学组织与管理等方面进行了改良，而且对高等教育模式提出了挑战，促使高等教育向为终身教育服务方向发展。

一、对高等教育教学模式的挑战

慕课源于传统的课程，但却优于传统课程，主要是因为慕课能够传递的信息量要远高于传统课程。另外，慕课不受时间、空间束缚，能够将各种优质教学资源以相对低廉的成本发布给所有课程学习者。这种新型学习模式对以讲授为主的高职教育的传统学习模式影响巨大。慕课允许学生根据自己的学习兴趣自主选择课程内容，在学习过程中自由安排学习时间，不受学习地点影响，只要连接网络，就能实时高效地进行学习。通过网络平台进行慕课教学能够将课程内容大规模推广，让更多的人获取知识。另外，基于信息技术的高速发展，许多传统教育无法实施的教学环节都可以通过慕课进行开展。例如学生学习的相关数据统计分析：如学生完成作业的准确度、参与度。通过对实时数据的统计分析，能够对学生的学习效果进行可量化的指标性评价，便于授课教师有效监控学生的学习效果，调整教学内容，从而有针对性地引导学生进行自主学习，学生可以通过慕课平台及时了解自己的学习状况，并进行学习进度调整，从而养成良好的自主学习习惯。

当前我国慕课已经基本覆盖大学开设专业的主要课程，很多专业性较强的课程需要一定的基础和专业背景才能学习。在高等职业教育中，已经广泛开展信息化教学改革，其中，开发相应课程的慕课是主要的教学改革方向。很多教师已经利用慕课开展线上线下混合教学，这种教学模式对传统教学模式是一种颠覆式的改革。针对教学内容课上课下讲授方式区别较大的问题，教师通过与学生在线交流讨论开展课程教学，并需要提前设计能够吸引学生的讲授方式和内容。教师灵活运用慕课教学特点，开展课堂教学，学生接受程度更高，教学更加高效且有吸引力。高等教育教学改革已经迫在眉睫，为适应新时代新形势需要，高职院校开展信息化教学已经成为必然。按照国家教育部要求，我国高等教育在今后要大力开展信息化教学改革，将大力推广慕课教学的改革与创新。

二、促进高等院校的合作与竞争

由于传统的高等教育受制于地域的限制，往往各自为政，整体来说，合作和开放程度远远不够，通常情况下国际的合作也仅仅局限于学院之间互派交换生或者开发科研合作项目等。高等院校的竞争力通常体现在学校的声誉、师资水平和科研成果等方面，传统的教学模式对加速学校的国际化进程效果不明显。

2012年慕课平台的建立打破了各个高校的"壁垒"，各大慕课平台相继与世界各地的顶级院校合作，共同确立合作项目，合作开发课程，而且可以通过慕课平台收集到的各种数据信息进行相关的研究和改进。另外，部分地区的高等院校相继组建本地区的慕课联盟，在竞争中寻求发展。新的合作模式弱化了实体大学的边界，各个高校在虚拟的网络环境中与其他院校分享自己的优势教学资源，形成"线上校园"，对于推动高等教育的国际化起到了非常重要的作用。

目前的教育形势是数字技术在逼迫着教学的发展，大学在网络课程领域不进则退。数字技术是大学保有竞争力的必然选择。慕课已经迫使全世界的高校进入竞争状态，无论是主动地还是被动地，各个高校已经别无选择。因此，高校需要考虑各自的国际化战略和开放式战略。高校可以选择与一些营利性或者非营利性平台合作开发课程或是项目，从而提高院校的知名度。高校也可以依托地方政府和其他高校联合开发具有地方特色、适合本地区学习者的课程。另外，高校无论选择哪种战略合作方式都需要清楚一点：发展自己的特色，提升自己的"内功修为"至关重要。只有提升内在（包括学科内容的质量和优秀讲师的质量等），打造特色，才能通过平台展示自己，否则无法吸引更多的学习者加入，也无法实现院校的目标。

三、促使高等教育为终身教育服务

终身教育是学制教育的延续，面向全民，是正规教育的补充。它是持续的、贯穿一生的学习方式和行为习惯。终身教育内涵广泛，只要有助于个人全面发展和完善的学习教育实践，均可被认为是终身教育。过去我国主要通过函授、电大教育、成人教育、老年大学等方式开展终身教育。但这些教育途径都存在教育资源有限、学习群体受众面窄、学习自主性低、学习效果差等弊端。随着网络技术的发展，慕课所具有的规模大、课程全、费用低、效果好等特点决定了它可以满足终身教育的要求，以后必然从高等职业教育走向终身教育。

（一）受众群体分析

慕课的受众群体是面向全民的，从学龄前儿童到百岁老人，只要想通过网络进行学习，都可以获取他们所需的知识和课程。慕课没有学历等方面的限制，也没有过高的学费。不再受到工作、贫富、学历等诸多因素的制约，使更多愿意学习的人能够获得所需的知识，受众群体广泛且庞大。

（二）慕课教学模式分析

慕课教学内容与传统教学最大的区别就是它所讲授的内容相对比较碎片化，讲授时间一般在 10~15 分钟，时间短，教学任务相对单一并且明确，从而使学习者能够快速学习课程内容而不感到枯燥。另外，学习者自己按照学习进度和掌握情况进行学习，自我管控更加灵活，从而为不同年龄、不同文化背景的学习者提供了学习的机会。吸引大量有学习意向的人参与课程学习，依靠学习者的自主学习，彻底改传统的"要我学"为"我要学"。

（三）慕课发展趋势分析

基于网络的慕课，天生就具有多样化和包容性的特点。学习者选择慕课，不仅仅是为了获取证书或学历，而是利用慕课上丰富且优质的教育资源进一步完善自我，提高知识储备，提升业务水平，拓展兴趣爱好或进行休闲娱乐。慕课可以涵盖生活的方方面面，因此，对于终身教育必不可少。在恰当的时间学习需要的课程将是一种发展趋势。

慕课的快速发展和普及，使高职教育的范畴得到进一步的扩展，使职业教育向终身教育进行更加广泛的延伸。原有的职业院校教育体系对社会服务不足，主要是对学校学生职业技术能力的培养和学历的教育，仅仅局限在相对固定的年龄层次，对于中老年人群、下岗职工等群体职业技能再学习、再培训作用有限。慕课完全破除了传统意义上的壁垒，逐渐成为终身教育的推动者和引领者，使职业教育有了更加广阔的服务人群，职业教育在慕课的助力下服务社会的能力得到了极大的提升，社会各阶层、各年龄层的人群都能够通过慕课学习与之相适应的职业技能，学习变得高效便捷，高职教育也从院校教育逐渐拓展为全民教育、终身教育。

（四）促使教师由个人向团队合作转变

众所周知，一个学校办得好不好，师资力量是重中之重，教师对于一所学校的重要性不言而喻。然而，在高等教育阶段，教师除了上课之外，搞科研也是一项重要的任务。从目前高等教育的教师职能来看，只有一些研究型大学中设有科研岗，大部分高校的教师职能还是以教学为主。教师队伍主要由专业教师以及行政管理人员两大类组成。但是，随着慕课的不断发展，高等教育也在不断发展，高校的人员组织形式也面临改组。

从慕课的整个实施过程可以发现：在课程刚开始创建时，需要有一位对课程领域十分熟悉的专家型学者来设计、把控整个课程的方向，他首先要提供这门课程的一个计划和蓝本，这决定着课程是否能引起学习者的关注并激发学习者的兴趣。课程定位创建好了以后，紧接着就需要找一位优秀的主讲教师，这类教师首先要具有自己的特点和风格，课堂风格幽默风趣，经验丰富，知识渊博，因为学习者通过他可以直接感受到整个课程的情况，他是整个课程的门户。一项针对我国学习者对于慕课认同感的调查显示，学习者对课程的授课教师的认同感仅次于对课程内容的认同感，由此可见，优秀教师对课程成功的重要性。线上学习者一般是一些对线下教育模式和教师授课感到厌烦的人群，所以，如果还是按照线下的授课模式，估计学习者很快就流失了，因此，慕课要吸引学习者，教师必须具有自己独特的个人魅力。

上面提到的课程设计者和讲授者可以是一个人，也可以是一个团队。然而，慕课如果要良好运作，技术人员的专业支持也是非常重要的，比如讲座视频的录制与剪辑、灯光音效设备的调试，以及教师讲课过程可能会用到的一些教育技术的支持，或者是线上平台的维护……此外，许多助教日常还要对论坛进行管理、对学习者的提问做在线答疑以及与学习者互动沟通。因此，慕课的运行使高校教师由单打独斗向分工合作转变，整个团队成员缺一不可，否则无法完成慕课的良好运作。曾有人评价慕课课程的制作就像拍一部电影一样，编剧、导演、演员乃至后勤保障缺一不可，团队的重要性可见一斑。

大学慕课已经在部分高校得到互认，但全国所有高校课程学分之间互认还受一些客观存在的问题的制约，这方面的讨论仍在进行，这是一个循序渐进的过程。高校之间相互合作、积极开放课程资源，为学习者提供了多种学习途径和选择机会，对课程内容的选择、学习时间的选择、学习环境的选择乃至职业规划系统的调整和选择都起到了积极作用。总之，慕课与高职教育相辅相成，相互促进。不久的将来，慕课将与高职教育形成线上线下相融合的教学方式。这种混合式的教学方式将使部分学校的公共基础课程不再需要专职教师来讲授，学生可直接通过在线慕课的方式，利用成熟的优质课程资源进行课程学习，利用线上或线下考试获得对应学分。对于专业课程教学也可以通过慕课的方式对本校师资力量不足的部分进行弥补，教师角色将发生巨大变化。那些授课质量优异的教师主要完成课程内容的最佳呈现；课程团队中有些教师将转变为课程辅助性工作人员，如课件制作、线下辅导、资料整理分析等。在这些转变中，教师角色发生改变，作为课程团队的成员，教学和科研能力都将得到进一步的提高，教学质量和科研质量也都将得到有效保障。

第五节　高等职业教育特色之逆向思辨

"特色"一词，在中国可是一高频词汇。"特色"，因其与特别讲究"创新"的科教活动紧密联系，在教育领域特别是高等教育领域，"特色"总被极力推崇。此外，"特色"还常与颇具商业色彩的"品牌"一词相关联（所谓品牌特色、特色品牌），因而，它又与策划、营销、传播等相联系。

中国高等职业教育历史短、基础弱。念兹在兹，唯此为大。早在2008年，安徽省就提出"科学定位、分类指导、多元发展、特色办学"的高等教育发展方针。教育部也在总结经验的基础上，于2015年印发了《高等职业教育创新发展行动计划（2015—2018年）》。各高校围绕"特色"纷纷行动，顶层设计加底层探索，着力打造特色教育。

一、相关概念之辨析

现代汉语解释"特色"，是指事物表现出来的独特的（一般也是正向的）气相、风格、气派等，如艺术特色、特色小吃、中国特色等。若通俗解释之，即"人无我有，人有我优，人优我特"。

"特色"一词的相似概念，有特点、特征、创新等。特点、特征，意义相近，皆指事物所具有的特殊或特出之处，或一事物异于他事物的特殊性。世界上万事万物都是个性（殊相）和共性（共相）的统一，所以才有"世界上没有两片完全相同的树叶"的说法。若从哲学原理推论，事物本来就是以其特殊性而存在的，从这一点来说，特点、特征，包括特色，都是事物本来就有的，本无足多论。但"特色"一词，虽为名词，但人们在使用时却带有强烈的动词倾向（意向性），如打造特色、提炼特色等，这样，在实践中它就与"创新"一词更具亲缘性，也经常连用，如特色创新、创新特色。

若细加考察，特色、特点、特征三个词，虽然意义相近，都是表示一事物异于他事物的殊异性，但它们还是有细微的差别的。特点、特征，偏重于客观事物独特性状的描述和表征，特色则更强调这种独特性的显示度和辨识度，更加重视他者视角和公共评价。这是一种词语的强弱性差别。

一般说来，特色是事物的存在方式，没有特色，就没有存在的可能与必要。因为世界本来就是多样统一的生态系统。就特色概念本身来说，它是模糊的，没有统一的认识和明确的界定，完全取决于人们的主观认识和评价指标的设定。特色又是比较的范畴，是在一定范围内相对其他同类事物的比较而言的，是在一定的评价指标下的相对胜出而已。因此，没有绝对的所谓特色。

当今社会，特色之所以被抬高至如此地位，恐怕与现代社会人们主体性的勃兴和市场经济条件下竞争意识的凸显有关。大多数情况下，我们所言说的特色，皆带有较强的功利色彩和焦灼心态（如打造特色）。

大体说来，特色具有如下几个特征：

一是主体性。特色一定是特定的主体根据自身的特点（历史的和现实的），主动建构和长期实践的结果。它显然离不开相互学习借鉴，但又不能简单模仿、克隆。它的理想形态应该是独特风格和气派的生成，而不是脱离主体性的任意表征和照搬照抄。

二是时空性。特色具有两个维度：空间维度和时间维度。就空间维度而言，特色是在一定的空间范围内同类相较（所谓有比较才有鉴别）的产物。如"中国特色高等职业教育"，一定是就世界范围内与其他国家高等职业教育相比较而论的。而特色的时间维度，则是指特色的历时性和一贯性，即特色不是一蹴而就的，一定是长期积累、积淀的结果。从这个意义上说，特色是要有历史底蕴的。

三是公认性。特色虽然离不开主体的主动建构和宣介，但归根到底需要公众的接受和承认，即它具有一定的他者性，需要公众的认可、认同和口碑相传。特色的形成是一个复杂的过程，且往往带有一定的滞后性。

概言之，特色具有如下功能：

一为区分、识别功能。从哲学意义上说，特色是事物的存在样态和存在方式。特色与事物是不可分的，没有无特色的事物，更没有脱离事物的特色，事事、时时、处处有特色。日常生活中，我们之所以强调特色，正是看中了它的这一功能，目的是在尊重规律的前提下，通过发挥人的主观能动性，提升事物的区分度和识别率。

二为吸引、凝聚功能。特色与知名度，尤其是美誉度密切相关。特色一旦形成并得到较好的传播，它就会吸引更多的关注，公众也会乐意为之付出和投入。这样，特色主体就很容易吸引、凝聚更多的资源和能量。

三为导向、激励功能。特定指标的比较会带来自我形象价值的满足感，会刺激主体将更多的资源投入到特色的建设、维护之中。同时，特色也为社会提供标杆和典范，会吸引更多的追随者和学习者。

二、多重路径之选择

职业教育是中国近代学校教育体系的一部分，发轫于晚清洋务运动时期，但明确地将高等职业教育纳入高等教育体系，只有短短数十年。受多种因素的影响，职业教育包括高等职业教育一直被视为"下等"教育。

但是在改革创新的时代精神感召下，高等职业院校从来不缺乏创新的热忱。也许，现实的境遇也提供了一定的压力和动力。仔细梳理高职院校"特色"的创生路径，其模式大致有三：

一是概念化模式，即通过概念的操作"制造"出特色的模式。为应对评估评比、工作汇报或宣传以及招生等工作需要，各院校纷纷从办学定位、人才培养模式、专业结构体系、课程体系、实践教学体系、校园文化等方面仔细搜寻，着力描绘自身的特色所在。如院校定位方面，多以"立足这里，服务那里"，或"面向这里，辐射那里"等话语表达。人才培养模式则归纳为"X+X培养模式""学徒制""工作坊"等。专业结构体系表述为"建设X大专业群，打造特色品牌专业，形成结构合理、资源共享、优势互补、协调发展的专业结构体系"；人才培养方面则描述为"开设必修、选修课程，实行学分制，建立了实验实训、见习实习、社会实践及创新创业活动在内的实践教学体系"。实践中，还有将过去的办学成绩当成办学特色的，也有将办学特色的应然置换成实然的。

二是间接经验模式，即希望通过学习兄弟院校的新理念、新模式、新经验，转换升级或模仿，逐渐内化，形成自己的个性和特色。近年来，很多院校非常重视外出学习考察活动，且要求回校后都要形成材料进行汇报交流，"一人学习，全校受益"。

三是直接经验模式，即秉持"三因制宜"，通过"持续不断的努力涵养不可替代的内涵"，经过时间的历练和淘洗，创造出自然流露出的或被感受到的"特色"。

简言之，第一种模式可以称之为"说出来的"模式（或"写出来的"模式），第二种可称之为"学出来的"模式，第三种则可称之为"做出来的"模式。

教育领域中，那种通过公理或概念套用而制造出来的所谓"特色"，并不少见。诚然，特色需要总结、凝练，形成文字（话语），形成理论（理念），也需要适度的宣传推广，但特色毕竟不是纯粹的文字游戏和概念推演，它不该是应景交卷的"急就章"，更不该是聊以自慰的"宣传语"。打造特色，同样离不开互相学习借鉴，但经验学习本身是个复杂的"技术活"，不能片面、机械地模仿。我们渴望获得别人成功的秘诀，却忽视了这些秘诀是不可以简单移植模仿的。所谓"一直在模仿，从来未超越"说的就是这个道理。因为校情不同，环境有异，如果还是一味地墨守成规，就表现出了思想的僵化和保守。简单的模仿，容易因为"水土不服"而导致"四不像"甚或迷失自我。不少失败往往源自机械复制。对于每个院校来说，贵在从他人身上汲取营养，成为独特的自己。而特色创新的直接经验模式则强调特色的校本化和本土性、实践性，体现出特色的"本我""由我""为我"特性。打造特色的过程，也是自我认知的过程。唯有知晓"我是谁""我要做什么"，才能明白"我要到哪里去"，以及"我应该如何去做"。同时，特色的创造也要求主体上的师生参与性和时间上的历时性，即师生参与，历代坚守，经年始成。虽然特色的形成离不开社会认可、口碑相传，但特色首先是为师生、员工及院校的可持续发展服务的，并且得到师生的认同和认可，同参与，可感知。所谓特色应该是自然流露出来的，而非精心编撰出来的；是能够被感受得到的，而非疏离的；是得到同行或公众认可的，而非自娱自乐、自弹自唱的。它应该是立足本校，融通内外，胸有定力，行有目标，用双手和时间实实在在浇灌出来的果实。

三、矛盾关系之处理

细究起来，高等职业教育的特色问题，会因语境或问题域的不同而蕴含不同的含义，也会因比较的范围、层面和比较点的不同而呈现出不同的结论。首先，空间上，就国际比较来说，我们倡导打造中国特色的高等职业教育（或中国特色的现代职业教育体系）。在钦羡德国"双元制"的同时，我们也从另一层面看到我国高等职业教育的独特性："专科层次高等职业教育是融合高等教育和职业教育的新模式，为我国首创，受到发展中国家欢迎。"只不过前者是就办学模式来说的，后者是就办学层次定位而言的。就国内范围来说，不同省份或地区的高等职业教育，自会呈现出不同的特色来。其次，就整个教育体系内部的关系定位来说，高等职业教育，作为高等教育体系中的一个"类型"，同时作为职业教育体系中的一个"层次"，它理应有自己独特的办学特色，而不应办成普通高等教育的"压缩版"，或中等职业教育的"加长版"。再次，就具体高职院校来说，则一校之内的所有要素、方面、系统等，样样皆可成特色。如办学模式、教学模式、教学科研等，又如师资队伍、专业建设、教学改革、课程改革等，再如教学成果、就业创业、社会服务、国际合作，以及党建思政、管理服务、校园文化等等，可谓"处处留心皆特色""所在皆为创新点"。

动态地看，我国高等职业教育特色的内涵具有典型的历史性。我国高等职业教育特色的内涵或主题，可以根据侧重点的不同划分为投入型、质量型和过程质量型三种类型或三个阶段，不同时期的院校特色建设无不带有阶段性特征。

一是投入型特色阶段。加大硬件投入和量的累积，以"高职高专院校人才培养工作水平评估"为契机，检视办学条件，补齐短板。这种以达标型合规性审查为主要目的的评估，本质上属于外延式特色建设。

二是质量型特色阶段。强调"走以质量提升为核心的内涵式发展道路"。围绕"科学定位、特色发展、创新发展、提高质量"的总体目标，实行"绩效评价"和"绩效报告"制度。这是对高等教育"同质化倾向"的反思和拨正，是对高等职业教育内涵式发展的自觉探索。虽然倡导"坚持内涵式发展"，但它在本质上还是属于外铄性的，而非内发性的，这从它"绩效评价"的对标性的制度设计就可以看出。

三是过程质量型特色阶段。其标志就是《教育部办公厅关于建立职业院校教学工作诊断与改进制度的通知》的发布，强调突出院校主体、质量为先、过程监控、自我保健、自我诊断、持续改进。无标性、举证法（证据链）、旋进式（持续改进）是这一阶段的主要特征。

就特色本身的形成来说，特色还具有层次性（阶梯性）。特色品牌的形成，一般呈现出四个阶梯，即特色点（即单点或多点创新，如某高校坚持早操、某高校推出"一元菜"等）→类别特色（即单个类别的创新，如体育文化特色或社团文化特色等）→系列特色（即单个或多个系列的创新，如校园文化特色、培养模式特色、管理模式特色等）→系统特色（即系统集成创新，形成院校特色品牌——办学特色）。可谓是一条"校以品传，因品显校"的特色之路。

笔者认为，办学特色本质上是多种创新方式的综合运用，贯穿于办学行为过程，体现于学校诸要素、诸层面。这就要求我们在办学过程中，需要特别注意克服趋同化和同质化倾向，综合运用多种创新手段和方法。人们把这些创新的成果——院校特色、专业特色、课程特色集中起来，冠之以"特色"之名。

问题的关键不是要不要特色，而是如何打造特色，打造什么样的特色。为此，需注意处理好几个关系。

（一）底线管理和特色发展的关系

底线管理，要求通过制定各层面的"底线"标准，保住根本、兜住底线。高职院校"底线管理"内容包括意识形态底线、安全生产底线、规范办学底线、质量底线等。应在学校、专业、课程、教师、学生等不同层面建立完整且相对独立的（底线）标准体系。一堂课、一张试卷、一场考试、一门课程等也应当有"底线"标准。这些标准守住的是不可逾越的底线，是规范办学的基本要求和质量底线。但"下有底线，上不封顶"，因为这些标准又不是一成不变、不可逾越的，向上提升创新理应不受限制。坚持底线管理，同时也为特色创新（创新创业人才培养和特色办学）预留巨大的空间，只不过从某种程度上说，建立并坚守底线标准比建立"高大上"的标准要困难得多。

（二）跟跑与领跑的关系

"他山之石，可以攻玉"。特色创新当然离不开学习、借鉴（即跟跑），特别是在事业的起步阶段。但学习本身是一个复杂的"技术活"，还常常伴随一定的风险和代价。首先是选择的风险。教育场域的新概念、新理念、新模式层出不穷，有些院校今天觉得这个好，明天感觉那个棒，还没来得及咀嚼、消化、吸收，就又被迫转入下一场学习运动之中，如此就会劳民伤财，疲于应付。其次是"可学"与"不可学"的风险。技术层面、操作层面的东西是可以学的，"但当下我们面临的变革绝不仅仅在技术层面，更深层和关键性的变革，必然发生在组织层面、观念层面以及思维方式上"。而这些恰恰是不可学的，至少是不好学的。没有对纷繁复杂的职教理念的思辨性把握和创造性实践，好经也会被念歪。再次是失去自我的风险。盲目学习和机械模仿，因为缺少了理性、执着和坚守，不免有东施效颦之嫌和自我迷失之险。解读别人的同时还要读出自我。一个学校有一个学校的校情，如区域环境、行业背景、历史沿革、发展阶段、优势特色、瓶颈短板等。打造特色，需要结合校情、区情，坚持传承和借鉴统一，切忌丢掉自己本来的优势和特色，却去追逐别人所谓的热门和时尚。

以教育部《高等职业教育创新发展行动计划（2015—2018年）》为例，该计划提出要在2018年底前建设200所左右优质专科高等职业院校。"优质校"就是标杆校、领先校，高职院校在建设过程中既不能照搬国家"示范校""骨干校"的建设经验，又不能互相抄袭。鼓励首创和领跑，形成"把优势转化为特色，错位发展、竞争发展、特色发展的职教新生态"。理应彰显"个性化"的特色，不能再次演变成新一轮的"同质化"局面。

（三）守正与创新的关系

正，即正道、正途。守正，要求守住本分、本质、本来，不离常识、常态、常规。守正和创新的关系有类于古人所谓"道"与"术"的关系，术虽万千，大道至简。创新，提倡打破常规，但并非"随心所欲"，还要"不逾矩"，既要破规矩，还要守规矩。

创新，强调"新"，本质上是没有标准答案的，但不是没有标准的，这个标准就是高等职业教育之"道"，如高等职业教育应遵循的"三合"和"四梁八柱"等。

创新，强调"变"，本质上是面向未来的，但在畅想未来的同时，一定要不忘本。创新，要求心有所定，行有所本。此处之"本"，约有三层含义，一是学校的校情校貌、传统现实等；二是教育教学的本来样态（如教育常识、教学常规、家常课等）；三是教育教学改革的根本价值取向。高等职业教育所有教育教学改革，最终都要落实到人才培养质量上，落实到学生的关键能力、核心素养和可持续发展潜质上。

相较于普通高等教育，高等职业教育没有历史包袱，没有现成模板，政策、资金支持较少，常被视为高等教育改革的突破口或探路者，但特色创新需要"谨慎注意"。首先，创新有真创新，也有伪创新。单纯的概念创新就是伪创新，为创新而创新无异于瞎折腾。有人说，教育领域不缺理论、口号，缺的是常识，缺的是专注与投入。其次，创新一定是实践的创新。熊彼特在论述经济创新时一再告诫大家创新必须回到真正的实践检验当中。所以我们在谈到理念创新、观念创新、思想创新时，那还不是终极意义的创新，至多只是创新的准备。虽然思想是行动的先导，但理想还要照进现实，创新归根结底应当是实践的创新。

第六节 高等职业教育社区化办学的探索

基于终身学习理念的社区教育是建设学习型社会的基础，是加快学习型社会建设的重要途径和手段。学习型社会的提出使社会职能向社区教育转移，高等职业教育以教科研服务为基础向社会延伸，逐渐呈现出社区化的发展趋势。作为地方区域性的高等职业教育院校，以促进当地经济和社会发展为目的，以培养管理和技能型的应用型人才为职能，开展适合当地社区居民需求的非学历教育活动，服务于社区，有利于提升整体居民的综合素质。本节就高等职业教育如何探索社区化办学展开探讨。

一、高等职业教育社区化办学的含义

高等职业教育社区化办学没有确切的概念，简单来说就是依托高校的优质教育资源为社区教育服务。笔者所理解的含义是高等职业教育院校以终身学习的办学理念为指导，以实现全民综合素质的提高为办学目标，采取依靠社区、服务社区并与社区相互融合的办学模式，利用社区教育"全员、全程、全面"的特点，充分发挥高职院校在人才、技术和资源等方面的优势，为社区居民提供基本学习服务、技能培训、就业指导与创业指导等，最终构建完善的终身教育体系，形成"人人皆学、处处能学、时时可学"的学习型社会。

高等职业教育社区化办学是对高等职业教育和社区教育的资源整合并与社区融为一体，相互促进、协调发展的一种办学模式。高等职业教育服务于当地社区的经济、政治、文化、社会和生态"五位一体"的发展，是社会发展的客观要求。社区教育目前已经在全国得到了普及和发展，但随着人们生活需要的提高，居民对社区教育的发展提出了更高的要求。高等职业教育社区化有助于对教育资源进行开发整合，有助于从学校教育向社会教育拓展，有助于职业教育和社区教育纵向衔接、横向贯通，有助于终身学习体系的构建，有助于满足人们日益增长的生活需要。

二、高等职业教育社区化办学的缘由

从国外先进的办学经验来看，积极推进高等职业教育社区化办学，更倾向于面向社区和服务经济、以能力为本注重实践操作，为各国的经济发展培养了优秀的社会人才。从国内的实际情况来看，积极推进高等职业教育社区化办学有利于培养服务当地社会和经济发展的应用型技能人才，对提高国民素质、促进经济发展和保障社会稳定发挥着重要的助推作用，既是"五位一体"总体布局的需要，又是高等职业教育新发展的增长点，还能够更有效地解决高职毕业生的就业矛盾，为当地社会培养"留得住、用得上、干得好"的技能应用型人才。

（一）时代进步的需要

高等职业教育社区化办学即是社会发展的客观要求，又是高等职业教育自身发展的需要，然而传统的高等职业教育影响较深，大多数高职院校仍然采取"招生录取—教育教学—学生管理—就业实习"的流程，学生、教师、教学内容、教学模式、教学方法、教学手段、教学资源、教学环境等教学因素形成了思维定式。而高等职业教育社区化办学就是要打破这种定式，转变传统的职业教育办学理念，统一办学思想，使高等职业教育与社区教育更好地融合。也就是说高等职业教育社区化办学的办学理念就是高等职业教育要以终身学习理念为指导，利用社区教育全员、全程、全面的特点，充分发挥高职院校在人才、技术和资源等方面的优势，对当地社区的经济、政治、文化、社会和生态进行统一、合理规划的办学思路，以谋求高等职业教育更好、更快发展。

（二）高等职业教育发展遇到瓶颈

高等职业教育的发展遇到了以下瓶颈：由于发展历史较短，各地高职院校均存在政策支持不到位的情况，严重影响了高等职业教育的定位和发展；招生实行优先保证本科的生源再加上本科扩招使得高职院校招生难度加大；生源素质偏低，录取分数线逐年降低导致学生文化素质不高；办学成本逐年提高；自身存在的问题，如部分高职院校存在师资力量不强、专业设置与当地经济社会发展不匹配、课程体系不健全、"产学研"相互脱节等现象。

（三）社会需求多样化的教育形式

现阶段社区居民参与学习与教育的要求也日趋强烈，教育形式也就变成以学习者为中心的个性化和多样化的学习形式，从"要我上"到"我要上"，从"有学上"到"上好学"已成为常态。传统的灌输式、填鸭式、大班化的教育形式已适应不了个性化需要，教育部门所提供的教育形式也要多样化，社区居民在学习资源、学习途径、学习时间、学习场所、学习节奏等方面自主性越来越强，在学校、教师、专业、课程的选择性等方面也越来越强。

（四）全民终身学习成为趋势

随着知识经济时代的到来，教育的发展逐步向全社会和全民终身学习方向延伸，社区教育、终身教育、终身学习、学习型社会等已成为近几年全民教育发展的趋势，全民终身学习已经成为建设学习型社会的基础。办好继续教育、加快建设学习型社会、大力提高国民素质成为新时代的新任务，新任务对教育的发展提出了新要求：在提高各级各类学校教育的基础上向社会教育拓展，构建学前教育、学历教育、职业教育、职业培训、休闲教育、老年教育等纵向衔接和横向贯通的终身学习体系。

三、高等职业教育社区化办学的意义

通过建立高等职业教育和社区教育之间的联动机制，可以满足高等职业教育学生拓宽知识面和就业面的教育需求，也可以满足社区居民多方面、多层次的教育需求，既满足推进高等职业教育的科学发展，又满足加速终身学习体系的构建。

（一）拓宽高职学生知识技能

社会上转型发展的需要：我国目前社会正处于转型时期，积极推进高等职业教育社区化办学可以提高国民的综合素质，为实现"两个一百年"奋斗目标和中华民族伟大复兴的中国梦提供重要保障。经济上的需要：我国目前经济正处于调结构、促转型时期，要提高国民的职业技能和素养，培育和践行社会主义核心价值观的职业精神。国际成功案例的借鉴：美国的社区教育和职业教育进行了有机的结合，学生完成社区学院课程后可凭学分转入大学，社区居民也可通过基础课程学习提高文化素质，为美国经济发展提供人才保障。

（二）满足社区居民终身学习

高等职业教育社区化办学，可以凭借充足的教育资源满足社区居民的需要，优化当地社区居民素质。终身教育体系包含学前教育、学历教育、职业培训、休闲教育和老年教育等各类教育形式，各类教育形式互相补充、相互协调，发挥各自优势。终身教育体系将单个的、零散的教育资源进行整合，最大限度满足社区居民多方面、多层次、多元化的终身学习需求，为建设富强、民主、文明、和谐、美丽的社会主义现代化强国打下坚实的人才基础。

（三）引导高职院校的科学发展

高等职业教育社区化办学，可以凭借强大的政策支持来引导高职院校的科学定位和发展。能有效实现学校、企业和社区的互动和"产学研"的结合，更好地适应当地经济的发展。高职院校根据市场对人才的需求，及时调整办学模式、专业设置、课程设置、教学方式、培养目标和就业导向等，培养有文化、留得住、懂技术、善沟通的高素质的技能应用型人才，这为高职院校的科学发展起到引导性的作用。

四、高等职业教育社区化办学的措施

（一）创新办学理念

高等职业教育社区化办学，可以凭借灵活的办学机制优化人才培养模式，不断适应社会发展对人才培养的要求，实现高职院校与当地企业、社会机构、社区等的资源共享，提高技能应用型人才的培养效率。学生在还没有步入高校校园就可以在当地企业、社区享受高等职业教育优质的教育资源，结合实践课程并根据高等职业教育培养目标加强在理论、技术和技能方面的学习与训练，拓宽学生知识的全面性和专业的灵活性、适应性，提前适应企业的需求，实现人才培养和就业的有高效衔接。

（二）明确办学目标

高职院校根据办学理念的定位，重新明确办学目标，建立以提高全民综合素质为宗旨的办学目标。高等职业教育社区化办学必须明确以服务社区经济和社会发展、培养高素质的技能应用型人才为办学目标，这个目标是高等职业教育办学的根本原则，对高等职业教育的建设和发展具有全局性重要意义，对高职院校的办学质量和办学效益的提高有着促进作用，对教育目标的实现和高等教育工作的成败起着决定性的作用。

（三）优化培养方式

高职院校根据办学目标的定位，不断优化培养方式，建立多方合作的培养方式。高等职业教育社区化办学需要多方通力合作、协同创新学习者的培养方式，采取依靠社区、服务社区并与社区相互融合的联动发展，利用高职院校在师资力量、专业设置、课程体系、教材、数字化技术应用、行业指导作用、教育评价等各个环节的优势，在社区开展职业培训、继续教育和文化休闲教育等课程，使课程内容与职业标准对接、教学过程与生产过程对接、职业教育与终身教育对接、人才培养与产业需求对接，培养服务区域经济和社会发展的技能型人才和公共服务型人才，满足社会对人才的需求和学习者的学习需求。

（四）满足多元学习

高职院校根据培养方式的定位，针对居民的学习需求，满足社区居民多元化学习的需求。高等职业教育社区化办学的内容就是以社区的具体需求为导向，本着主体性、系统性、多元性、融合性、开放性、个性化和协调性的原则，针对社区居民的需求来开设多元多层的、灵活多样的、内容丰富的社区课程，课程涵盖从幼儿教育到老年教育、从文化教育到职业教育全阶段内容，向社会全面开放社区的服务设施和数字化资源，例如：岗前培训、职业培训、知识讲座、创业指导、再就业培训、文体活动、竞技比赛、继续教育、休闲教育、专题活动等社区资源。

（五）整合教育资源

高职院校根据多元学习的需求，整合教育资源，建立资源共享的机制。高等职业教育拥有丰富的教育经验、技能、资产、制度、品牌、理念、设施等资源，社区教育拥有管理、服务、文化、居民等优势资源，社区教育的发展就需要与高等职业教育的优势资源进行整合和挖掘。

资源的整合主要包括：

（1）在财政资金方面加大对社区教育的扶持，提升社区教育的硬件实力。

（2）在教育资源方面向社区教育进行开放，提升社区教育的软件实力。

（3）增加高职院校与社区教育师资互动交流，提升社区教育的人员保障。

（4）创建社区的精品化教育品牌，提升社区教育的影响力。

（5）构建学习成果积累、转换和兑换的学分银行体系。构建学分银行体系可以为终身教育的发展提供新的途径，通过学分的积累、转换和兑换为学习者搭建自主学习平台，利用模块化和学分累积的模式，实现不同教育机构之间的资源共享。

（6）建立学习成果互认与转换的标准体系。学习成果互认与转换的内涵标准是各种学习成果互认的共同标准，主要是学历教育和非学历教育的课程学分认证标准。学历教育的专业和课程之间的对应关系、课程学分标准、职业资格等认定为标准的学分。非学历教育机构颁发的职业证书和培训课程、社区活动、继续教育等认定为标准的学分。这样对于各类教育之间学分互认就有了统一的标准。

（六）构建学习体系

构建终身学习体系，形成"人人皆学、处处能学、时时可学"的学习型社会。高等职业教育社区化办学是构建终身学习体系的理想途径之一，以教育社会化、学习终身化为主线，树立全民的学习意识，变"要我学"为"我要学"，不断探索构建终身学习的模式与方法，持续推进学习型城市、学习型企业、学习型家庭、学习型个人、百姓学习之星的建设，加快建立起适合全民的更灵活的学习体系、更畅通的学习渠道，搭建起人才成长"立交桥"，推进学习型社会建设。

（七）健全制度保障

高等职业教育社区化办学在我国尚处于探索阶段，有一个从自发走向自觉的过程，这就需要从教育体制的内部和外部建立一套严格的、科学的体系来保障其顺利运行。需要建立健全的制度主要有：一是政策支持方面，提供法律保障；二是组织机构方面，提供领导保障；三是资源共享方面，提供硬件保障；四是资金投入方面，提供财政保障；五是师资力量方面，提供人才保障；六是加大宣传方面，提供环境保障；七是社会监督方面，提供运行保障。

总之，高等职业教育社区化办学具备了高等化和社区化两种特征，成为终身教育的重要载体，为高等职业教育未来的发展指明方向，通过高等职业教育、社区教育和终身教育的相互融合，实现高等职业教育和终身学习体系的互相促进、互相协调，高等职业教育能更好的面向社区并提供相应的服务，推动全民教育、终身教育的实现，提高整体国民的综合素质。

第三章　高等职业教育专业设置

专业设置是职业教育与社会对人才需求的桥梁和纽带，是职业教育主动适应经济发展和产业升级的关键环节，事关高等职业学校的生存与发展。专业设置是高等教育部门根据学科分工和产业结构的需要对学科门类的设置。它规定着专业的划分及名称，反映所培养人才的业务规格和工作方向，甚至直接影响到招生、就业和教育质量的评估。高职院校作为培养适应生产、建设、管理、服务第一线需要的高级技术应用型专业人才的场所，培养目标的性质决定了高职院校在专业设置上有其特殊性。从我国高等职业教育的发展可以得知，高职教育的专业结构受方方面面的制约和影响，但最主要的是受经济结构变化的制约。可以说，经济结构直接决定高等职业教育专业结构的调整与改革的方向，因此，高等职业教育专业的设置既要考虑高等职业教育自身的规律与特点，又必须与社会经济结构，特别是产业结构和技术结构的不断变化和调整相适应。根据专业设置的内涵，我国高等职业技术教育在专业设置的内容、原则和设置依据上与传统普通高等教育相比，都有其特殊的地方。本章就高等职业教育的专业设置进行分析和研究。

第一节　高等职业教育专业设置的主要特点

我国普通高等教育的专业设置是以学科为基础的，在本科专业课程中，一般都给出每个专业依托的主干学科和应开设的主干课程。高等职业教育的专业设置不能等同于普通高等教育，必须有自己的特点，这也是高等职业教育办出特色的关键所在。一般来说，高等职业教育的专业设置有以下一些特点。

一、"实用性"特点

高职院校的专业设置不仅受到地方经济发展的影响，还受到毕业生择业需求的影响。高职院校的专业设置除了要考虑经济发展的需要以外，还要考虑毕业生的择业需求和就业的可能性。由于我国人口基数较大，近年来劳动力市场处于饱和状态，高等教育大众化的实现，又使大批经过高等教育的高素质人才（其中包括高职人才）一毕业就面临着激烈的竞争,因此学生在选择学校、报考专业时,不得不考虑三年后的就业问题。人才市场需求量大的专业生源较好,反之则较差。在市场经济条件下,作为非义务教育的高等教育,学生在校期间进行的教育投入必然会考虑到其所学专业在毕业后是否具有竞争力,所付出的学费是否值得。所以高职院校的专业设置要考虑到毕业生的就业要求。

二、"地方性"特点

高职院校从建立之时起,其办学宗旨就是面向地方,为地方经济建设培养急需的生产、建设、管理、服务的一线人才。因此,高职院校在专业设置上要考虑地区经济发展的职业需求。高职院校在对服务区域的微观经济环境进行充分调查研究的基础上,针对地方具体的经济建设、地方岗位群对人才的需求来设置专业,所设置的专业贴近地方经济发展需要,依托地方资源优势,围绕地方支柱产业,培养地方急需人才,充分体现在专业设置上的"地方性"特点。

三、"速变性"特点

高等职业教育培养的是生产、建设、管理、服务第一线的高级技术应用型专门人才,他们将直接和生产相结合,因而受经济形势变化和经济结构调整的影响大。随着21世纪知识信息时代的到来,第三产业持续上升,第一、第二产业增长延缓,传统工业如钢铁、冶炼、采掘等行业日渐收缩,而一些科技含量较高的新行业及餐饮、旅游等服务性行业对人员的需求日渐扩大。随着新岗位的不断涌现,岗位技术含量要求也越来越高,这就要求高职院校在办学上要有鲜明的时代特征,即高职院校在专业设置上必须符合新行业、新岗位的需求。高职院校必须去除一些传统的旧专业,设置一些符合新时代人才需求的新专业,以适应变化了的新形势。这既是其活力所在,也充分体现了高职院校在专业设置上的"速变性"特点。这一特点是由其在人才培养目标上必须以满足社会需求为目的的性质所决定的。

四、"灵活性"特点

高职院校专业设置的灵活性是指其在具体实现培养目标的年限、途径与手段等方面,有较大的灵活性与自主权。由于高等职业院校的专业根据职业岗位设置,不同岗位的人才有不同的规格与技术要求,而不需要像学术性教育那样,学生要有较强的理论基础和学术水平,因此,高职院校专业设置在以下几个方面显示出较大的灵活性与自主性:一是从专业年限上来分,根据专业不同,周期可长可短,可以是2年或3年;

二是在学习方式上，根据学生具体情况，可以实行全日制，也可以实行函授、业余等学习方式；三是在学历要求上，可开设国家承认并颁发学历资格证书的专业，也可开设地方企事业单位需要的、不颁发学历只发结业证或培训证的专业。这些相对于普通高等院校而言，都显示出其在专业设置上具有较大"灵活性"的特点。

五、"宽窄并存"特点

高等职业教育曾一度把专业设置的针对性作为特色。随着时代的发展，社会职业岗位的外延和内涵的不断拓宽，单一的职业教育与训练已不能满足社会发展的需要。高职院校在专业设置上越来越呈现出"宽窄并存"的特色，甚至出现了宽广化发展的趋势。其中主要有三个方面的原因：

第一，科学技术的发展，使职业岗位的变更周期越来越短，也使职业岗位的知识内涵和技术含量更加丰富，职业分工也日渐出现综合化的趋势。如会计人员既要求懂专业，还要懂一定的财务管理知识和计算机知识；导游既要懂专业，又要懂外语；法官既要懂法律知识，又要懂一定的外语和管理学知识，从而使得既懂专业，又懂一定相关专业知识的毕业生就业竞争性强，上岗适应快。

第二，人才流动的自由化与职业观念的转变，使宽口径专业的毕业生有了更大的择业范围。一方面，随着我国人事制度的日渐完善，人才的流动更加方便、自由；另一方面，技术和社会岗位变化速度的加快，使越来越多的人认识到人的一生中已不再可能永远从事一种职业（个别除外）。比如，美国在前些年中有7000多个岗位消失，又新增38000多个岗位。随着职业的变换，工作岗位的变动，专业范围越宽的学生择业的机会越多，变换岗位的可能性也就越大。

第三，专业口径的"宽窄并存"，相对于过去强调针对性而言，虽然对某一专业岗位来讲针对性减弱，但就满足社会需求，培养"下得去、留得住、用得上"的人才这一服务角度而言，又有其可行性，对学生也有较大的吸引力。近年来，许多高职院校在专业设置上，突出"宽窄并存"的特点，取得了较好的成效，走出了一条专业设置上的成功之路。

六、"复合性"特点

专业设置的"复合性"是与"宽窄并存"相一致的。由于新岗位的出现引出新的专业，而新专业的成熟与壮大往往需要较大的资金投入与较长的时间，常常是一个新专业刚刚走向成熟，这一类人才在地方上就已经饱和，经费的紧张与师资的紧缺也使新办专业难以在短期内办出质量，办出水平。因而，高职院校在专业设置上，可以充分利用已有的资源优势实行专业复合，它可以是不同专业复合成新专业，也可将专业知识与专业技能复合。这样既节约人力，又不浪费资源，开创出高职院校专业设置的一条崭新的道路。比如，会计电算专业，就是传统的会计专业与计算机应用技术复合而成的，既拓宽了专业口径，又适应更大范围岗位的需求；再如经贸外语专业，是经济专业与外语专业的结合，使毕业生所学内容更广、更宽，同时也拓宽了择业领域。

第二节　高等职业教育专业设置的基本原则

高等职业教育在进行专业设置时，不仅要考虑高职教育在专业设置上的六个特点，还要考虑学生的培养规格、学校的投资与效益、学校未来的发展等重大问题。因此，要想使专业设置更加合理化、科学化、规范化，还应该遵循专业设置的一些基本原则。

一、方向性原则

方向性原则是指在高职教育的专业设置中，必须坚持社会主义方向；必须以党和国家及人民的根本利益为前提；以服务地方经济为出发点；以培养社会主义现代化建设事业需要的，适应生产、建设、管理、服务一线的人才为着眼点；以有利于社会主义物质文明和精神文明建设为依据，坚持社会效益第一，坚持社会主义的办学方向。

第一，专业设置必须符合国家的利益和人民的利益。我国的社会职业有着明显的社会主义性质，是为社会主义物质文明和精神文明建设服务的，是以国家和人民的根本利益为衡量标准的。凡符合社会主义原则，符合人民利益，职业一律不分贵贱，不分高低，国家坚决提倡；凡带有资本主义腐朽没落性质的一些职业，国家则会明令禁止。高等职业学校的专业设置必须以上述要求为原则，决不能背离社会主义办学方向，损害广大人民的根本利益。

第二，专业设置要符合我国"安定团结"的方针。国家稳定，社会稳定是事关大局的原则问题，也是进行社会主义现代化建设的前提条件。只有保持我国社会的安定团结，才能使我国的现代化建设事业实现跨越式发展，达到世界先进水平。近年来，由于我国在经济发展中实施了经济体制转轨和区域经济推进等一系列改革措施，使我国社会经济始终保持了较快的发展速度，因此，综合国力明显增强。但也由此带来了城市职工失业过多和地区经济发展不平衡等问题。而及时解决这些在改革中出现的新问题，成了我国实现安定团结的当务之急。在这样的背景下，高等职业教育的专业设置就必须从国家安定和民族团结的大局出发，根据需要开设一些适应偏远地区、民族地区、革命老区的专业，为祖国振兴培养人才。

二、需要第一的原则

高职院校的专业设置,首先要考虑的是依据社会对人才的需求来开设专业,以市场需求为出发点、立足点,切不要以学校学科水平和师资力量来设置专业。美国、澳大利亚、德国高职教育较成功的经验之一就是大量开设社会急需的专业和课程,及时培养社会紧缺人才,提升就业率。要想对社会需求做出客观、公正、科学的判断,高职院校可聘请本地区企事业界的专家或经济理论专家,组成专业委员会或社会调查委员会,了解本地区现有岗位(群)技术人才的需求状况和社会经济发展趋势,并对这些数据、情况进行分析论证,预测未来几年所需人才的层次、规格和数量,然后再决定专业的取向和专业的设置。

三、条件可能的原则

需求与可能是做任何事情均须遵循的原则。专业设置也是如此,在强调需求的同时,也必须考虑可能性,即专业设置条件的具备情况。教学设施、教学设备和教师等自身条件,是专业设置的物质基础,也是实施专业计划、实现培养目标的前提。如果不顾学校的条件而盲目设置专业,不仅难以实现培养目标,无法形成办学特色,而且可能影响专业的生命力,使学校陷入困境。当然,暂时不具备条件,也可以渐渐充实和完善。但是,如果原本就不具备条件,经过短期努力仍然达不到,那么,即使所开的专业社会非常需要,但培养出来的人才素质低下,最终也可能被社会所淘汰。一般来说,专业的设置至少应具备以下几个条件:

第一,合格的专业师资队伍。合格的专业师资队伍是专业教育的保证,也是专业设置必须考虑的重要条件。教师不仅要有质量、数量的要求,即要达到相关规定要求的资格和按师生比要求的数量配备,而且还必须在年龄、职称、学科、学源等方面形成合理的结构。设置一个专业要有专业或学科领导人,要有若干名专业教师、实习指导教师、"双师型"教师以及必要的文化课教师,使师资队伍的数量、质量、结构、水平与所设专业的招生规模相适应。

第二,完整的专业教学设施。教学设施是实施专业教学的物质条件。设置专业时,就必须考虑到要有符合规定标准的教学场所,有与专业相应的教学设备、实验室、实习基地,以及进行实训教学、电化教学、计算机教学等需要的教学设施。

第三,完备的专业教学资料。教学资料是进行专业教学的必备条件,也是指导、检查、评估教学质量和人才培养质量的重要依据。因此,专业设置要有必要的教学文件,其中包括专业指导性教学计划、理论课教学大纲、实践课教学大纲及指导书和任务书,同时还要有教材讲义、教学资料、图书资料和电化教学资料等。

第四，必要的专业教学经费。专业教学经费是保证专业教学活动和购置专业教学设备的必备条件。专业设置要有一定的开办经费和稳定的经费来源，以保证正常的教学活动和专业培养目标。

四、科学规范的原则

科学规范是指专业设置不仅要符合经济社会发展的规律和职业教育内部规律，而且还要符合专业目录的要求。按照科学规范原则设置专业，可以减少盲目性和随意性，提高可靠性和实效性。遵循这一原则要做到三点：

第一，专业设置要科学布局。专业设置既是每个学校的个别行为，又是一种社会行为。专业设置是否合理，不仅关系到一个学校的生存发展，而且关系到一个地区的产业结构调整和经济的有效发展。因此，为了使每个专业设置在整体结构上布局合理，既需要学校进行社会调查，获取可靠的信息，按需而设，也需要地方政府发挥作用，加强宏观控制，进行人才预测，发挥指导与引导的作用。

第二，专业划分要科学。专业应按产品结构、生产过程、工艺特征、职业岗位群的需求来划分和设置。要宽窄适度，既要考虑职业的针对性，又要考虑就业的适应性。如果专业划分得过宽，边际模糊，内涵不清，不仅会影响学生主要专业知识和专业技能的学习，而且会影响学生毕业后在人才市场是否能被有针对性地录用。如果专业划分得过窄，是针对某一职业或岗位，而不是一群职业或岗位，这不仅会影响学生相关的、通用性的专业知识的学习，难以形成强有力的基础能力和发展能力，而且在不能实现对口就业时，会失去相关职业或岗位就业的机会。所以，专业划分一定要科学。

第三，专业名称要规范。专业名称要规范，是指所设置的专业，其名称要科学、要规范、要符合专业目录的要求，要有国内外的通识性和通用性。专业名称是专业内容的另称，一定要让人们"顾名思义"，见到名称，就要能基本把握住内涵。2021年，教育部已经颁布了《职业教育专业目录》。因此，高职院校设置专业时，其名称要依据已有的专业目录，使其科学、规范。当然，随着科学技术的发展和产业的变化与升级，岗位与职业的变更速度也将越来越快，新的职业岗位将不断涌现，时时都会要求修改原有的专业目录。因此，高职教育的专业名称既要遵循已有的专业目录，又要不为已有专业目录所约束，能随着社会的发展予以及时调整和补充。

五、适度超前的原则

高职院校专业设置的适度超前原则，是指在专业构建上，既要适应当前岗位（群）对技术应用型人才的需求，又要有长远眼光，走在经济建设前面，专业设置必须有超前性。这是因为某些行业、岗位（群）当前这一时期可能是经济发展的需要，但几年后可能因需求饱和而受到冷落；另外有一些行业、岗位（群）当前可能不受重视，但几年后就会成为急需人才的行业、岗位（群）。因此，高职院校设置专业时，一方面要对未来几年的行业需求做出综合分析，做出科学的判断；另一方面还要考虑到新专业建设的周期。任何一门新专业的建立都有一个成立、成长、成熟、衰落的周期。只有将两方面因素结合起来，设置专业时才能做到有的放矢，避免人才的闲置和浪费。"适度"应和学制相对应，比如新办三年制专业，就要使三年后岗位需求时机能基本到来，学生正好施展自己的才华。而对于一些预计数年后可能被淘汰的专业，也要敢下决心，及时调整，避免教育资源和人才的浪费。当前，高职院校要对未来社会需求做出科学预测，从而开设出越来越合理的新专业，以满足未来社会发展的需求。

六、校企结合的原则

由于我国办高职教育的历史较短，所以在办学条件、师资水平上与普通高等教育相比有一定的差距。虽然近年来高职教育在办学形式上、办学投资渠道上出现了多元化趋势，也出现了一批专业水平较高、办学规模较大、实力雄厚的院校。但总体而言，要想实现专业设置的"速变性""灵活性""地方性"等要求，更好地满足地方经济社会的发展需要，仅靠高职院校自身的努力还有较大困难。高职院校要树立"大系统教育观"的理念，创造条件，充分利用社会中一切有利于高职教育办学的资源（主要是师资、实训场所），不求所有，但求所用。不能坐等经费、师资、实训场所都完全具备后才设置专业，这样会贻误战机，影响学校的发展。高职院校与企业（行业）相结合，实现资源共享，是企业发展的需要，更是学校发展的需要。专业设置的校企结合原则必须强调两方面：

第一，企业和学校组成专业指导委员会。专业设置前，要由学校相关人员和企业（行业）有关人员共同组成专业指导委员会，实现人力资源上的校企结合。专业指导委员会对专业的设置进行充分的论证，并讨论制订专业教学计划，确定课程体系，确保最终培养出合格的专业技术人才。

第二，专业的教学与管理中实现校企合作。这是指在专业开设后，要聘请校外的有关专业人员和管理人员作为该专业的兼职教师或实践课指导教师，参与专业的教学、管理与运行。这样，专业设置在资源共享、优势互补、互惠互利的基础上，实现校企结合，将会从始至终贯穿于整个教学过程，并最终达到预期目的。

七、效益最大的原则

效益最大原则是指专业设置要力求体现集体化与最优化的资源配置，以最少的投入培养最多、最好的人才，求得专业教育的高效益。在一定的教育投入和运行成本的前提下，力争取得专业教育的最高效率、最佳效果和最大效益。

第一，要拓宽专业的服务范围。设置专业既要为企业、行业培养人才，又要为区域、地区经济的发展培养人才，尽量扩大专业的服务范围，满足更广泛的社会需求。在专业设置中，要克服门户之见、部门利益，树立全局观念、整体意识，使专业在广泛的社会服务中获得最大的效益。

第二，要增强专业的服务功能。专业设置不仅要发挥培养专业人才的基础作用，而且也应使其成为生产、科研、技术服务的综合实体。产教结合、"产学研"结合是高职教育的基本途径，也是提高应用型人才培养质量的重要保证。专业教育只有将育人、生产和科研、技术服务结合起来，发挥其多方面的功能，才能产生更好的社会效果。

第三，要适度扩大专业规模。专业一旦设置，就要适度地扩大招生数量，形成一定的规模，尽量提高师资、设备、设施的利用率，降低成本投入，加快人才培养。在高职教育国家财政拨款十分有限的情况下，生源成了教育经费的一个重要来源。当然，扩大招生规模的前提是要在师资、设备设施等方面能满足需要，且扩大规模不能影响教学质量，一定要适度，要努力处理好规模与质量、效益、结构几者之间的关系。

第三节 高等职业教育专业设置的依据及程序

一、高职教育专业设置的依据

（一）社会职业分类和人才需求论证是专业设置的主要依据

职业教育必须根据社会职业的分类和社会对人才的需求来设置专业。因此，了解职业的分类和对人才需求做出科学论证是设置专业的主要依据。

1. 研究社会职业分类的变化

会计是一种社会职业，但其分类多种多样，根据其业务能力和职务权限不同，可以分为会计员、会计师、注册会计师等。在发达国家，一般一个专业要覆盖若干职业岗位，其中属于高职教育的有1300多个职业岗位。面对众多的职业岗位，高职院校在专业设置时，要注重教育的效益性和教学的稳定性，针对那些覆盖面较广、生源较充足的，能兼顾教育效益和教学稳定的职业，设定相应的专业，比如说会计、计算机应用、办公自动化等专业。

2. 对人才需求做出科学论证

要对社会发展背景（包括社会总的需求情况，经济社会发展需要，本地区支柱产业、经济发展规划等）、行业背景（包括现有行业运行状况、技术人员的数量和结构，以及对本专业人才的需求量等）进行充分的调查研究和科学周密的计划，并组织专业委员会对人才需求和设置专业的必要性与可行性进行充分论证。

（二）是否具备教育资源是专业设置的重要依据

教育资源包括物质资源、财力资源、人才资源等，具体又包括师资条件、教学设施、设备等，这是专业设置的基础和重要依据，并直接影响专业设置后的建设水平和质量。随着高校扩招，高等教育大众化趋势加快，各高等院校都在寻求规模效益，并想方设法设置许多新的专业，专业申报并力争成功成为每个高校的一项重要工作。对这一做法我们不能否定，但目前的问题是许多学校在申报设置新专业时，没有充分考虑这个专业的一些必需条件，如师资、教学设施等，从而导致许多专业开办后遇到许多实际的问题，不能保证专业人才培养的质量，学生也会产生不满意见。鉴于此，笔者认为，设置专业时要注重以下几个问题。

1. 提前做好师资准备

设置一个新的专业首先要考虑这个专业是否有基本的师资条件。当然允许有适当的缺额，缺额的师资可以通过引进、聘任、交流等方式解决，但自己还得有相对稳定的师资条件。在平时工作中，要注意师资储备，创造条件，鼓励教师深造与自学，完善和提高教师的知识结构，加强继续教育，倡导终身教育，引导教师们在接受继续教育时要考虑与社会相关领域的发展相结合，与将来要设置的专业相结合。

2. 预先制订教学计划

拟设新专业通过后，要着手制订教学计划。教学计划的制订要以职业岗位（群）要求学生具备什么样的职业能力为出发点，为学生设计一个能够向多个方面发展的专业知识平台，确定主干课程体系，并选编教材。在设计教学内容和课程体系时，要处理好知识、能力、素质三者之间的关系，以能力培养为主线，理论教学以"必需、够用"为度，加强素质教育。在教学比重上，突出技术应用能力的培养，加大实践教学的比例，为实现培养目标奠定坚实的基础。

3. 建设好实践教学基地

高等职业教育的一个重要特点就是注重培养学生的动手操作能力，而实践教学基地正是增强学生动手操作能力的关键所在。实践教学基地分为校内实训基地和校外实习基地，它们是训练学生能力的重要场所，是产教结合、技能训练的主阵地。实践教学基地的建设要紧密结合专业培养目标的需要，同时要统筹规划，协调发展，充分发挥企业（行业）的作用，努力增加教学基地的利用率。

二、高职教育专业设置的基本程序

设置一个新的专业必须按照一定的程序，要尽可能减少专业设置的盲目性。一般来说，专业设置必须遵循以下几个程序，高职教育的专业设置也是如此。

（一）进行社会调查

专业设置对培养的人才类型与规格具有明显的指向性与界定性。经济建设和社会发展对各类人才的需求能否得以满足，能否保持有比较稳定的人才来源，关键是专业设置是否科学、合理，因此，专业的设置必须进行社会调查。进行社会调查的目的，就是要弄清楚经济社会、产业结构、技术结构、就业结构的现状和发展趋势，明确今后一个时期当地的产业政策，搞清楚哪些是主要产业，哪些是支柱产业，哪些是新型产业；还要进行人才资源调查，弄清楚当地人才分布的现状与需求情况，做好人才需求预测。

进行社会调查，既要求学校亲自实施，又要求政府和有关部门积极支持。有关部门有责任也有义务设置专门机构进行人才预测，定期发布人才需求信息，为高等职业教育的专业设置提供信息保证和工作便利。

（二）组织专家论证

为了防止专业社会调查中的片面性和认识上的局限性，在确定专业设置之前，必须进行专业论证。论证就是要对所拟设置的专业的必要性、可行性进行科学的分析和集体的讨论。专业论证要在专业设置委员会或专业设置领导小组会议或扩大会议上进行。专业设置委员会或专业设置领导小组成员要由企业界和教育界的专家组成。专业论证会议要注意倾听企业界专家的意见。要对社会调查所得到的各种材料、数据和信息进行深入的分析，反复论证，力争得出真实的结论和科学的意见，形成明确的专业设置方向。

（三）进行专业设计

1. 进行职业岗位分析

职业岗位分析是专业设置和课程设计的前提和依据，是当今世界范围内颇为流行的一种先进的专业设置和课程设计的做法。其目的就是在充分了解职业背景的前提下，科学、合理、有效地设计专业培养方案，使培养的人才符合社会职业的要求，实现教育资源的充分利用。

首先从职业分析入手，将所有的工作划分为若干职责，每一职责又划分为若干任务，并确定对应于各项职责的综合能力和对应于各项任务的专项能力；然后在对专项能力所需的知识、技能和态度以及工具与设备等详细分析的基础上进行教学分析，形成教学单元，或称为一个教学模块；最后对这些教学模块进行排序和组合，组成预备课程、基础课程和职业专门课程。

2. 确定专业名称

2021年，国家教育部正式颁发了《职业教育专业目录》，《职业教育专业目录》对高职高专教育的专业设置进行了较为科学的规范，共分19个专业大类，97个专业类，1349个专业，其中中职专业358个、高职专科专业744个、高职本科专业247个。因此，高职院校的专业设置原则上要按照此《职业教育专业目录》的要求规范命名。

3. 设计专业培养目标

专业培养目标是指专业教育的目的和培养要求，是专业属性的具体化，是专业社会功能的直接体现。培养目标是专业设置的出发点和归属，是制定专业培养方案、确定课程设置的前提。专业培养目标是特指专业的具体业务目标，而并非指人才素质的德、智、体、美等诸方面全面发展的总目标。专业培养目标一般包含两层意思：一是职业服务方向，即毕业后的工作岗位；二是社会职业角色。根据布鲁姆目标分类法，不同的专业有不同的培养目标，即使专业名称相同，由于设置的层次与类型不同，其培养目标也有区别。因此，高等职业院校要根据自己的层次、类型，制定好专业培养目标。

4. 制订教学计划

教学计划也叫人才培养方案，是根据专业培养目标而制订的有关课程设置、教学环节、生产劳动、军事训练、课外活动等内容及其顺序、时数安排的教育、教学指导性文件。教学计划"决定着学校教学内容的方向和总的结构，并全面地安排了学校的教育教学活动，体现了国家对学校的总的要求，是学校组织教学工作和各项活动的重要依据"。任何一个专业都必须有独立的教学计划，以体现其具体的培养目标和业务范围。专业教学计划既能反映国家或地区对某一类人才要求的基本规格，也能体现职业学校办学特色。因此，职业学校必须制订好每一个专业的教学计划，为人才的培养提供基本的依据。

5. 确定课程设置

课程设置是指对一个专业的全部教学科目、教学内容及其进程所进行的系统组合和科学安排。课程设置取决于专业培养目标和专业教学计划，是为专业人才的培养直接服务的。由于高职教育主要为生产、建设、管理、服务第一线培养技术应用型的专门人才，强调知识、能力、素质的针对性和有机的统一，因此，高职院校的课程设置，不能以学科为中心，要强调"以能力为本位"的课程设置思想。即从职业分析入手，通过对职业岗位"群"的职业责任、职业任务的分析，找出该职业所需要的综合能力和专项能力，然后，在对每一专项能力所需要的知识、技能和态度以及工具与设置等详细分析的基础上进行教学分析，最终确定设置哪些公共课、基础课、专业基础课、专业课和实践课。

（四）呈报审批

1. 学校上报

学校经市场调查、专家论证后设计的专业设置方案，须上报主办单位和省教育行政管理部门审批。其目的就是使在一个学校小范围内考虑设置的专业放在一个更大的视角范围内去权衡、去审视，防止"热门专业"过"热"，"冷门专业"过"冷"，减少不必要的重复，提高专业的社会效益和"寿命"。学校上报的资料要齐全，其中要包括市场调查报告、专家论证意见、专业设计方案和已有的人、财、物等方面的条件以及拟采取的措施。

2. 专家评审和实地考察

省级教育行政部门收到各院校上报的专业设置方案后，组织专家对要求所设的专业进行评审并到各院校进行实地考察。既要审查专业设置的合理性和必要性，看社会和行业是否真有需要，宏观布局是否合理，同时还需要审查专业设置的可行性，看学校是否有能力和条件设置这个专业，特别要重点查看师资、教学设施等条件，看能否完成该专业的人才培养任务。必要性和可行性是专业设置中不可或缺的两个重要方面。必要性是前提和依据；可行性是基础和保证。如果某一专业仅是需要与合理，而现实却根本不具备开办这个专业的条件，即使勉强设置，也达不到人才培养的目标。

同样的道理，尽管学校在人、财、物方面一应俱全，有能力和条件开办这个专业，可是社会和市场不需要，培养的人才今后就找不到就业的岗位，如果学校硬要设置，最终还是要被社会所抛弃。对于这两种情况，专家在组织评审和考察时都须放在同等重要的位置考虑，必要性和可行性一方面不具备，原则上都不能设置这样的专业。

3. 教育行政部门审批

教育行政部门在组织专家评审考察的基础上，要依据专家的意见，对学校上报的专业进行审核，做出批准或者不批准的决定，并以文件的形式通知到各个学校。

坚持教育行政部门批准制度，是加强专业设置宏观管理的一项措施，是教育行政部门对高等职业教育和社会高度负责所应尽的责任。当然，随着社会的发展，按照《高等教育法》，各高校的办学自主权必须进一步提高，专业的设置与调整可逐步由学校决定。教育行政部门对专业设置的管理，主要限于宏观的引导与调控，并且往往是指导性的，而不能是指令性的。但是对专业设置的宏观管理还是十分必要的。教育行政部门不仅要对专业设置进行审批，而且对专业的撤销行为或重大改动也要进行审批。

第四节 高等职业教育专业设置标准

高等职业教育专业设置以服务为宗旨，以就业为导向，以全面实施职业素质教育为基础，以培养综合职业能力为本位，构建适应社会经济体制，符合终生学习要求，与市场需求、劳动力就业紧密结合，结构合理、灵活多样、特色鲜明、全面发展的现代职业院校专业设置标准，努力满足社会对高素质劳动者与技能型人才的需要和学生就业、择业、创业需求，使我国职业教育全面步入职业素质教育的轨道上来。高等职业学校专业设置实施步骤与方法如下：

一、专业设置分析

1. 社会需求分析

所设专业要对国家宏观经济政策、职业教育规律、区域经济发展和行业经营状况、发展趋势等进行分析，应符合产业结构调整和人民群众日益增长的教育需求，应具备职业范围覆盖面广、毕业生就业面宽、就业率高等特点。同时，学校要进行调查论证，并确保其能反映经济与社会发展对该专业的人才实际需求。

2. 人力资源状况分析

（1）我国人力资源状况分析。分析我国对所设专业的职业人力资源统计结果，人力资源短缺的原因以及需求现状。

（2）本地区人力资源状况分析。分析本地区经济建设、社会发展对学校所设专业职业人力资源需求量，论证设置专业的必要性、可行性及紧迫性。

3. 教学对象分析

包括生源的学习基础、学习能力、身心特点等情况。

二、设置专业

根据专业设置分析情况以及《职业教育专业目录》的规定与专业专门化名称的要求确定设置专业。

三、制定专业职业能力体系标准

制定专业职业能力体系标准必须以培养学生综合职业素质和综合职业能力的形成为主线，在专业设置分析的基础上列出职业所必备的综合职业能力和专项职业能力，确定必需、够用的理论知识、职业技能，附之以培养办法和考核措施，以达到该专业职业应知、应会的教育目标，从而制定专业职业能力体系标准，形成明确的教学内容体系。专业职业能力体系标准包括三部分：第一部分，依据专业设置分析确定专业职业能力的总体构成；第二部分，依据专业职业能力总体构成编制《专业职业能力理论知识结构分解表》和《专业职业能力职业技能结构分解表》；第三部分，依据上述二者宏观要求分列《专业职业能力理论知识与相关课程表》和《专业职业能力职业技能与相关实习实训课程表》。

各学校在制定专业职业能力体系标准过程中，必须根据本地区经济结构调整、就业和再就业服务需要，在深入调查、全面分析、充分论证的基础上，结合办学实践经验，探索和制定符合市场需求、具有创新意识和专业特色的专业职业能力体系标准，为制定符合职业教育需求的专业设置标准奠定良好的基础。

（一）专业职业能力总体构成

1. 编制《专业职业能力总体构成表》

从分析职业群所需要的职业能力入手，通过职业能力分析，列出该专业必备的综合职业素质和综合职业能力，编制《专业职业能力总体构成表》。

专业职业能力是从事职业岗位所必备的能力，包括专业能力、方法能力和社会能力。

专业能力：是从事职业岗位所需要的运用专业知识和实际操作的能力（强调应用性、针对性），是学生就业、择业、创业必备的职业能力，也是胜任岗位的核心能力。

方法能力：是从事职业岗位所需要的工作方法、学习方法以及解决实际问题的能力，强调方法的合理性、逻辑性和创新性，是培养学生全面发展的基本能力，主要包括运用外语能力、计算数值能力、现代化办公能力等。

社会能力：是从事职业岗位所需要的社会行为能力，强调对社会的适应性，具有积极的人生态度，是综合职业能力的重要组成部分，主要包括思想政治素质、职业道德素质、身体素质、公关礼仪、行为气质、语言表达、应用写作、社会实践等，是培养"职业人""社会人"的多方面的能力。

注意：三种能力的划分界限并不是绝对的。在教学过程中，专业能力、方法能力、社会能力的培养不是截然分开而是交叉进行的。

2. 编制《专业职业能力总体构成表》的有关要求

（1）专业能力的设置：学校可根据学校特色、专业培养目标、专业特点等进行设置。

（2）方法能力和社会能力的设置：运用外语能力、计算数值能力、现代化办公能力，在此基础上学校可根据专业需要选择或设置其他相关和拓展的职业能力。

（3）编制过程中要充分考虑以下因素：

①重视人文教育、养成教育等的开展。如演讲能力、道德行为、礼貌礼仪能力等的培养。

②纳入职业资格标准。包括：从业资格标准、执业资格标准、职业技术职务标准、本专业或跨专业的能力水平标准、参考国外相关职业技能认证标准。

③纳入国家计算机认证考核标准及本地区统一制定的外语考试标准和已出版的《专业技能实训教材》考核标准。

④涉及对口升学培养方向的专业，要同时参照国家教育行政部门制定的具有权威性的升学标准和本地区统一制定的升学考试标准。

⑤在制定职业能力标准的基础上，可根据社会需求确定若干个职业专门化方向，并纳入教学有关内容，以拓展毕业生的就业面向。

（二）编制《专业职业能力理论知识结构分解表》和《专业职业能力职业技能结构分解表》

1. 编制《专业职业能力理论知识结构分解表》

要依据《专业职业能力总体构成表》中的构成要素，将专业能力、方法能力和社会能力作为一级指标，分别分解为二级指标、三级指标……，选择或开发相对应的理论教学内容，编制《专业职业能力理论知识结构分解表》。此表是对学生全学程必须掌握和具备的理论知识所进行的合理分配，要在体现职业教育特点和"够用为度"的原则下进行。理论知识结构分为专业能力理论知识、方法能力理论知识和社会能力理论知识。专业能力理论知识即专业能力必备的专业基础知识和专业理论知识，体现对职业群各职业通用的专业能力的培养；方法能力理论知识包括文化德育类课程知识；社会能力理论知识包括职业素质、行为能力等相关知识。各学校在编制过程中要根据培养目标和课程总体结构，按不同学科承担的理论知识和职业技能的双重任务要求，对各学科理论进行大幅度调整、筛选、重组或课程综合化。

2. 编制《专业职业能力职业技能结构分解表》

依据《专业职业能力总体构成表》，将职业能力详细分解为相应的专项职业技能（二级指标、三级指标……），这是对学生全学程必须掌握和具备的职业技能所进行的合理分配。专项职业技能要紧密结合职业岗位的实际需要，本着"少而精"原则确立。职业技能分为专业能力职业技能、方法能力职业技能和社会能力职业技能。编制中要求学生必须掌握的基本职业技能必须明确、具体。例如运用外语能力，重点训练学生的外语听、说能力，要明确所必须掌握和达到的外语听、说的具体技能训练量化指标。

（三）编制《专业职业能力理论知识与相关课程表》和《专业职业能力职业技能与相关实习实训课程表》

《专业职业能力总体构成表》中的各项职业能力与相关课程及培养办法和考核措施要有机地、相互联系地以表格形式列出。这是教育教学培养过程的全面体现，其培养办法及考核措施要根据所培养能力项目的需要采取先进性、针对性、灵活多样、可操作性强的教学实施办法及考核措施。措施制定要具体、明确（注意：一种能力按需要可对应一门或几门课程）。其中《专业职业能力职业技能与相关实习实训课程表》的编制必须明确每一项职业技能培养的途径与方法（例如：模拟教学、研究性教学等）。

四、制定专业职业能力考核标准

（一）制定专业职业能力考核标准的原则

制定专业职业能力考核标准必须贯彻能力本位的教育思想，根据各专业的培养目标和职业能力要求，依据理论知识结构分解表、职业技能结构分解表、理论知识与相关课程表和职业技能与相关实习实训课程表相对应的原则进行制定。要求考核标准必须明确、具体、可操作。要采用灵活多样的考核方式，考核内容必须体现理论知识与职业技能考核的两条主线，且两者互相衔接、有机结合。专业职业能力考核标准分为《理论知识考核标准》和《职业技能考核标准》两部分。根据专业职业能力所分解的各项能力相应地制定量化的考核标准。要把考核重点放在考核学生综合职业素质和最基本的就业、择业和创业能力方面。例如，演讲能力的考核，可在一定时限内，给定题目，让学生现场进行演讲和表演，并制定相应的评分标准进行考核。

（二）制定理论知识考核标准及要求

1. 制定理论知识考核标准要依据《专业职业能力理论知识结构分解表》和《专业职业能力理论知识与相关课程表》相对应地进行，包括专业能力理论知识、方法能力理论知识和社会能力理论知识的考核标准。

2. 数学、语文、外语及有关升学的专业课程，参照本地区统一制定的职业学校毕业生《升学考试复习大纲》开展教学。

（三）制定职业技能考核标准及要求

职业技能考核标准必须根据《专业职业能力职业技能结构分解表》和《专业职业能力职业技能与相关实习实训课程表》以及职业岗位的实际需要相对应地进行制定，要细化到专业能力职业技能、方法能力职业技能和社会能力职业技能的考核标准。

1. 制定职业技能考核标准的有关说明

① 技能分类：分为专业能力职业技能、方法能力职业技能和社会能力职业技能（一级指标）；② 序号：按技能分类分别一、二、三……排序；③ 考核项目：对应职业技能结构分解表中的各职业技能项目（二级指标）；④ 考核内容及分值分配：对应职业技能结构分解表中的各专项职业技能（三级指标……），每一项考核分四项内容：素质要求、操作前准备、操作程序（步骤）、质量要求；⑤ 操作要求：要详细注明各考核内容的要求与方法；⑥ 评分标准：按各考核内容详细列出评分标准或扣分标准；⑦

器材设备：包括实验室必备或学生必备的有关考核器材、资料等；⑧备注：考核标准需要说明的有关内容，如考核时间、超时扣分标准等。

2.制定职业技能考核标准的要求

（1）职业技能考核标准必须依据职业技能结构分解表中的职业技能分类相对应地进行制定，要遵循实用、多样、可操作性强和突出重点的原则。要制定出学生能真正掌握和必须达到的职业能力标准。

（2）考核要充分体现能力体系教学的特点和规律，做到考核项目、考核内容、考核标准、评分方法、考核时间"五明确"。

（3）注重考核基本的综合职业素质和能力。如行为、礼仪、演讲、英语、沟通协调、社会实践能力以及基本的就业、择业和创业能力等。

（4）可采用现场实际操作、现场模拟仿真操作、作品演示或展示、案例分析等多样性的考核方法和定性与定量的考核形式。

（5）计算机国家信息化培训证书和外语省一级证书考核，按照国家统一制定的国家信息化考核标准及本地区统一制定的外语考核标准进行。

（6）各专业相关职业技能的考核标准执行国家职业资格有关考核标准。

（7）对口升学培养方向的学生要按照国家教育行政部门制定的升学标准和本地区统一制定的升学考核标准进行培养。

（8）坚持专业职业能力体系的标准和要求，力戒随意性，坚持规范化、严谨性。

（9）学校可根据学校教研能力和专业需要，自行研究、设计，制定出相应的量化考核标准。

五、教学必备条件

（一）有符合专业培养目标的教学文件

1.教学计划。有符合培养目标和业务范围、专业职业能力体系标准要求的突出职业素质教育、培养综合职业能力的教学计划。包括部颁指导性教学计划和规范、完备的学校实施性教学计划。

2.教学大纲。有以就业为导向、与教学计划相配套、突出职业素质和综合职业能力培养的本专业所开课程的实施性（含实践性）教学大纲。

3.教材。有教学计划中规定的相应教材，并根据教学计划和教学大纲要求对教材内容进行筛选、组合；专业实训教材要使用省编《专业技能实训教材》；具备所设课程自制课件或通用软件（两件以上）；最大限度地满足实际教学需要。

4.考核标准。制定完善的专业职业能力考核标准（包括理论知识与职业技能考核标准）。

（二）有与专业设置需要相适应的教师队伍

1. 数量。有与本专业设置规模相适应数量的获得教师资格证书的任职教师、专业教师。

2. 学历。任课教师具备本科或相当于本科及以上学历。

3. 职称。专任教师职称要求中、高级达到60%，其中高级职称教师不少于20%。

4. 能力。（1）专任教师和实训指导教师应具备两年以上专业实践经历或取得本专业的专业技术职务证书、执业资格证书、从业资格证书；（2）教师要掌握信息现代化教学手段，具备使用或制作多媒体课件进行教学的能力；（3）专任教师和实训指导教师应具备对现行教材的筛选、组合能力；（4）明确专业培养目标，能按照实施性教学大纲的要求科学合理地安排教学内容；（5）具备运用灵活多样的教学模式、教学方法进行教学的能力；（6）具有较强的语言表达能力；（7）能够将学生的思想道德教育融入到教学全过程。

（三）实习、实训设施

1. 有设施齐备、设置规范的本专业专门的实验室。

校内建有能够容纳该专业一个教学班以上，且能同时与其他专业共用的基础课实验室，基础课实验开出率达到教学大纲规定的90%以上。

2. 校内建有提供一个教学班进行模拟实习、实训的设备齐全且先进的模拟环境或实习室，专业实习、实训开出率达到教学大纲规定的90%以上，主干专业课实习开出率达到100%。

3. 配备信息化程度较高的现代化教学设施，具有开展计算机辅助教学和远程教育的设施条件，设有与校园网互联的计算机室，设有主干专业课件或软件两个以上。

4. 主干专业课实习、实训应必备的教学设备（要求分别列出专业课主要设备和辅助设备一览表）。

（四）实习、实训基地

具有较为稳定的校外实习、实训基地，可提供各专业课间实习、实训和毕业实习、实训的固定场所，规模至少能容纳一个教学班；有条件的学校可独自设置校内实习、实训基地；也可采用联合实体、协议合作、股份制等形式设立，确保实践教学的质量。

（五）图书资料

图书馆藏书应有各专业生均20册数量的专业图书；有统一供教师使用的专业资料室，订阅各专业期刊报纸在20种以上；有与专业教学配套的计算机软件（课件）、教学光盘等资料；建有电子阅览室和文献文档检索室等设施。

（六）教学管理

1. 教学管理职能部门根据实施性教学计划、教学大纲编制学期进度表。
2. 教师根据学期教学进度表制定学期授课计划。
3. 任课教师根据学期授课计划设计教案、教学课件。
4. 教师依据学期授课计划和教案授课，并及时填写教学日志。围绕培养学生专业职业能力的目标，每位任课教师必须制定具体、明确的实践教学实施方案。例如，方案中可根据实践教学需要设计若干个专题，要求学生采取电子信息查询、查找书籍资料等方法，采用分析、演讲、研讨等方式解决实际问题，教师给予评价（注：这一点，今后在教学评估中将作为重点评估项目）。
5. 教学管理部门定期进行期初、期中、期末教学检查及不定期教学抽查，并组织全校性的观摩课、督导课、公开课、研究性听课等教学研究活动，重点检查教师的实践教学实施方案及实践教学效果。
6. 教学实施学分制管理并制定实施细则或实施方案。
7. 制定科学完善的确保专业培养目标实现的有关教学方面的规章制度。
8. 选择灵活多样的与教学相匹配的教学模式，如模拟教学、研究性教学等，并配有具体实施方案。
9. 建立健全实践教学管理的相关制度，包括《实践教学规程》《学生实习手册》《实训基地管理制度》《实践教学检查制度》《实践教学考核制度》等。

六、教学计划、教学大纲

（一）确定教学计划的基本框架

1. 招生对象与学制。
2. 培养目标与业务范围。
3. 根据专业职业能力体系标准开发课程。
4. 课程设置与教学要求。
5. 教学活动及全学程时间分配。
6. 课程设置与学时分配。
7. 教学过程的组织实施与管理。
8. 成绩考核。
9. 毕业。

（二）编制教学大纲的要求

1. 教学大纲必须反映专业职业能力体系标准的基本要求及理论知识结构、职业技能结构的培养措施和实施步骤。

2. 在大纲篇章结构上，将理论与实践教学内容分为两部分，确立实践教学重要地位，突出职业能力培养重点，并将两者在明确培养目标和能力体系标准的前提下，结合专业特点，贯穿于教学的全过程，使理论教学与实践教学形成两条并重、同步而行的主线。

3. 依据专业能力体系标准和教学计划阐述本门课程的性质和任务，确定教学内容和要求、实训内容和实训方法。

4. 实训课时比例必须达到教学计划规定的标准。

5. 各学科教学大纲内容及其深广度的确定，要贯彻"少而精"、循序渐进的原则，无论总学时增加或减少，用于基本概念、基本理论、基本职业技能的讲授和训练课时均要遵循该原则；对专业需要针对性不强的复杂理论推导过程进行删减，或只引用结论，讲清应用。

6. 在课程或课程与课程之间的前后内容的衔接上，应防止过多重复，但也要杜绝相互脱节的现象。

7. 教学大纲不仅要提出哪些知识应在实践教学中掌握，而且要恰当地制定实践教学的方案、方式、方法、课时安排、教学目标、管理和考核标准。

8. 注重专业整体性课程的系统性，各学科自身体系要服从专业课程的整体性，将课程内容划为"重点掌握""掌握""一般了解"，指出难点和解决方法。

9. 要突出专业职业能力培养及实践性强的主干课程，注重新知识、新技能的及时补充。

10. 实践教学大纲要与理论教学大纲一样系统、详实，具有可操作性。

11. 要充分体现基本素质教育，特别是养成教育的内容。

12. 对教学内容的规定要具有灵活性，并符合职业教育的特点。

第五节　高等职业教育专业设置的方法与要求

一、高职教育专业设置的主要方法

高等职业教育专业设置的方法多种多样，这里就一些主要方法进行介绍。

（一）新专业设置的几种方法

1. 异质设置法

异质设置法，是根据经济建设和社会发展的要求，设置与学校原有的专业性质相比甚远，甚至根本不同的专业。这种设置方法，对满足社会需求，使学校及时地适应经济发展有着积极的作用。同时，在满足学生兴趣、增加学生职业门类的选择方面也有着重要价值。但是，这种方法对教育资源的相互利用率低，教育成本大，教学管理也比较复杂。

2. 同质设置法

同质设置法，是根据已有的专业基础，设置与学校原有专业相近的专业。这种方法能使新设的专业与已有的专业在课程结构、教学组织、师资配备和设备使用等方面有较大的重合度，使教育资源得到充分利用，也能为逐步扩大办学规模、增强办学效果、拓展办学途径奠定基础。

3. 单质设置法

单质设置法，就是一所学校只设置性质相同的若干专业或一个专业。这种设置法能使教育资源具有很强的通用性，使教育资源得到高度的利用。同时，也便于教学工作实施集中统一管理，较快地积累经验，提高质量，形成专业优势，办出专业特色，提高专业的信誉，提高学校的知名度。但是，这种设置法过于单一，面对人才市场的广泛需求，常常无法满足、无法适应。

（二）旧专业拓展的几种方法

1. 延伸拓展法

延伸拓展法，是指在基础稳固、经验成熟、具有优势的老专业的基础上，延伸、派生出一些与老专业性质相近、相关、相接，但在一些主要专业课上有所不同的新专业，形成专业系列或专业群。这种拓展具有较强的继承性和假借性，无须太大的投入，即可收到良好的效果。如在原有的机械专业的基础上，向机械制造与控制、机电设备安装与维修等新专业拓展，进而再向数控技术应用、机电技术应用等专业拓展。

2. 复合拓展法

复合拓展法，是指充分利用主干专业的办学条件，设置一些边缘或相邻的专业；或者在老专业基础课的基础上，改变老专业的性质，创办异质性的新专业。如，在会计专业的企业管理、企业财会管理两门学科的基础上，改变老专业的性质，创办异质性的新专业。又如，在会计专业的企业管理、企业财会管理两门学科的基础上，创办市场营销、国际商务等专业。复合拓展法也具有投入少、见效快的特点，可以利用原有的专业，孵化出新的急需专业。

3. 扇面拓展法

扇面拓展法，是指在基础课基本不变的情况下，只是将专业课横向迁移，略加改造与补充，形成市场欢迎的新专业。如，电子技术专业可以改为通信技术、通信运营管理专业；养殖专业可以改造为水产养殖、野生动物保护等专业。

4. 滚动拓展法

滚动拓展法，就是利用专业之间某些交叉性、相近性，而连续不断地开拓新专业，使后续专业与原先专业在质上有一定的变化,但又有某些共性与连续性。如护理专业可以拓展为中医护理专业,在此基础上还可以拓展成老年人服务与管理。这种方法对于将老专业改造或调整成市场需要的新专业,具有明显的效果。

5. 增补拓展法

增补拓展法,是指专业名称不变,只在原有课程的基础上,增添上几种急需课程,以适应就业市场的需要。如,文秘专业可以根据学生的就业去向和用人单位的要求,加学经济管理、汽车驾驶、商贸英语等方面的知识,形成复合型人才培养模式。一些老专业也可以在原有课程的基础上,增添一些经济类或外语类或计算机类方面的内容,使学生的智能结构有所改善,成为既有专业特长,又有现代职业能力的劳动者,增强其就业市场的适应能力和竞争能力。

(三)专业调整方法

1. 中心放射法

中心放射法,就是根据社会发展和经济建设的需求,依靠学校的主干专业,放射出与主干专业性质相近的专业。如,化工专业可以辐射出精细化工、生物化工、林产化工等。这种专业调整方法能较好地适应不同行业对同类人才的需求,并使专业既保持相对的稳定,又能灵活变通。采用这种方法,一定要稳定、强化主干专业,使其保持雄厚的实力和潜力,一旦社会急需,随时可以放射出来。

2. 基础定向法

基础定向法,就是在专业设置中分两阶段进行:第一阶段(前一年),先按大类划分,不分具体专业,学习公共文化科学知识、专业基础知识与技能,旨在夯实专业基础,拓宽专业面。第二阶段(后二年),根据人才市场的需求,再具体划分专业,定向培养专门人才。近年来我国高等职业学院所探索的"宽基础,活模块""一年打基础,两年定方向"就是属于这种方法。其优点是有利于解决人才预测难度大、社会需求变化快、人才培养周期长的问题。这种方法既能对人才市场需求迅速做出反应,不断地派生、分化、拓宽、开发新专业,又能保持专业大类相对稳定,提高教育资源的利用率。同时,它还可以为学生提供二次选择专业的机会,满足学生个性发展的要求。

3. 综合通用法

综合通用法就是借鉴一些国家"通才教育"的做法,根据产业、行业和职业岗位的分类,采用宽而广的综合方式,设置比较宽广的专业。这种方法以宽为基础,以复合型为宗旨,通过设置"宽口径专业",培养"多专多能"通识型、复合型人才。这是因为未来职业发展将出现一种"边际职业的架构",所以现代职业所要求的知识和能力结构已大大跨越传统职业所界定的范围。许多知识和技能已不是个别职业的专利,而是许多职业活动与发展的共同基础。由于技术的交叉（如多媒体技术）、手段的交叉（如计算机辅助设计）、工具的交叉（如智能化办公设备），使人才市场出现了要求职业人才具备跨职业的知识与能力的现象。顺应这一形势需要，各高职院校必须考虑使学生尽量掌握一些综合、通用的知识和技能。如学生既会种植，也会养殖，还懂经营，成为家庭生产经营的复合人才。随着科学技术的发展，这种趋势日益明显，如机电一体化，农业中的种、养、加工一体化等。所以，按综合通用方法设置专业，可以为企业（行业）培养复合型人才，能使学生在激烈的人才市场中具有更强的竞争力。

二、高职教育专业设置的基本要求

高职院校设置专业时，必须要考虑多方面的因素，如市场、社会是否需要该专业的人才，学校的师资、教学设施设备等是否符合专业开办的要求等。除此之外，科学地设置专业，还要正确处理以下五个方面的关系。

（一）稳定性与灵活性的关系

1. 要保持专业的相对稳定性

专业设置的稳定性是教育规律所决定的，也是经济发展在一段时间内所要求的。专业设置取决于经济发展，经济发展到一定的阶段，其产业结构、就业结构、技术结构就会趋于相对的稳定。这就要求专业也要保持相对的稳定，以确保对所需人才的培养。而教育事业的连续性和周期性，也要求专业能相对稳定。一个专业从设计、筹办，到办成规模、办出特色，不仅需要大量的人力、物力、财力，而且需要一定的时间和过程，尤其是师资队伍的形成、教学质量的提高、办学经验的积累和社会的影响，绝非是一日之功，更需要待以时日。因此，保持专业的相对稳定性，是专业设置追求的目标。专业稳定有利于发挥实验、实习基地、教学仪器设备和教材的作用；有利于师资队伍的建设和稳定；有利于积累办学经验，办出特色，办出声望；有利于进行科学的管理。

2. 要使专业具有一定的灵活性

专业设置的灵活性是由高等职业教育的特点所决定的，也是经济发展所要求的。稳定是相对的、暂时的，灵活则是绝对的、长久的。因此，研究专业如何在稳定中求灵活，在灵活中求稳定，就成为高等职业教育经常面临的问题。

专业设置多年一贯制，是教育落后于经济的表现。当今社会科学技术飞速发展，知识经济已见端倪，产业结构急剧变化，职业岗位不断更新，这就要求专业设置必须跟上时代的步伐，及时调整、及时更新、旧中求新、稳中求活。保持专业的灵活性，有利于适应经济发展的急需，保持专业教育的活力；有利于更新教师的知识与技术，形成一支专业面宽、素质高、迁移能力强的教师队伍；有利于学校吸引生源，保持学校的稳定与发展。

当然，灵活性不等于随意、草率、盲动，不能只根据零散的信息或凭着感觉，频繁地、摇摆地变换专业。专业变动要有根据，要讲条件，要在相对稳定的基础上，有目的、有计划地进行。如果专业年年变化，频繁更替，既表现出对社会需求心中无数，缺乏远见，也反映了对"适应市场需求"理解的简单化、表面化，其结果必然导致办学无明确方向，难以形成稳定的主干专业、拳头专业。如此一来，教师常常为开新课疲于应付，无法确定发展方向和保证教学质量；学校要为新专业频繁更换设备，造成人、财、物的极大浪费。

（二）战略性与战术性的关系

所谓战略性与战术性是指，专业设置既要立足当前，又要着眼长远，将"现实"与"未来"两个时空维度有机地结合起来，力求两者的统一。21世纪，虽然世界呈现出经济全球化、信息技术数字化、知识经济迅速发展等现代化特征，但我国仍将是典型的"二元经济结构"，技术结构也是多层次性的，既有现代化技术，又有传统技术。专业设置是兼具永恒性与时代性的教育主题，因此必须处理好两者的关系，既不能脱离现实，要从当前社会的急需出发，又要瞄准高新技术发展的趋势，放眼长远，使专业设置具有超前性、前瞻性。

1. 专业设置必须面向经济建设的主战场

经济建设的主战场，是指我国当前从事精神文明和物质文明建设的各行各业。高等职业教育为社会主义现代化服务，最根本的就是要体现为社会各行各业培养数以千万计的高素质技术应用型人才。因此高职院校的专业设置必须从现实的市场需求出发，面向经济建设的主战场，根据当地城乡经济发展和产业结构调整的需要，有选择地瞄准有关行业和职业领域，设置能吸收大量专门人才的常规性专业。任何脱离现实的经济建设需求、脱离市场需要、脱离就学者生计要求而主观臆断、一厢情愿式的专业设置的做法，都将被现实所拒绝。所以，专业设置一定要立足当前，把握现实，以人才市场的需求为导向，坚持为社会主义现代化建设服务的总方向，以常规性专业、通用性专业为主体，向国民经济各部门、各行业源源不断地培养和输送人才。

2. 专业设置要面向未来

面向未来是指高等职业教育的专业设置不仅要服务经济建设的主战场，反映"今天"的需要，而且还必须着眼于未来，满足"明天""后天"的需求。

21世纪初的我国，在改革开放政策的指导下，经过多年的高速发展，经济上已取得了令世人瞩目的成就，综合国力明显提高。我国将实施跨越式发展战略，全面推进现代化建设，以超常的速度跻身于世界经济大国之列。可以预料，我国在今后的经济活动中，将遵循国际规范、符合国际惯例，与国际接轨，将自身融入世界经济中去，成为世界经济不可或缺的重要组成部分。这就要求高职院校的专业设置应将战术性与战略性结合起来,不仅要重视设置"常规专业""通用专业",强调改造"夕阳专业""传统专业",还要关注我国现代化建设的重点、热点和前沿,注重"新兴专业""缺门专业"的开发,以适应高新技术产业和新兴行业对人才的需要。同时,还要放眼世界,根据世界经济发展的趋势和人才市场的需求,开发一些"紧跟型"和"超前性"的专业,提高人才在国际人才市场的竞争能力,推动我国的社会主义现代化经济建设。

(三)宽广性与窄专性的关系

宽广性是指所设置的专业,专业面宽、口径大、覆盖广,具有较强的综合性、交叉性和复合性的特点。

窄专性是指专业范围较窄,一般按行业、产品、岗位设置专业,具有职业岗位针对性强、技术专深、上手快的特点。宽广性与窄专性是专业设置中的一对矛盾。强调专业的宽广性,主要是为了增强专业的适应性;强调专业的窄专性,为的是增强其针对性。

受科学技术进步和经济体制的影响,专业设置经历了一条"综合—分化—综合"即"宽—窄—宽"的历程。在工业化初期,由于技术层次、技术含量低,此时的专业设置一般都有综合性、宽广性的特点。工业化中、后期阶段,随着科学技术的进步,社会分工、职业分类的细化,专业设置则出现了细分化、窄专化。工业化后期及后工业化时期,在科学技术日趋综合化的背景下,专业设置呈现出明显的综合化、宽广化的特点。在发达国家的职业教育中,面向较宽广范围的课程结构正在取代那些过分专门的教学内容,其目的就是不再为一种职业或一个岗位做主要准备,而更多地为接受职业教育的人们掌握通用技术奠定基础,培养"多专多能"的人才。在计划经济体制下,职业教育长期按行业、产品、岗位设置专业或工种,专业范围比较窄。近年来,由于科技进步日趋加快,市场经济体制日臻完善,知识更新的周期越来越短,行深专业受到了挑战,"专才"容易遭到淘汰,许多企业在用人规格上,已不再欢迎高技能的"专业型"人才,更欢迎手持多种证书,具有较宽知识面、较广泛的职业能力的"通才型"人才。

当然,我国地域辽阔,富源广大,不同地区之间的经济水平和生产力水平有着较大的差异,传统的技术和传统的生产方式,在一些地区和企业仍有较大的市场。握有"一技之长"掌握某种技能,"上岗即顶用"的专门人才依然受技术含量低、劳动密集型企业的欢迎。因此,职业教育的专业设置既要讲宽,又要注意窄,以宽为主,宽窄结合。

1.面向就业市场的专业要针对职业岗位群的需要设置专业,强调宽广性

如果不是与企业联办或受企业委托办的,而是面向就业市场办的专业,就要提倡

在大类下针对职业岗位群进行设置，淡化以往行业管理体制下只为行业服务的观念，拓宽专业口径，增强覆盖面，适应就业市场的需要。当前，技术的综合化和普遍化已引发社会职业向综合化和职业技能综合化的方向发展，为了适应这一趋势，必须拓宽专业口径，以有限的专业去覆盖尽量多的职业岗位。同时，要注意课程内容的综合性，注意相近专业、相近学科之间的互相渗透、联系与沟通。变专业设置由过去的单一型、狭窄型为综合型、交叉型，使学生形成较宽的知识面、综合的职业能力和全面的素质，以适应经济建设和就业市场的需要。

2. 联办、委托办的专业要针对职业岗位需要，强调窄专性

凡与企业联办或受行业委托办的专业，由于学生毕业后的去向明确，职业岗位针对性很强，所以要强调其窄专性，要根据职业岗位的要求，尽可能传授、培训与职业岗位要求相一致的知识和技能，并达到一定的专业程度，完成上岗前的各项准备，为企业或行业培养所需要的专门人才。

（四）长线型与短线型的关系

所谓长线型专业是指那些适应经济、社会较长时期发展需要的，生命力强，竞争优势多，适应范围广，发展前景远的专业。所谓短线性专业就是指那些为适应市场周期性、波动性、多变性特点的需要而开设的投资少、见效快、风险小、应急性强的专业。处理好这两者的关系，特别要注意以下两点：

1. 长线专业力争稳定

设置专业，必须根据经济发展和产业结构、技术结构的变化需要，设置那些相对稳定、具有较长寿命、基础雄厚、条件充足的专业，并形成特色，创出品牌，以保证人才对社会的长期供给，满足经济发展的稳定需求。同时，也能保持学校的稳定发展和持续发展，防止在专业设置上逐"热门"，赶"潮流"，大起大落，以至于弄得学校的专业动荡不稳，无所适从，这是不可取的。

2. 短线专业要力争灵活

短线专业是适应社会急需的专业，必须保持其灵活性，努力做到小批量，多品种，保证人才供应的及时性、准确性和有效性。为了防止造成过多损失，短线专业的设置最好与企业联办，借助于企业的设备、实习场地和技术人员，办好新设的专业。这样一旦专业饱和，需重新开设别的专业，也不至于造成沉重的人员包袱与巨大的经济损失。同时，对新开设的专业还须分析其需求量，在一般情况下，尽量不设置市场短期内就会饱和的专业。因为新设置一个专业，毕竟要花费大量的人力、物力和财力，如果极短时间就"夭折"，实在是得不偿失。

（五）行业性与地方性的关系

1. 要重视设置地方需要的专业

《国务院关于大力发展职业技术教育的决定》中指出："发展职业技术教育的责任在地方，关键在市县。"地方之所以要发展职业教育，是因为地方所需要的大量的动手操作型人才，既不可能靠国家办的普通高校来输送（因为普通高校所培养的人才的层次和规格与职业教育的目标和任务有着明显的分工与区别），也不可能从外地、外国去引进，只能依靠自己培养。所以，发展职业教育是地方义不容辞的责任。职业教育是为地方经济服务，是为当地培养人才，因此，必须强调专业设置的地方性。职业学校的生源主要来自于地方，毕业生就业也主要在地方，地方提供校园空间与教育资源，还负责行政管理。因此，为地方经济建设和社会发展服务，同样也是职业学校的历史使命和责任。高职院校是否有为地方服务的意识和行为，是能否获得地方支持的关键，也是能否保持旺盛生命力之所在。只有将专业设置成当地所需要的，才能在推动地方经济发展中发挥人才强有力的支撑作用。

2. 要继续重视设置为行业服务的专业

近年来，随着经济体制改革的深化，大部分行业已把所办的职业学校剥离出来，交给了地方，自己不再办职业教育，或者将原有的职业学校改为培训中心，只负责职工培训。在这种形势下，职业学校并不意味着淡化与行业的关系，也不能削弱为行业服务的责任，而应以"立足行业，面向社会，服务地方，辐射外地"的办学思路，来确定专业设置的方向和学校的服务方向。目前，在为行业服务方面应注意两种倾向：其一，防止有的行业和部门借体制转轨之机，将职业教育当作"包袱"甩出去，造成职业教育资源的大量缺失。举办职业教育，企业、行业负有重要的义务，《中华人民共和国职业教育法》规定："行业组织和企业、事业组织应当依法履行实施职业教育的义务。""政府主管部门、行业组织应当举办或者联合举办职业学校、职业培训机构，组织、协调、指导本行业的企业、事业组织举办职业学校、职业培训机构。"行业和企业应依法继续举办和支持职业教育，不能因行业一时的困难和暂时的用人需求不足，就目光短浅地放弃职业教育的责任。其二，职业学校在专业设置上也要防止目光短浅、急功近利，不要因行业在转轨、转制中出现的短期内某类人才需求不旺而丢掉为行业服务的传统主干专业，轻易失去长期积累的专业优势。

第六节 高等职业教育专业设置的策略

2014年6月，全国职业教育工作会议召开，国务院颁发了《关于加快发展现代职业教育的决定》。该文件提出"调整完善职业院校区域布局，科学合理设置专业，健全专业随产业发展动态调整的机制，重点提升面向现代农业、先进制造业、现代服务业、战略性新兴产业和社会管理、生态文明建设等领域的人才培养能力。"2019年国务院出台的《国家职业教育改革实施方案》中明确提出："对接科技发展趋势和市场需求，完善职业教育和培训体系，优化学校、专业布局，深化办学体制改革和育人机制改革，以促进就业和适应产业发展需求为导向，鼓励和支持社会各界特别是企业积极支持职业教育，着力培养高素质劳动者和技术技能人才。"这些要求既阐明了加快现代职业教育发展的目的与意义，也对未来我国职业教育如何更好地为经济社会发展服务提出了更高的希望与要求，而这也在很大程度上肯定了研究职业教育专业结构设置的重要意义。黑龙江省高等职业教育专业设置现状如下：

一、专业设置现状分析

（一）专业设置

2020年，黑龙江省鼓励高职院校优先设置对接龙江区域经济和社会发展需要的战略性新兴产业、先进制造业、现代服务业等重点发展领域，以及填补黑龙江省高职教育（专科）专业设置空白专业。严格限制不符合学校办学定位、产业需求不大、就业前景不好、办学条件不足、布点过多的专业的设置。2020年，黑龙江省增设了55个专业、71个专业点，主要分布在农林牧渔大类、资源环境与安全大类、装备制造大类等15个专业大类、37个专业类；撤销142个专业、223个专业点，主要分布在财经商贸大类、电子信息大类、交通运输大类等19个专业大类、62个专业类。当前全省高职院校开设307个专业、1182个专业点，分布在19个专业大类、85个专业类。

（二）产业对接

黑龙江省高职院校设置的专业服务三类产业分布比例为8∶22∶70，专业设置在三类产业中分布增量变化趋势基本符合龙江产业结构调整特点。其中，直接对接"五大安全"战略的专业占比40.5%，对接龙江"六个强省"建设的专业占比65.4%，对接龙江"433"工业新体系的专业占比40.0%。

（三）专业发展

6所"双高计划"院校稳步推进专业群建设工作，12所省级高水平高职院校专业群、50个高水平专业完成3年建设任务，目前正在准备项目验收工作；4个教育部第三批现代学徒制试点单位，8个学徒制试点专业全部通过省级验收；35个高职（专科）专业引入"悉尼协议"国际工程教育专业认证。为全面优化支撑区域产业发展的专业体系，提升人才供给能力和供给质量，2020年黑龙江省启动地方所属高校人才培养战略定位论证及专业结构优化调整论证工作，全省41所高职院校按照"改造一批""新建一批""淘汰一批"的工作思路，以行业企业和社会需求为导向，主动对接新基建、新技术、新业态、新模式，并结合校情定准所服务的领域和所培养人才的类型和规格，重构对应产业需求专业集群244个。"十三五"收官之年，基本建成了一批特色鲜明、办学声誉良好、服务产业发展能力强的高水平专业。

（四）专业规模

1. 专业大类

财经商贸大类在校生人数超过3万，交通运输、医药卫生、电子信息大类和教育与体育等4个专业大类在校生人数均超过2万，上述5个专业大类在校生人数合计13.29万，占全省高职院校在校生的59.96%；农林牧渔、土木建筑、装备制造等3个专业大类在校生人数均在1万人以上、2万人以下，3个专业大类在校生人数合计5.1万，占全省高职院校在校生的23.07%；资源环境与安全、能源动力与材料、轻工纺织、食品药品与粮食、旅游、文化艺术、新闻传播、公安与司法、公共管理与服务、生物与化工、水利大类等11个专业大类在校生人数均在1万人以下，11个大类在校生人数合计3.7万人，仅占全省高职院校在校生的16.97%。其中，生物与化工、水利大类人数最少，均在1000人以下。

表3-1 高职院校在校生情况统计表（2020）

序号	在校生规模	专业大类	在校生人数（人）	合计（万人）	占全省高职院校在校生比例
1	在校生人数超过3万（1个）	财经商贸大类	30159	3.0159	13.61%
2	在校生人数2~3万（4个）	交通运输大类	26798	10.2740	46.35%
		医药卫生大类	26409		
		电子信息大类	25291		
		教育与体育大类	24242		
3	在校生人数1~2万（3个）	装备制造大类	18893	5.1149	23.07%
		土木建筑大类	18398		
		农林牧渔大类	13858		
4	在校生人数1万人以下（11个）	食品药品与粮食大类	8114	3.7629	16.97%
		文化艺术大类	7094		
		旅游大类	6470		
		公安与司法大类	4511		
		资源环境与安全大类	3674		
		能源动力与材料大类	2499		
		公共管理与服务大类	1511		
		轻工纺织大类	1508		
		新闻传播大类	1334		
		水利大类	564		
		生物与化工大类	350		

2. 专业类

财务会计、护理、铁道运输、教育、计算机等5个专业类在校人数均在1万人以上，其中计算机类和教育类在校人数均超过2万人；印刷、民族文化类、渔业类、统计类等45个专业类学生数均在1000人以下，45个专业类在校生人数合计仅为1.3万人。

从专业规模上看，除社会需求较大的原因外，存在着部分同质化严重的专业类，各高职院校仍须找准办学定位，错位发展，继续调整优化专业结构。

二、存在的问题

（一）各专业大类发展不平衡，存在着"未发展"的专业大类

从黑龙江省高等职业教育专业点数和专业招生数较少的五个专业大类数据可以看出（见表3-1），专业设置比例最低的五个专业大类分别是：公共管理与服务大类、轻工纺织大类、新闻传播大类、水利大类、生物与化工大类。

（二）学校专业设置不科学，盲目新增专业

1. 各校新增专业审批时没有结合地域经济社会特点、产业发展趋势和区域内专业设置情况统筹考虑。

2. 部分学校新增专业没有考虑专业建设基础情况、学校办学特点和学校师资情况，盲目随意开设、备案"热门专业"。新增专业过多，不符合本校实际情况。专业师资、硬件条件不符合《高等职业学校专业教学标准》要求，特别是专业师资，有部分学校新增专业的教师与该专业无关，不具备新增专业备案教学要求的经费和基础设施条件，包括校舍、仪器设备、实习实训场所以及图书资料、数字化教学资源等基本办学条件、要求。

（三）专业设置重复率高，招生困难

从实际情况看，黑龙江省高等职业教育有些专业布点较多，很多学校、地域都设置了相同专业。比如财经商贸大类在校生共有30159人，很多学校以会计专业居多，电子信息技术大类开设的计算机应用专业，大部分学校开设计算机应用专业，虽然由于信息技术的普及，人们的生活生产均离不开计算机专业，但从各个学校的招生情况看，有很多学校招生情况并不好，这是一种十分令人担忧的情况。这种情况并不是个例，在其他专业中还有不少。当然，由于受生源的自然减少和近些年高等教育的不断扩招，各省均出现专业同质化问题。

三、对策与建议

（一）各地教育行政部门要做好本区域学校专业设置统筹规划

专业建设是职业教育与社会对人才需求的桥梁和纽带，是职业教育主动适应经济发展和产业升级的关键环节，事关学校的生存与发展。因此，各地教育行政部门对学校新增专业审批时要做好社会调研，引导学校从服务产业的角度出发，参照国民经济

行业分类，依据区域经济社会发展需求和办学实际，理清学校到底服务什么行业，与什么产业对接，紧紧围绕市场需求变化而变化，建立"设置合理，专业规范，调整适时"的专业建设的动态调整机制。横向上推进职业院校与企业主体产业联合办学，纵向上逐步实现高等职业教育与本科教育办学的一体化，尽快打通人才培养通道，积极争取优质本科院校增加对口升学的招生计划。提高专业与产业的结合度，发挥学校优势，打造专业特色品牌。

（二）学校要从社会需求和产业优势出发，解决好专业重复问题

1. 充分调研，明确需求

高等职业学校在设置专业时，一定要从本校的特色专业和通用专业出发，充分了解社会需求和学校自身条件。

（1）学校在设置专业之前首先要做好社会调研，充分了解本地的经济特色和产业发展趋势。其次要关注劳动力市场需求。学校要全面深入的了解当地的企业和人才市场对于人才的需求状况，以便合理地调整专业。

（2）在新增专业时，还应充分考虑学校的资源，包括专业建设基础情况、学校办学特点和学校师资情况、硬件条件、教学经费，以及基础设施条件，包括校舍、仪器设备、实习实训场所以及图书资料、数字化教学资源等基本办学条件、要求。

（3）在专家论证环节，选择论证专家时要充分考虑行业、企业专家比例，要多听取行业、企业专家对此专业设置和社会需求的看法。

2. 依托特色资源，打造一校一品

各校要积极开展专业结构优化调整论证会，全面梳理学校专业设置，确保"一校一品"。要积极发展人才培养质量高、毕业生就业对口率高的优势专业，打造出品牌专业和特色专业，吸引优秀的教师资源和学生生源。要做好学校的长线专业与短线专业设置。长线专业以服务本区域内的支柱性产业为主，短线专业要随着产业结构的变化而调整。总之，在专业设置上要做到不符合学校人才培养定位的专业不增，在本区域已设点数过多的专业不增，社会需求不足的专业不增，就业率和就业质量不高的专业不增。通过学校的品牌专业和区域内的特色资源，解决好专业重复问题。

（三）以市场需求为导向，超前预测专业发展方向

高等职业教育应该按照市场的需求情况，与时俱进，做出与市场需要匹配的调整，主动和本地区的优势产业对接、结合，加大力度开展与本地区具有后发优势和发展潜力的产业合作，具有前瞻性，做到先了解、再设置，构建功能完备的人才需求预测制度。要以市场需求为导向，就要做到既要了解近段时间市场对人才的需求情况，又要尽可能预测到将来市场发生变化后对人才的需求情况。在这种情况下，高职学校就要打好提前量，适度超前，从被动适应市场变化转为积极主动预测市场走向。基于此，高等

职业学校就要对本地区经济社会发展趋势和产业结构变化进行深入的调查和研究，对经济和产业的发展情况有深入的了解，对不能满足市场需求的紧缺行业做好预测，做到心中有数，超前预测专业发展方向。

（四）促进校企深度融合，加强校企课程建设

将开放合作育人平台建在专业上，以专业为基础单元，独立面向产业和行业、面向企业和职业、面向行业主管部门和行业协会，将产教融合、工学结合、校企合作落到实处、扎根底层。真正实现教学过程与生产过程对接、课程内容与职业标准对接。做到校企文化共融、育人共管、成果共享。

（五）深入研究专业内涵，提高专业建设水平

衡量专业调整工作是否真正取得进展，最终要看我们培养的学生质量如何，学生是否具备过硬的本领。高等职业学校要将注意力更多地集中于专业本身的内涵发展和技术能力的提高上。要着力推进教育与产业、学校与企业、专业设置与职业岗位、教材内容与职业标准的深度对接。尤其要重视各个专业所对应的技术岗位、技术工种和技术证书等内容。要加强教师对社会用人状况和职业岗位变动情况的了解。既要考虑到专业设置的稳定性，又要考虑社会职业岗位变动的灵活性，在课程、教材、教学方法等方面积极推进改革。要保证学生的就业能力和可持续发展能力两个方面都得到提升。做好这些工作，关键在于教师，教师水平不提高，哪怕建再多的房子，引进再多的设备都没有用。要提高教师队伍的专业化水平，抓好进修培训工作，使教师更多地到企业进行实践，构建学习型组织和学习型团队，深入钻研技术和工艺，形成新的教学能力。只有这样，把宏观层面的改革与微观层面的改革结合起来，专业结构调整工作才能取得成功。

第四章 人才培养目标和基本特征

第一节 发达国家高等职业教育人才培养目标

一、澳大利亚的 TAFE 模式

澳大利亚 TAFE 体系是完全建立在终身教育理论之上的教育和办学体系。TAFE 的全称是技术和继续教育学院。它是澳大利亚一种独特的职业教育培训体系，也是澳大利亚义务教育后最大的教育与培训组织，国家职业教育和培训的主要提供者。TAFE 相当于我国的职业学校、技校、中专和高等专科学校的综合体。TAFE 学院的前身是技术学院，澳大利亚最早的技术学院距今已有 100 年的历史。直至 1973 年，澳大利亚联邦政府成立了技术与继续教育委员会，明确提出把技术教育与继续教育结合在一起，把学历教育与岗位培训联系起来，实行柔性的教育培训方式，专门从事技术人员的学历教育。

经历多年的发展，澳大利亚的 TAFE 体系已成为全球成功的特色鲜明的教育体系之一，并且在澳大利亚的国民经济发展中起着重要的支柱作用。国家级的 TAFE 学院都是政府公立学院，包括霍姆斯格兰理工学院等 60 多所，入读人数超过 170 多万人。全国所有的职业教育培训机构全部包括在内，则更是高达 200 多所，成为一个覆盖 2000 多万人，涵盖 40 多个领域 1000 多种不同课程的职业教育和培训体系。

在人才培养目标方面，TAFE 着重对学员进行职业能力的培养，使他们能较快适应社会职业岗位的需要；在课程安排方面，TAFE 提供有阶段性的，但又是连续的教育课程，使学员可以在不同时期、针对不同需求选择相应课程，灵活地在证书、文凭或者只是提高个人品位等方面自由选择；在教学组织方面，TAFE 针对不同的学习对象和课程类型，采取各种灵活多样的方式、方法和手段开展教学工作，为一切愿意接受教育或培训的人提供有效的服务。

二、英国的 BTEC 模式

英国 BTEC 教学模式是一种国际上较有影响力的职业教育证书课程。由英国爱德思国家学历及职业资格考试委员会颁发证书，分初、中、高 3 个层次 9 大类，上千种专业证书。其中 BTEC 国家高级文凭课程，即相当于英国大学前两年的课程。同时，还相当于达到了相应专业的英国国家职业资格 NVQ 四级水平。学生毕业后，可继续升入英国大学学习，也可直接就业，无须再经过岗前职业资格培训考试。

BTEC 课程教学的教育理念是"以学生为中心"。在英国的职业技术教育领域，这一核心理念已经成为管理者和教师的共识。考核发证主管部门在这一指导思想下开发课程，设计教学目标，教学第一线的教师在这一指导思想下从事教学活动，实行"以学生为中心"的职业技术教育是由英国职业技术教育的宗旨决定的。人才培养目标主要有两个：第一个是提高劳动者素质，促进国家经济技术的发展，提高国家竞争力。第二个是通过职业技术教育，使得人人获得职业资格证书，保证充分就业，从而维护社会稳定。

三、加拿大的 CBE 模式

从职业教育的实践来看，加拿大的 CBE 模式是国内外职业教育课程模式的典型代表，获得普遍认可和广泛传播。CBE 模式以能力为基础，从职业岗位的需要出发，确定能力目标，通过企业专家组成的课程开发委员会，编制能力分解表。学校再以这些能力为目标，进行工作分析、任务分析、教学分析，然后进行教学设计和开发，组织教学的实施，最后考核是否达到这些能力要求，无疑这种模式是值得借鉴的，因为它改变了单一的学科型课程模式，提倡以职业能力为本位来开发课程，并将学生综合职业能力和全面素质的培养系统地贯穿教学过程的始终，这显然代表了高职教学内容和课程体系改革的方向。

CBE 模式是一种适用于高中等职业教育和在职培训的教学形式。CBE 模式的特点是：①以岗位（岗位群）的职业能力作为培养目标和评价标准；②以能力作为教学的基础；③强调学生自我学习和自我评价；④教学的灵活性和管理的科学性。CBE 的整个教学目标的基点是如何使受教育者具备从事某一特定的职业所必需的全部能力。这里所说的能力，不仅仅是指操作能力、动手能力，而是一种综合的职业能力。

四、德国的"双元制"模式

德国的"双元制"教学模式是享誉世界的一种职教模式,这种"双元制"职教模式对德国劳动者的高素质、产品的高质量,以及德国经济在国际上的持久竞争力都起着重要的作用。它主要以学校为主体,以企业为依托,以实践为核心,把学校设在工厂里,把教室搬进车间里,学生在老师和师傅的共同指导下,学习理论和专业技能,做到学校与企业合一、教师与师傅合一、学生与徒弟合一、作业与产品合一、育人与创收合一,实现了培训功效"五合一"。确保学校在激烈的市场竞争中站得稳、叫得响。

德国的"双元制"职业教育在整体的培养目标上是合二为一的,但在具体的教学过程中则又是一分为二的,表现出明显的"双元"属性特征。学生在实训的氛围中获取有价值的实践经验,适应不同岗位的职业需求;通过在学校系统的专业知识学习,打下厚实的理论基础,培养敏捷思维能力与掌握科学的方法,从而很快适应毕业后的工作。

第二节 我国高等职业教育人才培养目标

一、高等性是高职培养目标定位的基准

高等职业教育是我国高等教育体系的重要组成部分,也是我国职业教育的重要组成部分。作为一种高等教育类型,高等职业教育与普通高等教育,并不是完全分隔、不可逾越的,两者只是教育类型、培养规格的差别而无层次的差别。依据联合国教科文组织修订的《国际教育标准分类》,高等职业教育属于高等教育的第五层次B类教育。根据这一分类不难发现,普通高等教育强调的是较强的系统理论基础,而高等职业教育强调的是较强的实践技术和专门技能。众多专家学者认为,现代社会的人才一般分为两类四型:一是科研类,含学术型和工程型;二是职业类,含技术型和技能型。高等职业技术教育培养职业类人才,教育类型是职业教育。普通高等教育主要培养科研类人才,教育类型是普通教育。因此,不能将高等职业技术教育的"高等性"等同于普通高等教育的"高等性"。

二、职业性是高职培养目标定位的内涵

高等职业技术教育属于职业教育。它按职业分类,根据一定的职业岗位(群)实

际业务活动范围的要求，培养生产建设管理与社会服务第一线实用型（技术应用性或职业性）人才。这种教育更强调对职业的针对性和职业技能能力的培训，是以社会人才市场需求为导向的就业教育。

《中华人民共和国职业分类大典》对职业的基本概念做了明确阐述："职业是指从业人员为获取主要生活来源所从事的社会工作类别。"因此职业需具备以下特征：一是目的性，即职业活动以获得现金或实物等报酬为目的；二是社会性，职业是从业人员在特定社会生活环境中所从事的一种与其他社会成员相互关联、相互服务的社会活动；三是稳定性，即职业在一定历史时期内形成，并具有较长的生命周期；四是规范性，即职业活动必须符合国家法律和社会道德规范；五是群体性，职业必须具有一定的从业人数。

职业的分类是以工作性质的同一性为基本原则，对社会职业进行的系统划分与归类。工作性质，是一种职业区别于另一种职业的根本属性，一般通过职业活动的对象、从业方式等的不同予以体现。

高职院校在培养目标、专业设置、培养计划和课程标准或教学大纲上，应该以国家职业分类为主导，以职业标准作为学校技能训练标准，为劳动力市场提供适销对路的人才。

因此，职业性是高职培养目标的内涵。这主要体现在：一是职业不等于专业，是专业的综合、融合和复合。高职教育培养的应是能解决职业岗位综合的、复杂实际问题的人才。二是职业的具体化，即岗位。高职教育必须立足上岗、服务就业。三是要体现知识、技术的应用性，技术管理的综合性。所以，高职教育培养的人才除具备一定的岗位操作技能外，还应掌握一定的理论知识、管理能力、发展潜能和创新能力。

三、区域性是高职培养目标定位的地方特色

区域性是伴随着近代工业社会的发展而产生的，它所指代的是不同国家或一个国家不同地域（区）之间的差异性。这种差异性除了反映在地理、气候、资源等自然条件和历史文化传统及人口素质上，更重要的则反映在经济发展水平上。任何一个国家或地区在制定社会经济发展规划时，不仅要明确总目标和总规划，而且要特别注重分析和研究"区域经济"，形成地方特色。教育就其现代功能而言，属于第三产业，即服务性产业。尤其是高职教育，是直接面向经济主战场的专门教育，不仅通过文化传承间接服务于社会发展，而且通过人才培养更直接地作用于、服务于经济发展。为区域经济服务是对高职教育发展的基本定位和策略。区域性、地方性是高职的又一特色。由于各地区的经济基础、生产力水平的差异，区域经济发展的不平衡，决定了不同地区所需要的"高职人才"的能力结构要有所区别和侧重，不能搞全国"一刀切"。每

一所高职院校在确定其培养目标时，都应充分考虑区域经济条件。同一地区的高职院校也要办出特色，做到优势互补，避免简单重复的建设。

四、社会性是高职培养目标定位的价值取向

普通高等教育虽然也讲要实现与社会之间的双向参与，但是却没有高等职业技术教育那样强的"亲和力"。高等职业技术教育更需要开放办学，面向社会，依靠社会，被社会所接纳，为社会服务。走出校门、走向社会，走进企业、走向市场，以社会需要为导向，以行业、企业为依托，走"产学研"结合之路。

（1）在职业岗位的确定上，要深入行业、企业开展人才需求调研、论证。要彻底将过去那种"学校有什么条件就办什么职业教育"的"超社会教育"改变为"社会有什么职业岗位就创造条件办什么职业教育"的"社会教育"。

（2）在岗位能力的定位上，以企业等用人单位所要求的岗位能力为本位。企业等用人单位开"菜单"，学校"配菜"，教师当厨师"炒菜"，对不对"胃口"，最终也由企业等用人单位来"品尝"、评价。

（3）在岗位能力的培养上，按照职业能力模块设置岗位适应能力的理论知识要求和技能训练二元并重的课程教学体系；重视教师队伍建设，特别是"双师型"教师的培养；改革教学内容，抓好教材建设；加大设备投入，改善教学条件；充分利用现代化教学手段，改革教学方法；积极探索"产学研"结合的教学模式。

（4）在岗位能力的认定上，要打破"一朝认定，终身拥有"的不合理体制，适应岗位能力要求的不断提高。一方面抓好职业教育的后续教育，实现继续教育的终身化；另一方面每隔3～5年搞一次职业资格的认定，使高职的岗位能力始终代表当时当地的高水平岗位能力。

第三节 发达国家高等职业教育人才培养基本特征

一、以社会需求为宗旨

第二次世界大战后发达国家完成了经济恢复。在新技术革命的推动下，在企业现代管理制度激励下，尤其是制造业向技术密集型产业的转变，使得生产一线急需大批较高水平的技能型、技术型实用人才及管理人才。企业对应用型人才需求迫切，并希望在较短期限内速成就业，而衍生出高等职业教育的发展模式，一批重视实践教学、突出岗位能力培养的职业院校纷纷成立。随着社会发展的加速，世界各国都在号召青

年不仅要为某一具体职业做好准备,而且要为一生中进行无数次的工作变换做好准备。这就要求高职学生必须具备富有弹性的、可广泛迁移的职业能力。在掌握业务能力的基础上,还要学会大量基础知识以及有实用价值的社会能力。这样,其驾驭自己命运的能力以及适应社会的能力就会得到大大增强,为自己的人生道路做了坚实铺垫,可以更成熟、更出色地扮演其在社会中的角色。

二、以产学合作为机制

德国的"双元制"模式坚持以"企业培训为主、学校教学为辅"的原则。按照企业对人才的要求组织教学和岗位培训,双方共同担负人才培养任务,国家出台法律保证其实施。其培养目标为具有高等教育学历的高级职业人员,教学或课程安排分为两个阶段,在两个学习阶段均实行严格的国家考试。美国的"渗透型"模式。劳动和教学相结合、工读交替为原则的美国职业教育,是以培训合格劳动者为目标,学校与工商企业、服务部门等校外机构之间开展的合作教育。广义的职业能力和志趣是其首要的培养目标,突出以学校计划组织为主,从培养学生劳动能力的现实出发,一般采取工读轮换制、半工半读制、劳动实习制、全国劳动和工余上课制等方式。英国的"工读交替型"模式,也被称为"三明治"模式,具体实施方式是职业学校与工厂实习时间各半。分为3个阶段:学生中学毕业后,先在企业工作实践1年,接着在学校里学习完2年或3年的课程,然后再到企业工作实践1年,即所谓的"1+2+1"和"1+3+1"教育计划。日本的"产学研"合作模式。产业办学是日本职业技术教育的一大特色。大企业兴办的"工学院"既为自己培养急需的专门技术人才,也为客户提供技术培训。在企业技能培训与学院教学时间的分配上明显以企业为主、学校为辅,而且学校的教学多半是利用工余时间,其特点是重视科学研究方面的合作。2002年日本又建立了旨在推行知识成果创新、产权保护、产权应用和人才开发战略的产学官协作体制。上述几种著名的模式都是以学校和企业(行业)共同培养为基础,建立起"双向参与、双向互动"的运作机制。

三、以实践教学和职业能力培养为重点

在各发达国家高职教育中,实践教学都占较大比重,注重课程的职业功能性。如英国的多科技术学院普遍开设工读交替的"三明治"课程。德国一般用三分之二时间进行企业培训,其课程设置侧重学生实习和实验训练,理论和实践教学交替进行。澳大利亚在"能力为本、实践为主、需求为重"的职业教育办学理念的引导下,建立了具有较强适应性、实用性和规范性的职业教育课程体系。各专业课程的设置以行业组织制定的职业能力标准和国家资格框架为依据,具体内容和学时分配由企业、行业咨

询组织、学院和教育管理部门联合确定，以满足行业需求，保证就业市场和相关岗位的技能要求和标准。确定后的课程需报州或领地一级教育培训部门审核批准，并根据社会发展和劳动力市场需求变化情况不断修订。

四、以政府立法为保障

美国政府在1982年制定了《职业训练合作法》后，1988年又颁布了《美国经济竞争力强化教育、训练法》。1990年的《珀金斯职业教育法》还明确规定了州职业教育训练实施的具体标准和评价方法等。使社区学院与当地企业都建立了协作关系，实行名副其实的"合作教育"。德国在20世纪60年代推出了《职业教育法》《职业促进法》《实践训练师资格条例》《青年劳动法》等一系列法规，明确了企业承担实践教学和配备合格的实践训练师等责任。而日本设有专门组织机构，如"产学研"讨会，负责将企业界对人才的需求反映给学校，加强产学合作。澳大利亚政府通过国家培训总署、国家职业教育研究中心和行业培训咨询委员会等机构对职业教育进行管理。首先，在国家层面上，联邦政府下设国家培训总署，代表联邦政府管理职业教育。通常，联邦政府负责制定有关教育的大政方针，确定全国职业教育的学历结构体系和质量控制体系，并制定证书和文凭的国家标准。而国家培训总署负责落实政府制定的相关政策，并通过对各州、地区职业教育机构的管理、协调、指导和监督来对全国职业教育实施控制，同时它还负责每年的职业教育经费的划拨。

五、以社会监控为手段，保证人才培养质量

发达国家一般采取社会参与评价的方式监控人才培养质量。如德国由企业、学校、工会和行业代表共同实施，美国由工程技术评估委员会制定评估标准，加拿大由合作教育协会制定标准，澳大利亚和英国由行业协会制定培训标准。发达国家中的专业协会或专业团体已担当起职业教育质量评价的主要责任。形成了学校对教学质量负责、企业和社会专业团体等提供专业指导和知识更新的相互促进和约束的人才培养质量评价机制。

第四节 我国高等职业教育人才培养基本特征

一、国际意识特征

我国加入世贸组织后,外国企业大量进入我国,即使从降低劳动力成本的角度,也必然会造成"雇员本地化"。外国公司在我国雇用的人才群体主要是三大类:一是工程设计人才,其数量很少;二是从事实际操作的技能型人才,他们在国际市场上的流动性有限;三是技术应用型人才,他们从事市场调查与公关、客户反馈、技术与管理、产品营销、合同执行、供应管理、财务管理、技术服务等技术和管理岗位的工作。在国际劳动力市场上面广量大,流动性也很强,是全球化背景下争夺的主要对象。

因此,高等职业技术教育要培养具有国际交流能力的高级技术人才。现在,接收高职生比例相当高的是"三资"企业,而随着时间的推移,这一趋势会日益加速。如果高职生缺乏国际交流能力,必然会影响到他们未来的发展。进口生产线上的控制软件用的都是英语,高职毕业生起码要具备大学英语四级、计算机二级水平才能胜任。因此,高职学生的外语能力是用人单位很看重的。当然,具有国际意识,光有流利的外语能力是远远不够的,具有良好的国际交流能力是高职学生必备的基础条件。

二、创新能力和信息能力特征

高等职业技术教育的人才培养目标是生产、建设、服务和管理第一线需要的技术应用型创新人才。它的创新是建立生产建设中的创新、产业服务中的创新和生产一线管理工作中的创新,不是要求高新技术产业化及其知识和技术的创新。新时代将为信息的流通、储存和传播带来前所未有的手段。因而,新时代一方面要求教育应传授越来越多与之相适应的新的知识和技能;另一方面又希望教育要给出在此基础上判断事物的标准,以防止人们被大量的信息、知识搞得晕头转向,"既应提供一个复杂的、不断变动的世界地图,又应提供有助于在这个世界上航行的指南针"。教育要为迎接知识经济和科技革命做好准备,其中重要的一点是着重培养受教育者的创新精神和创新能力,为创建国家的创新体系提供人才和智力的支持,促进知识的传播和应用,加快科技成果的转化。另外,知识对发展的作用不仅表现在创新上,还表现在传播和应用上。创新能力和信息能力(包括信息获取、信息分析与信息加工能力)是信息社会所需新型人才必须具备的两种重要的能力素质。

科技发展突飞猛进,知识经济社会初见端倪,是20世纪90年代以来世界范围内发生的深刻变化，是当今时代的特征。科技发展带来的是一场新的科技革命。人类历史上第四次科技革命，正在深刻改变我们的生产方式和生活方式。信息技术对人类的影响是全方位的，引发了生产、生活各个领域的革命性变化。信息高科技技术对人类的影响是全方位的。因此，高等职业技术教育培养的学生应具有以下素质和能力：

（1）必须具有掌握和使用计算机网络的基本知识和能力。21世纪不懂得计算机和网络的人，就是"功能性文盲"，就不能适应21世纪的社会生活。

（2）具有分析、处理、吸收、创造信息的能力，有以最少的时间吸收最有价值信息的能力。在信息网络时代面对的是因知识爆炸而骤增的海量知识，知识更新的速度大大加快。而人的时间又是有限的，因此要学会以最少的时间去获得最有效的知识。

（3）要有良好的心理和精神素质。网络时代人与人的直接交往减少了，间接交往增加。因此对人的心理和精神素质要求就更高了。

三、复合性和综合化技术特征

现代科学技术有一个重要特点，就是知识更新速度加快，周期缩短，科技和经济结合得更加紧密。传统的能力观注重具体任务的完成，认为能力是由具体的工作任务来指导和规定的，能力的培养就是任务技能的学习，能力的评价就是个体对任务的完成情况。而现代能力规则认为，能力是劳动者知识、技能和态度有机结合形成的一种素质结构，称为整合能力。高等职业技术人才所要求的"能力"不仅是岗位能力，更应是职业岗位群能力、综合能力、创造性技能。

随着社会的进步，出现了明显的科技与人文整合的趋势。就技术而言，技术不同于技能，技术高于技能；技术也不同于科学，技术依赖于科学。实际上技术不仅包括经验技术，也包括理论技术。越来越多的现代职业岗位对技术的复合性要求越来越高。包括技术与技能的复合、技术与技术的复合、技术与科学的复合、技术与人文的复合等。高等职业技术人才的"技术"应是建立在一定的科学理论基础之上的，超越一般技能、具有一定复合性和综合化特征的技术。

四、创新性学习能力特征

学习可分为两类：一类是维持性学习。其目的在于获得已有的知识、经验，以提高解决问题的能力；另一类是创新性学习。在信息化时代，人们接触知识较以往更为容易，费用也更为低廉，从而使得选择和有效利用知识和信息的技能变得重要起来。解读信息、选择相关信息、忽略不相关信息、学习新的技能和忘掉旧的技能等，所有这些都比传统意义上的对知识本身的学习更为重要。有研究表明，人类近30年所获得的知识约等于过去2000年之和，但预计到2050年左右，人类所掌握的知识却仅为知识总量的1%。因此，在农业经济时代，只要7～14岁接受教育，就能满足日后一生工作的需求；工业经济时代，求学时间需延长为5～22岁；而在今天"唯其不变的是变化"的知识经济时代，人要生存下去，则需将有限几年的正规学校教育延长为"80年制"的终身学习。因此培养学生的"创新性学习"的能力是高等职业技术教育的一个重要任务。其目的在于通过学习提高发现和吸收新知识、新信息及提出并解决新问题的能力，以迎接和处理未来社会发生的日新月异的变化。

五、综合能力特征

高等职业技术教育必须改变学科本位、知识本位的教育质量观念，重点突出学生的能力本位。从培养目标来看，职业教育的对象——人，既要为适应周围的环境对自身进行改造，又要改造周围的环境。这就是说，一个"生物人"只有经过职业教育才能成长为一个社会所需要的"职业人"。但又不仅仅是一个纯粹的"职业人"，而是一个要生存、要发展的活生生的"社会人"。职业教育既要为生存又要为发展打下坚实的基础，能力在这里发挥着关键作用。所以，职业技术教育里的素质教育——追求生存和发展的能力教育，是现代职业技术教育体系的一个重要的思想基础，就是使学生获得在合适的职业岗位上工作所需要的各种能力，是职业教育最主要的任务。以能力为本位的职业教育观在国际上已达成广泛共识。

当职业发生变更，或者当劳动组织发生变化时，劳动者所具备的这一能力依然存在。由于这一能力已成为劳动者的基本素质，劳动者不会因为原有的专门的知识和技能对新的职业不再适用而茫然和不知所措，而是能够在变化了的环境中重新获得新的职业技能知识。这种对从事任何一种职业的劳动者都应具备的能力，常被称为跨职业的能力。由于这种能力对劳动者未来的发展起着关键性的作用，所以，在职业技术教育中又被称为关键能力。综合职业能力包括方法能力和社会能力。其中，方法能力又包含了独立思考能力、分析判断与决策能力、获取与利用信息的能力、学习掌握新技术的能力、革新创造能力和独立制订计划的能力等。社会能力则包含了组织协调能力、交往合作能力、适应转换能力、批评与自我批评能力、口头与书面表达能力、心理承受能力和社会责任感等。尽管从具体的内容上看几乎包罗万象，但从总体上来说都是一些涉及科学方法和社会交往方面的能力。综合职业能力对于学生积极应对变化多端的世界，不断或重新获得新的职业知识和技能，获得可持续发展，具有特别重要的意义。

第五章 专业课程教学体系的改革

第一节 教学过程的改革与创新

一、高等职业教育的教学过程的特性与规律

高等职业技术教育的教学过程实质是一种特殊的认识过程。对于一般的教学过程而言有三个方面：①教师的指导性；②认识的间接性；③教学的教育性。而对于高等职业教育来说，有如下四个特性的：①高等职业技术教育的培养目标对学生学习有较高要求，这是针对教师的指导性而言的；②要将科学和专业工程技术探索引进教学，培养学生的创造性和开拓精神，这是相对于认识的间接性而言的；③教学过程中有着非常明确的专业技术定向性，这是相对于一般教育性而言的；④教育着重突出培养学生职业岗位能力，是相对于其他教育体系特点而言的。高等职业技术教育的教学过程的规律是教学过程实质的反映，亦符合高等职业技术教育区别于其他教育体系的特殊性要求。因此它在教学要素、教学性质、教学内容和教学效果方面有四条基本规律：①教与学相互依存规律；②教学过程具有教育性；③间接经验和直接经验相结合的规律；④掌握知识和岗位认同的相互统一的规律。

二、高等职业教育的教学过程现状

在教学过程的运作中有两个主体的要素。其一，是教育的主体——教师；其二，是学习的主体——学生。两者互为作用完成整个认识过程。纵观国内现有的职业教育，无论是本科压缩型，还是"三加二"等形式的教学过程，都普遍存在各种的不足。

（一）"双师型"队伍不健全或素质达不到要求，直接影响教学过程的每个环节

教师，是指导性的主体，是整个教学过程运作的动力和源泉。部分本科院校办高职教育，太过于依赖学校原有的师资力量，很少有甚至没有自己的教师队伍。有的是

简单地要本科的专业派教师,甚至有的专业竟变成了刚进校准备任教的实习生的培训基地。中专学校办高等职业教育往往师资理论水平和操作技能达不到高等职业技术教育的教学目标要求,特别是要将科学和专业工程技术的探索引进教学,培养学生的开拓精神的要求。

(二)以"能力为中心"的理念在教学全过程中的差距较大

"服务于生产第一线,具有突出的胜任工作岗位的职业能力"是高等职业技术教育的根本特点。任何一种教学过程具有方向性、自觉性、渗透性的特征。思想上认识不足,理论水平和操作技能不均衡或缺乏,将直接导致学生因对未来岗位认知不足、学习得不深入而影响教学效果。这是教学过程中认知的间接性中重要的一环。

(三)理论教学与实践教学相脱节情况较为普遍

相对于其他教学体系而言,突出的岗位应用能力正是高等职业技术教育最本质的特征。有的学校在教学计划和教学执行过程中没有构建科学的课程体系,没有对单一课程进行深刻剖析,没有对实践教学的目的、内容、组织形式达到的效果严格把关。于是就出现了本科压缩型、中等技术的简单扩充型、技术与理论糅合再造型等说法。归根结底是没有深刻理解、准确把握高等职业技术教育教学过程的实质和规律。

(四)教与学的过程中与行业岗位群的能力要求结合不紧密,失去了职业技术教育的鲜明目的性和方向性

高等职业技术教育具有鲜明的目的性和方向性,就是培养用于生产、管理、服务等的高等技术型人才。这是高等职业技术教育教学规律要求的,体现了掌握知识与岗位认同的相互统一。模糊了方向性,就必然会出现毕业生不受欢迎、眼高手低,绝大部分同学争先专接本等现象,致使高等职业技术教育走向误区,降低了发展这一层次教育的作用和意义。另外学生的多类型性层次要求教师在教学中能不拘一格选人才,不能违背教学过程的基本规律。

(五)教学过程中另一个主体——学生主要存在如下两个问题

(1)大部分学生把高等职业技术教育学习当作将来继续进行普通本科学习的跳板,把主要的精力投放到本科的学习中,致使其对专业课的学习热情不高。

(2)学习目的性不强,自主学习的积极性和主动性不高。

三、高等职业教育教学过程的改革与创新

(1)学校思想重视,加大投入,从组织上完善师资队伍,建立一套良好的"学校+企业"的培训模式,确保"双师型"队伍的先进性。

(2)教师在思想上高度重视,针对教学过程各环节设立的能力点,在教学过程中

形成处处以培养学生"职业能力"为中心的综合素质全面发展的格局。

（3）认真剖析，领会高等职业技术教育的教学过程特征，在理论实践和协调统一的基础上，突出实践教学。"理论教学与实践训练统一协调"，是教学过程中"间接经验和直接经验相互结合"这条基本规律派生出来的教学原则。正确认识理论课程和实践教学环节的关系；妥善安排理论教学和实践训练的程序；而认真落实到教和学的活动，则是能否高质量地完成教学任务的关键。然而，要培养人才，必须使学生实际接触科学技术，取得必要的直接经验，具备毕业后能解决生产实际问题的能力。

（4）走产学合作之路，加强校企联合是高等职业教育健康发展的源泉。职业教育是与经济建设结合更为密切的一种特殊类型的教育方式，仅依靠学校的条件难以实现培养实用型人才的目标。我们借鉴德国"双元制"的经验，依靠与企业的合作共同为培养人才服务，相关的企业或行业不仅参与专业设置、课程开发工作，还有不少企业的专家承担学校的教学任务，我们还依靠企业为学生提供良好的实训场地。

（5）加强引导，开拓方法，因材施教，使高等职业教育在国民经济建设中发挥重要作用。我国教育体制改革和劳动体制改革还存在着滞后和不健全问题。现在就业市场上重学历不重能力还是一大误区，在这种情况下，我们必须深化教育体制改革和劳动体制改革，对学生加强引导，加强教育，使他们树立正确的人生观、职业观。调动学生学习的自觉性和积极性，应着重从以下两个方面入手：

第一，处理好集体教学和个别教学、统一要求和发展个性的对立统一关系。要做到这点，在教学过程中必须贯彻因材施教的原则。

第二，要认真贯彻启发式教学的原则，启发学生在成长过程中能够"积极主动地学习知识，有见解地思考问题，创造性地解决问题"。要做到这些就要在教学过程中设置各种条件和意境来启发和训练学生。例如：要在课程中设置问题或情境，启发学生思考；鼓励学生做出有新意的实验和设计方案；精心组织课内外的学术讨论等。

第二节　实践教学内容和体系的改革与创新

一、在实验教学中变验证为应用

就高等职业技术教育的培养目标来说，实验教学应针对学生的特点变验证性实验为应用性实验。不仅要让学生熟练地掌握某一项实验的方法和技巧，还要让学生知道其实验还能做什么、怎么用等等。从而拓宽学生视野，启发创造灵感，培养学生的知识创新意识和开创性思维方法。

二、在认识实习中变参观为交流

认识实习是实践教学环节的重要组成部分。通过人的大脑对客观世界的反应,达到了解客观世界之目的,属于感性认识阶段。其目的是让学生较早地介入职业领域,增强专业学习的兴趣,激发学生的求知欲望,达到从被动接受知识到主动获取知识之目的。一般情况下,认识实习的过程是一个走马观花的参观过程。

为改变此局面,指导老师在选择实习单位时必须走向社会,广泛调查,制订出科学合理的实习大纲。要有组织、有计划地请技术领导或专家做专题报告,介绍重要工作岗位和典型工件的制造环节,让学生与师傅有充分的时间去交谈,深入了解关键岗位对人才的知识、技能和素质的全方位要求,积极培养学生在实践中发现知识、获取知识的能力。

三、在生产实习中变被动为主动

生产实习应采取以学生为主体、师傅为主导、教师为桥梁的生产实习方法。师傅具有丰富的实践经验和操作技能,但理论知识较少,横向交流能力欠缺,有些关键的工艺方法有可能是落伍的。而师傅的薄弱环节恰恰是学生的优势,在关键技术上的新工艺、新方法、新技术又是教师的强处。只要教师能够合理地协调,可以达到互利的效果。例如,在工程机械修理的生产实践中,师傅在装配内燃机汽缸套时,仍采用那种传统的在缸套端口垫上木块、用锤砸击的工艺方法,装配质量较差,而采取在装好阻水圈的缸套外表涂上机油,用手的推力即可推入到位的装配新工艺,既保证装配质量,又省工省力。

第三节 教学方法和手段的改革与创新

一、以"启发性"教学方法为主

问题教学方法的核心是提问。教师要在教学过程中设置问题情境,编制使学生回忆、理解、思考、分析、应用、评价所学内容的各种问题,并鼓励学生提出问题,引导学生的思维过程并将它扩展到一个更高的认知水平。程序教学法是把教学内容分成若干的学习步骤,每一步提一个问题,由学生循序回答。其优点是分散难点,循序渐进揭示概念的内涵,使问题逐步深化,有利于调动学生学习的主动性和积极性。发现教学法是学生在教师指导下，通过自己的探索和学习，发现事物变化的起因和内部联系，从中找出规律、形成概念、学到知识。

针对职业教育的特点，可采用项目驱动法、工程案例法、情境教学等方法。另外，组织形式活泼多样，如讨论法、学生之间问答法、课件演示法等。

二、教学过程中应用现代化的教学手段

与教学有关的现代科学技术主要有电子计算机、电视录像、卫星通信等新技术，它们正在促进各种教学手段发生深刻的变革。教学手段已由一般的电子媒介发展到先进的电子媒介。目前美国以及一些其他国家大力发展计算机化教育，指的是依靠电子计算机实施教学、组织和管理教学以及辅导学习、模拟实验等活动。它有以下几种类型：

（1）计算机辅助教学，指的是一种自动化的教学手段，用计算机将教学内容和教学要求展示给学生，通过学生与计算机之间的相互作用完成各种教学功能。

（2）计算机模拟，指的是利用计算机构成一种模拟事物情境、实验环境，用以探索未知事物。

（3）计算机管理教学，指的是使用计算机来管理与指导教学过程。教学法的改革势在必行，这里不单是教与学的内部因素，还必须采取相应的配套措施。诸如加强教材建设、实习基地建设、优化培养模式、加强校企合作等多方面措施。

第四节　考试方法的改革与创新

一、高等职业教育所要求的考试方法的特征

（1）因为高等职业教育的培养模式是"以能力为中心"的培养模式，所以高等职业技术教育的评价体系，应是以能力培养考核为主体的评价体系。

（2）高等职业技术教育模式构成中最主要突出"职业岗位能力"的培养和形成。而这种较强的实践能力通过教学过程中的实践环节来完成，所以技术教育应紧紧抓住对实践环节的缜密考核，以确保这种能力的形成。

（3）高等职业技术教育是面向生产第一线的教育。学、产联系紧密与否，教育质量的好坏，应以毕业生在职业岗位的工作效果来评价，所以高等职业技术教育的实践环节的考试应紧贴岗位群的生产实际，做好学、产的互联。

二、高等职业教育考试方法的现状

（1）考试方法单一。目前多数院校的绝大部分必修课程和部分选修课程不考虑课程体系、性质、内容及要求，都只是采用闭卷笔试这种方式，这必然增加了学生记忆的压力，造成"重理论、轻能力，重记忆、轻创造"的后果，学生只按标准答案背书、背笔记，而轻视了对创造能力、动手能力的培养。

（2）考试内容简单。传统的考试大都是考知识，强调全面掌握某门课程的内容。从考试内容看，都是教科书上有的、教师讲过的，没有任何的发挥，缺乏综合运用所学知识解决实际问题的试题。考试前，教师要求学生重点复习，划定考试范围，有些学生平时学习不努力，期末考试临时抱佛脚，往往也能通过考试。这就导致学生不愿平时花力气认真听课，不去独立完成作业，使旷课、抄袭作业等现象屡禁不止。

（3）考试次数偏少。对于某一学科的考试只是课程结束时，一张卷子来考查学生掌握知识的程度，这对平时学习起不到应有的经常性的督促作用。

（4）实践环节成绩评定轻过程。目前绝大多数院校对于教学过程的认识实习、生产实习包括毕业设计，缺乏能力点的设计、考查和督促，更有甚者是没有教师具体组织、讲解，只根据学生实习后的总结进行评定。

三、高等职业教育考试方法的改革与创新

（1）积极推行职业资格证书制度和相关社会认证制度，确保高等职业技术教育的质量。高等职业技术教育是以"能力为中心"的教育，同时又是与生产实际结合非常紧密的教育。对于教学过程中所要求能力点的考核，能够与职业技能鉴定接轨的，要组织学生通过职业技能鉴定，以取得相应等级的职业资格证书。对于如计算机应用能力的考核，要组织学生参加全国计算机等级考试取得相应证书，以此作为对该课程或实践环节评价的重要内容。

（2）构建学、产评价体系，引入技师考核、确保对能力点评价的准确性、适用性。校企联合，走产、学、研相结合之路是高等职业技术教育健康发展的保障。有了企业的参与，不但能给教育提供良好的实践基地，还能在学生培养过程中，特别是实践环节教学中引入企业家、技师的教学与评价。而所谓的学、产评价体系正是如此。由他们通过实践提问、做模型、试操作、模拟问题现场等手段来确保考核能力点的准确性和适用性。

（3）深入研究考试的目的、方式和达到的效果。多种考试方式、方法并举，灵活应用。要对高等职业技术教育考试的方式、方法进行改革，就必须深入细致地研究课程体系所要求的学生能力养成的内容和程度。这是考试组织者首先必须清楚的。清楚

这些还不够，还要研究具体的组织形式。如对于社科类、文科类的一些课程可采用开卷考试与撰写论文相结合的方式；对专业课可考虑用口试或开卷考试，重点是考核学生的分析、应用能力，而不是考核学生的死记硬背。对一些理论性很强的基础课也不一定都完全采用闭卷形式，可采用半开半闭的考核方式。所谓半开半闭考试方式，就是允许学生看书和其他参考资料，把其认为重要的公式或一些重要的内容记录在所发的专用稿纸上。然后，不留有任何与考试有关的资料，再发考卷进行考试。此外，还可以采用口试与笔试相结合、平时考核与期末考试相结合、理论教学与现场操作相结合的方式。

第五节 教学体系的改革与构建案例

本案例是浙江同济科技职业学院对省级精品课程《水电站计算机监控技术与应用》的教学体系所进行的改革与构建。

一、课程理论与实践教学学时安排

浙江同济科技职业学院结合新世纪教学改革项目，为了使课程教学更好地适应行业岗位的需要，把《水电站计算机监控技术与应用》课程的理论教学内容从原来的基础理论和发展趋势两部分增加到基础理论、应用技术、工程技术和发展趋势四个部分。四部分内容层层递进，形成"提出问题→解决问题→案例思考→反馈深思"四段式组织形式。压缩了理论课时，增加了实践课时并丰富实践内容（原来仅有参观实习1天和验证性实验1周），使得原来的理论和实践课时比例从4∶1提高到1∶1.8。课程总学时72学时，其中理论教学26学时，实践教学包括基本课题实训（16学时）、微机监控实习（即复合课题训练）1周（校内），课程设计和大型作业（科研性训练）16学时，按每周14学时折算，达46学时。本课程实践教学不包括与本课程紧密相关的专业性实践，如认识实习1周（校外）、专业实习2周（校外）、技能鉴定1周、毕业设计及答辩4周、毕业实践15周等。

二、校企结合，创建课程教学团队

《水电站计算机监控技术与应用》课程改革组通过长期的研究与工作实践提炼出了"实践育人"的教育教学思想，并把该思想贯穿于"发电厂及电力系统"专业的人才培养全过程。通过校企结合，组建课程教学团队，《水电站计算机监控技术与应用》课程为该教学团队的主体课程。该教学团队成员共22人，其中有10人来自企业单位。

教学团队成员有强烈的教学质量意识，自觉接受学院的教学质量监督与考核评价。近三年，团队22位成员中，学院教学督导评价室评价最低80分，学生评价最低78分，85分以上占60%，没有发生一次教学事故。

教学团队积极承接教育部、省教育厅以及行业主管部门的纵向课题和来自企业的横向课题，勇于结合实际改革与创新，取得较多成果。主持和承担国家、省（部）、地（厅）级课题20项（其中有4项通过鉴定）；横向课题5个，公开发表论文100篇（其中有25篇为全国中文核心）；先后独著、担任主编、副主编出版专著、教材11部（本）；成果获各级奖励22个：省政府二等奖1个，市政府二等奖2个，获省级精品课程称号课程1门。教学团队重视教材建设和教材研究，团队成员担任主编、副主编和编审出版的教材8本，其中3本列入世纪高职高专精品书系，部分教材如《水电站电气部分》已公开发行20000册以上，使用效果较好。教材改革不仅使学生受益，而且每年举行培训班（该校为水利部浙江省唯一定点培训单位），培训了一批又一批企业员工，提升了他们的综合素质和操作技能。许多企业员工经培训通过了技能鉴定，成为了技师或高级技师。

另外，教学团队构建了"产学研"结合的校内、外实验（训）基地，建立了"产学合作、互惠互利"的运作长效机制，构建了基于现代技术的课程平台（包括多媒体课件系统、网络课堂平台、工程案例资源库系统、教学信息发布平台、虚拟实验实训平台等），对校内、外学生开放，改革教学方法和手段，已取得一定的良好成果。

三、基于网络环境，改革理论教学手段与方法

《水电站计算机监控技术与应用》原有的课程体系模式已不适应现代职业教育发展的需要。主要表现在：①教学形式的单一和枯燥，不利于学生对教学内容的理解和运用；②教学资源的封闭性和资金来源的单一性，不利于教学资源的共享和交互；③未建立资源数据库管理系统，不利于教学资源的积累和精化，在一定程度上影响了教育的质量；④教学资源没有得到完全合理的配置，影响教学需求和教学供给的协调。为了解决上述问题，必须结合现代技术，打破传统课程体系的时空界限，构建一个基于网络环境的精品课程体系，使得理论教学手段与方法能够适应现代职业教育发展的需要。

（一）系统化制作与应用CAI教学课件，提升课程教学效果

《水电站计算机监控技术与应用》课程的CAI教学课件系统可以采用多媒体技术和可视化技术进行开发，多媒体技术包括多媒体课件制作技术、网络视频技术和音像技术等。可视化技术主要指采用可视化软件编程环境对CAI教学课件进行整合、管理和优化。CAI教学课件可以采用PPT、Flash、几何画板等多媒体制作软件进行制作，

在制作过程中可以结合网络视频技术和音像技术，使制作的多媒体课件更加栩栩如生；使课件在播放过程中能够达到视觉和听觉的互相补充；使之更加能够吸引学生的注意力。单个的、零星的CAI课件不利于整个课程的多媒体化教学和管理，为此课程教学团队构建了基于C/S模式的CAI课件系统。2005年论文《水电站计算机监控技术CAI教学课件系统的建模》获浙江省教育厅职教教科研优秀论文评选一等奖；2006年《水电站计算机监控技术与应用》CAI课件系统荣获浙江省教育厅职教优秀课件评比三等奖；2008年《水电站计算机监控技术与应用》CAI教学课件系统V2008获国家版权局颁发的软件著作权证书。该系统把制作的各章节的CAI课件采用可视化软件平台进行整合，采用目录树进行管理，采用可视化技术进行优化，使之具有统一的平台和完备的功能。CAI课件系统使课程的教学形式更加多样化，从而加强了学生对教学内容的理解和运用，提高了课程的教学效果。该系统参加"校现代教学技能比赛"荣获二等奖。

（二）构建网络课程教学网站，提高教与学的协调性

《水电站计算机监控技术与应用》网络课堂教学网站是多媒体教学和网络教学相结合的产物。该网站主要由教师网络教学、学生网络学习和师生教学互动平台三部分组成。教师网络教学主要包括网络教学视频、教学录像下载和多媒体课件下载等功能。教师可以通过网络上传、修改和删除各种教学资料。学生网络学习主要指学生可以通过网络进行学习，下载教学课件进行自主学习等。网络课堂打破了传统课堂的时空界限，教师可以随时随地上传最新的教学资料，学生也可以随时随地登录网络课堂进行学习，使得教学资源得到了合理的配置，从而有利于教学需求和教学供给相互协调。师生教学互动平台主要由网络作业管理、BBS答疑和留言板等部分组成。教师可以下载和批改学生作业，上传已经批改的学生作业；教师可以通过BBS在线回答学生的提问；通过留言板离线回答学生的问题。学生可以通过网络进行学习、上交作业、下载已经批改的作业和提问等。师生教学互动平台增强了师生的教学互动性和协调性。

四、以"实践育人"理念，设计实践教学途径和方法

（一）基于网络平台构建，使得理论教学体现"实践性"

（1）《水电站计算机监控技术与应用》课程采用现代教育技术，拓展实训时间。传统教学方法是以"灌输式"课堂讲授为主导的，形式单调。要求以学生自身的学习要求和自我约束作为保证学习效果的手段，有很大局限性。现代教育技术将现代科技与教育紧密结合在一起，其便捷性、先进性和良好的授课效果，给实践教学的开放性提供了可能。利用多媒体计算机技术和网络通信技术，对学习的有关过程、资源进行

整合、设计，提供给学生操作实训的机会，反复使用，提高实践课程开发水平和学生自我学习的能力。

（2）《水电站计算机监控技术与应用》课程建设形成适应实践教学开放式管理的机制。人员上有专职实训指导教师，全天候接受学生自主安排的实训要求；硬件条件上建成开放式的实训网络平台，给学生自主学习提供技术支持。

（3）《水电站计算机监控技术与应用》课程通过现代教育技术促成实践课程教学大纲、教学方案、操作过程电子化。教师的实训操作过程通过录像的方式，利用网络和电脑反复播放，学生可以选择自己薄弱的环节反复观摩学习，与之后的训练融合，提高实训的最终效果。

（4）《水电站计算机监控技术与应用》课程不断提高现代教育技术使用与建设水平。可以与相关企业和行业协会网站等专业网站连接，并不断完善形成关于实训内容的资源库，及时获得最新技术资讯，同时向学生传播。

（二）创设真实情境，建立校内实验（训）教学基地

专业化的教学团队、先进的课程内容和标准以及行之有效的实践教学模式决定了学生的专项技能水平。校内实训基地的建设是高职学生专项技能训练的硬件基础。专项技能训练质量的高低很大程度上取决于校内实训基地的建设。所谓"真实情境"，旨在体现工学结合，构建特色鲜明、适应高职教育的校内实训基地，找到一种符合应用技能教学规律的实训教学模式。早在2005年初，《水电站计算机监控技术与应用》课程教学团队主要成员就参观和考察了国内部分企事业单位、知名产品厂商及高职院校，在充分调研的基础上，适应现代计算机监控高技能人才培养所需的实训环境已基本成形。2005年"水利行业高级应用型人才实训基地"项目获省级部门专项资助250万元，其中100万元明确用于构建"水电站计算机监控"校内实训平台；2006年"面向浙江省新农村的水电站计算机监控高技能人才培养基地"项目获省级部门专项资助15万元；2007年学院审批了两个项目的资助资金合计115万元，启动了"水电站计算机监控"校内实训平台的建设。一些水利和电力院校已建的发电厂及电力系统计算机监控实验室照抄发电厂及电力系统计算机监控的实际模式，只能供参观而不能用于学生实训，利用率低且很不实用。通过启动浙江省教育厅课题"基于C/S构架的发电厂及电力系统计算机监控实验平台的构建与研究"，打破了一些水利和电力院校传统的构建模式。采用了基于C/S的新构架模式，该平台可以很好地完成"水电站计算机监控技术与应用"课程的基本课题实训和复合课题实训，并可为《继电保护》《电力系统分析》等课程实验实训服务。此外，还利用搬迁新校的机会，组织实习教师、维修专业学生和设备供应商对设备进行大、中修，以保持设备的良好状态。

在后续的研究中，教学团队围绕计算机监控实训环境，从高技能人才能力培养的

角度出发，研究适应行业和技术发展、专业特色鲜明、设备及内容先进的基于"真实情境"下的技能实训教学模式。在一个"真实情境"实训环境中，学生在逻辑上相互独立，在物理上被分成若干个实训课题组。各个实训课题组在"真实情境"实训环境中配置监控参数、排除电气故障，进行真实情境演练。"真实情境"实训环境直接面向现实，各类现实问题将直接出现在已设的各种情境中。学生经过阶段性的反复训练，对出现的各类计算机监控及安全问题十分熟知，极大地提升学生的实际应用技能。

"真实情境"水电站计算机监控实训环境开设了两大类实训项目，分别是：基本课题实训和复合课题实训。基本课题实训子课题有9个；复合课题实训共3个，分别划分子课题9个、7个和6个，合计子课题22个，总计项目31个。覆盖现代水电站计算机监控技术的绝大部分应用领域。

"真实情境"的水电站计算机监控技能实训环境建设的核心价值，在于它能够从人才培养、科技创新的实用领域入手，从高等职业教育的层面向社会输送人才和技术成果，使学校、学生和企业都成为受益人。学校通过培养有用之才为社会做出贡献，通过专业实践教学的建立，扩大生源、吸引优秀师资力量，进而提升学校的知名度。学生的学习过程与社会工作实践紧密结合，成为掌握专业技术技能的人才，增加了就业的对口度和竞争力。企业与学校进行合作，由学校根据企业工作岗位的具体需求为其定向培养人才，企业为人才提供实践场所和就业机会，并将教学成果和学术研究成果产业化，从而实现了学校、人才与企业的共赢。"真实情境"旨在培养适应地方经济社会发展的网络高技能人才，实现学生在校学习到实际工作的对接。此外，"真实情境"实训环境的构建有利于开展社会培训和技能鉴定等工作。

（三）创建模拟环境，开发虚拟实验实训平台

针对高职课程的教学特点，《水电站计算机监控技术与应用》课程教学团队从2006年开始组建虚拟实训环境开发项目组。经过努力并结合ASP.NET及相关技术建立了基于B/S模式的水电站计算机监控的虚拟实训环境。教师和学生分组充当水电站计算机监控软件管理员和值班员角色，登录虚拟实训环境。根据其中虚拟的工程案例的内容要求，完成管理和监控任务，并分阶段提交各自的日志，教师对值班员的工作进行指导和答疑。这样，学生将置身于以真实职场为背景的虚拟实训环境中，亲身感受规范的监控软件操作流程，迅速掌握规范的软件操作和高效的故障排除步骤与方法。在虚拟的操作过程中提高实践动手能力，获得实际工作经验，从而大大缩短了就业后的岗位适应期，真正实现职业教育与企业岗位需求之间的相互衔接。

（四）建立"产学合作，互惠互利"有效机制，构建校外实习基地

学生实习是实践性教学的重要环节，是在特定的工作岗位上直接参与生产实践的过程，也是培养技能型人才的重要途径。但是由于学校、企业和学生三方面的原因，

实习并没有达到应有的效果。因此，各级职业院校如何立足实际，探索有利有益的办法来保障学生的实习，是迫切需要解决的问题。为此，《水电站计算机监控技术与应用》课程改革组通过全国教育科学"十五"规划课题子课题"产学合作，互惠互利——学生实习模式和有效机制构建的研究与实践（FJB011590）"和浙江省教育科学规划2007年重点研究课题"高职教育工学结合人才培养机制和实习模式的研究与实践（SB44）"的研究，分析各院校在组织实习过程中普遍遇到的问题，提出在"产学合作，互惠互利"平台下，构建学生实习有效运作长效机制。

近几年，通过该机制的实践，改变了学生实习只是"走一走、看一看"的局面。学院与多家电厂或公司等单位签订了"产学研"合作教学基地协议书。企业提供计算机监控实习岗位，确定了联系人，为学校提供50个学生的上课、住宿、用餐、课外活动等教学生活条件，由电厂负责组织管理学生的实习；学校按核定额度支付实习基地实习费及讲课费，基地优先挑选毕业生，学校为基地提供培训、技术咨询等服务。经过多年的实践，校企双方都很满意。

（五）紧密结合工程案例，使课程教学体现职业岗位针对性

我国近现代职业教育的奠基者黄炎培认为，职业教育是"用教育的方法，使人人依其个性，获得生活的供给，发展其能力，同时尽其对群之义务的教育"，它的目的是"使无业者有业，使有业者乐业"。学者郭思乐则认为应该把高职教育的课程中心定为"人的未来职业准备"。高职教育职业性的鲜明特点在于所培养人才体现出来的职业岗位针对性，必然要求高职教学内容具有职业性，与学生未来的职业准备相匹配。目前，高职学生的毕业去向主要是生产一线的企业，所以企业的需求是课程教学内容的基本依据，脱离了生产实际的课程教学内容无疑是空中楼阁。

由于《水电站计算机监控技术与应用》课程具有很深的行业背景，紧密结合工程案例是课程教学内容改革的必经之路。该课程作为专业中的"水电站计算机监控岗位"的核心课程，使其在岗位人才培养中必然发挥主导作用。"岗位实践"是使课程教学体现职业岗位针对性的核心要求。由于"工程技术"部分是课程的核心部分之一，这要求在教学过程中必须引入工程案例，以提高学生解决工程实际问题的能力。工程案例中的问题正是学生毕业后在岗位中可能碰到的实际问题，紧密结合工程案例进行教学，就会使得学生在学习期间更有针对性地进行"岗位实践"活动。

职业岗位的针对性要求课程教学中必须采用能够体现时代特征的工程案例，过时的案例不但不能体现教学的针对性，而且会背离"零适应期"的岗位目标。因此工程案例资源的获取和管理非常重要，工程案例资源的获取有以下途径：①教学团队通过科研进行积累；②通过假期调研获取；③校外实训基地的实际问题；④通过网络获取。为了使工程案例资源得到有效管理，可以更新陈旧的资源、删除无用的资源、添加最新的资源，并可以随时调用资源。教学团队组建了"工程案例资源库系统"开发组，对该系统进行开发。工程案例资源库系统是一个基于数据库管理的软件系统，它把行业中关于计算机监控的工程案例存储于数据库中，可以在教学中随时调用。工程案例资源库系统打破了传统的实践教学资源的无序管理状态，实现了基于B/S构架的有序管理模式。该系统的开发满足了学生学习工程技术、解决工程实践问题的需要，同时为教师指导学生毕业设计提供了良好的素材。工程案例资源库系统拓宽了教学资源的渠道，通过积累效应，达到实践教学资源"取之不尽，用之不竭"的效果。

五、以岗位技术行业标准，评价课程教学效果

浙江省的水电发展走在全国的前列，水电开发率达60%。新开发的水电站都实行了计算机监控，依据国家电力公司的要求，未进行计算机监控的水电站应本着循序渐进的原则逐步实行计算机监控改造。水电站实行计算机监控后，一方面是水电站知识落后的职工人员剩余。另一方面，是真正掌握"计算机监控技术与应用"的技能型应用人才缺乏。为解决这方面的矛盾，需要从两方面同时进行：一方面，通过培训提高水电站老职工的综合素质，使之初步掌握计算机监控软件的操作能力。该学院作为水利部定点培训单位，从2005年开始举办了多期"电站值班员"和"电站安全员"培训，并把《水电站计算机监控技术与应用》作为主要培训课程，其目的正是为此。另一方面，必须通过全日制学习培养高技能型的计算机监控应用型人才，以满足水电站对计算机监控岗位高技能人才的需求。为此，该学院"发电厂及电力系统"专业设立"水电站计算机监控岗位"，并把《水电站计算机监控技术与应用》课程作为该岗位的核心课程。《水电站计算机监控技术与应用》课程作为一门与行业岗位紧密结合的专业课程，其职业性与行业性决定必须结合行业标准来评价课程的教学效果。目前，我国高职教育的课程没有统一的标准，尤其是与行业标准未能实行对接。因而经政府授权颁发的学历文凭就没有职业技能的证书特性。当前国家教育主管部门通过行政措施，打造了一批精品课程和精品教材，鼓励各类教育专家和院校开发优质课程平台和富有特色的教材体系。这一做法，对以学科型为主的本科或研究性院校是有积极意义的。然而无论从历史和未来发展的角度，还是从发达国家的实践看，对职业院校而言，在没有职业能力标准条件下开发产生的"精品课程"或"精品教材"，仍然不能较好地解决政府授权颁发的文凭和各类证书具有法定的到企业应聘所必备的技能和岗位资格证书功能这一难题。因此，为解决职教课程与行业标准不能对接的难题，必须建立结合行业标准来评价课程教学效果的机制。

由于行业地方发展的不平衡性，且该学院面向浙江省招生，培养的学生大多为浙江省地方企业服务。因此，作为水电发展的"浙江模式"在全国推崇的浙江省，更应

该结合地方性行业标准来评价课程的教学效果。结合地方性行业标准来评价课程的教学效果其优点在于：①地方性行业标准具备地方行业特性，与学生就业的区域特性一致；②地方性行业标准比国家行业标准更加具体、更加细化，更能形成评价课程效果的量化指标；③地方性行业标准的许多内容可以直接引入到课程标准，成为课程的教学要求、教学内容和考核标准的一部分。

六、建立课程信息发布平台，共享网络教学资源

课程信息发布平台是现代课程体系与外界交流和共享资源的重要窗口，各种教学资源可以通过信息发布网站对外进行发布，包括课程说明、任课教师介绍、教学大纲、教学实施方案、教学辅导资料等。《水电站计算机监控技术与应用》课程信息发布平台获国家版权局颁发的软件著作权证书。该课程信息发布平台具有用户权限管理和辅助管理等功能，用户权限管理包括用户注册认证和用户信息管理，它提供用户安全登录访问机制，把用户级别按权限由低至高分为3类：学生、教师和教务管理员。权限不同的用户享有不同的系统资源使用权限。一般学生对平台上的各种资源只有浏览的权限，任课教师除了可以享受学生的所有权限之外，还可进入平台对各种资源进行上传、修改和删除。教务管理员除了拥有任课教师和学生的所有权限外还可以进行用户信息管理，指定任课教师，添加、修改和删除学生信息等。课程信息发布平台使教学资源具有开放性，有利于教学资源的共享和交互。

第六章 高等职业院校教育科研管理与评价

第一节 高等职业院校教育科研的文化建设

文化具有广泛的涵义。自英国人类学家爱德华·泰勒首次给文化下完整定义后，文化的定义不断涌现，不同的文化观对文化有不同的理解。我们把文化解读为"某一社会成员共同的信仰、价值观念、思维习惯和行为方式的总和"。鉴于此理解，我们认为教育科研文化是指组织成员对教育科研的共同价值取向及相应的思维和行为方式的总和。教育科研全程管理的文化建设就是一个地区的教育行政部门和业务指导机构，在"科研兴教"的战略思想指导下，以科学理论为依据，通过有目的、有计划、有意识地引领、激励、指导等多种方式，营造浓厚的教育科研氛围，激发并不断强化组织成员的教育科研意识，使其牢固确立科研兴教、科研兴校、科研兴师的基本理念，并积极构建有效的运行机制，使教育科研的意识和理念逐渐内化为组织成员的自觉行为，真正成为教育科研的主体，主动、积极地参与教育科研实践，探索教育教学规律，解决教育教学中的实际问题，从而逐渐锤炼形成组织成员对于教育科研自觉追求的精神、作风和明显的行为特征。

服务是科研管理得以生存和发展的生命线。如果没有"服务"，科研管理就失去了它生存和发展的空间、意义和价值。因此，教育科研管理要坚持服务宗旨，营造科研兴教、科研兴师的氛围。具体应从如下几方面做起：

一、各级领导要高度重视

开展教育科研工作离不开教育行政部门和各级教育科研管理部门的支持。同时，教师是教育科研的重要组成部分，日常中不但要负责繁重的教学工作，还承担着各类课题研究工作。教师要开展教育科研课题，除了利用自己剩余的时间外，重要的是能够得到学校领导的重视，对教师从事教育科研工作给予关心、扶持和鼓励。同时，学校领导必须要了解教育科研对学校的重要性与构建科研氛围的迫切性，只有发挥教师的科研潜能，才能争取到更多的科研课题，在质量和数量上更进一步。因此，必须创造更多科研条件，积极组织各相关部门协调互助，为从事科研的教师、专家和教授提供服务平台，做好各项后勤保障工作，提供各种物质支持与人力资源配合，为构建良好的科研氛围打好基础。

二、加强道德建设，营造健康学风

健康学风对于科研发展至关重要，学风不正，教育科研发展就可能走上歧途。造成学术腐败的原因非常复杂，但主要是学者个人的道德品质问题，提高广大科研人员的学术道德水平是遏制学术腐败的重要手段。要大力开展学术道德教育活动，提高科研人员对学术伦理观念的认识，引入积极的学术批评，努力营造健康的学术环境。向广大科研人员宣传古今中外科学家的高尚品德和他们为科学真理而不惜牺牲的精神，宣传我国有关学术道德、学风建设与学术规范等方面的文件，使他们在学术研究中严谨务实，追求真理，去伪存真，锐意创新，自觉清除学术"垃圾"，严防学术腐败。加强科学道德建设，努力营造民主、自由、积极的学术环境，为科研发展提供一个良好的文化氛围，把广大科研人员的理想信念、目标追求凝聚到教育科研事业的健康发展目标上来。

三、教育科研管理部门要加强引导，给青年教师必要的指导

教育科研管理部门平时要注意与科研人员之间建立良好的信息沟通和情感交流的渠道，以沟通来协调关系，使得教育科研方针、科研政策内化为科研人员自身的认识，鼓舞他们的研究和创造热情。教育科研管理人员在为教师科研提供必要服务的同时，也应该加强对教师的引导。特别是青年教师，对于课题申报、评奖等都不够自信，应该鼓励他们积极参与，并给予他们必要的技术性指导。一方面，对于各级各类课题、各级各类评奖，能够从科研管理者的角度在选题、申请书填写等方面提供实质性帮助。另一方面，也可以请相关专家来做讲座，使得教师对各级各类课题（比如各基金课题、各级教育科学规划课题）有个大致的了解，对于国内乃至国际最新研究动态有所掌握，从而开阔他们的视野，对于他们的研究工作也非常有好处。

四、为教师从事科学研究提供有利的条件

科学研究离不开经费、政策、设备、信息等方面的支持，学校应该尽可能为教师开展科研创造有利的条件。

1.在经费上加大投入，保证重点学科的发展和重大项目的研究，同时加强对经费的管理，争取把钱用在刀刃上；拓宽思路，鼓励教师通过多种渠道，尽量争取外来经费的支持。

2.在政策上给予一定的倾斜，对重点课题进行经费配套，加大奖励力度，激发教师从事科学研究的积极性。

3.切实加强基地建设。"高水平的科研基地是高层次成果产生的温床，是培育杰出人才的摇篮"。由于目前教育科研经费有限，要围绕优势学科和特色学科的需要有计划、有重点地进行建设，在经费、设备、图书资料、信息等方面给予支持。通过基地建设吸引和培养一批科研骨干，通过优势学科、特色学科带动其他学科，促进教育科研水平的提升。

五、举办各类学术交流活动，开阔科研人员的学术视野

学术交流活动对于教育科研的发展是十分必要的。学校应该鼓励教师通过各种途径进行学习与交流，通过各种形式的交流活动促进教师科研能力的提升。可以支持和鼓励教师参加国际国内的学术会议；学校自身开展各类学术会议、培训班或讲座之类的交流活动，与各相关领域专家教授多沟通、多联系，并聘请知名专家做客座教授；每年有计划地派教师去国内知名大学进修深造；及时了解国内外学术动态，尤其是各类知名专家的科研成果，以此缩短与国内外同行之间的差距，紧跟学科前沿，掌握最新的研究方向与发展，对提升整体科研水平有着很好的促进作用。

六、建立健全考核激励机制，制定科学评价制度

激励是科研工作发展的动力机制。科研激励机制是调动教职工从事科学研究积极性的必要手段。强化科研管理，建立科学评价体系，要防止学术评价中的过分量化，但也不能完全否认量化的作用；要重视物质激励也要重视精神激励，做到物质精神两手抓；要有正面激励，但也不能放弃公平、善意的批评指正以及适当的惩罚制度。总之，要设法建立一整套行之有效的考核激励机制，使得激励机制作为一种政策导向，最大限度地调动广大科研人员的积极性和创造性。

七、营造信息公开、资源共享的科研氛围

现代科学研究空前复杂，科学研究对象不是简单孤立的系统，而是跨学科科研信息、数据的适时获取与处理。科学数据共享使得全球性的、跨学科的、大规模科研合作成为可能，使得跨越时间、空间、地理障碍的资源共享与协同工作成为可能。因此，要加强网络建设，加大信息公开的力度，促进资源共享。

构建良好的科研氛围需要一个漫长而复杂的过程，如各单位办事作风、教师的教风、学生的学风、图书馆文风、校园环境美化等等，必须有计划、从上到下、由内到外、

有步骤地培养和建设。只有形成了良好的科研氛围，以点带面地全面发展，教育科研的地位和影响力才会得到认可和整体提升。

第二节　高等职业院校教育科研管理的内容

在科研实践中，很多教育科研工作者只注重研究，不注重管理，特别是忽略了科研工作的过程管理，致使科研工作难以上层次、上水平、上质量。只有加强教育科研管理，才能做到管理出效益、管理上水平，才能确保科研工作顺利开展，才能不断提高科研工作的质量和实效性，才能不断地摸索和总结出科研工作的规律，才能不断地丰富科研成果并提高其质量。

一、加强教育科研管理的必要性

（一）加强教育科研管理是提高科研骨干教师素质的需要

加强教育科研管理，积极开展科研骨干教师的培训活动，可以强化科研骨干教师对教育科研工作意义的认识，更新理念，端正科研工作的态度，摆正科研工作的位置，提高科研工作的研究和管理能力，激发探索欲望，培养出专家型校长和研究型教师，提高科研骨干队伍的综合素质。

（二）加强教育科研管理是提高课题研究质量的需要

加强教育科研管理才能保证教育课题研究取得显著的效果。具体地说有以下四个有利方面：

1. 有利于把握课题研究目标。教育科研工作管理者要指导课题研究人员把握好研究目标，以研究实际问题为主，努力做到实事求是，从自身的基础和现有条件出发，投身于课题研究工作。要帮助广大教师在选择课题时注意从小到大、从易到难，逐步提高；理论联系实际，注重应用和实践，以教育教学工作带动教育课题研究，以课题研究促进教育教学工作，为提高教育教学质量服务；个体与群体研究相结合，既要充分发挥教师个人优势，又要充分发挥群众的智慧，制定教育课题研究目标不能"一刀切"，要因人、因校而异，只有这样才能提高教育课题研究的实效性。

2. 有利于形成学校教育课题研究的良好氛围。具体表现在良好的观念氛围和良好的研究氛围。因此，学校要采取有效措施，积极组织教师选择申报教育科研课题，开展丰富的教育科研活动，逐步形成教师人人参与课题研究、个个有所收获的良好局面。

3. 有利于提高教育课题研究成果的质量和水平。加强课题研究的前期管理，把好课题研究的申报关，通过论证，将那些有价值、有创新点、可行性强的课题予以立项；加强中期管理的监督检查、反馈、指导和调解，不断提高课题研究质量，确保课题研究成果的按时完成；加强后期管理的鉴定评价，减少重复和低效研究，有利于课题有价值成果的推广与应用。

4. 有利于发挥教育课题研究的社会效益。主要表现在为教育决策服务，转变广大教师的教育理念和教育行为，建构教育教学工作的理论框架、体系和模式，形成新的教育体系。

（三）加强教育科研管理是优化"人、财、物"资源的需要

加强教育科研管理，对于合理优化教育科研资源具有积极的意义，要通过对教育科研的管理，充分发挥教育课题研究活动中的人、财、物、时间、空间、信息等诸要素的效能，最大限度地实现教育科研应有的效益。

1. 合理利用教育科研人员，使他们人尽其才，各尽其力，充分调动其科研积极性，避免人才浪费。

2. 合理分配和使用教育科研经费，做到既照顾到重点课题，又兼顾一般项目，使教育科研经费专款专用，发挥效能。

3. 加强对教育科研信息、情报和资料的管理，重视信息交流，扩大信息情报的影响度。

二、教育科研管理的具体内容

（一）科研规划管理

围绕职业教育发展核心热点，制订具有前瞻性、针对性和可行性的学校科研五年工作规划与总结；抓住学校研究拐点，制订目标明确、日程具体、聚焦关键的学校年度科研工作计划与总结。

（二）科研课题管理

坚持课题带动战略，能结合学校实际，确立有研究价值的课题。课题研究过程规范、科学。科研成效显著，成果具有一定应用价值。

（三）科研机构管理

发挥职业院校一把手主抓科研领导小组的作用，统筹全院（校）科研工作，把科研兴校落到实处。设立科研处（室），专人负责科研管理工作，明确职责，加强科研室环境建设、制度建设、文化建设。

（四）科研队伍管理

建立科研骨干教师管理、学习、考核、复审、培训、课题研究登记制度；完善面

向全校教师的科研科普培训学习制度；加强课题负责人的科研课题全程指导、监管制度。

（五）科研经费管理

拓宽经费投入渠道，明确经费用途，专款专用，确保账目清晰合法，记账复核审计等财务手续健全。会费、研究经费、奖励支出等管理有序。

（六）科研档案管理

规范立项课题档案，实行一题一档，分主卷、副卷装盒。按课题研究的前期、中期和后期分期建档，形成立项卷、过程卷、成果卷、结题卷，呈现研究轨迹，进行管理。完善科研综合档案管理体系，科学整理科研组织机构档案、科研制度建设档案、科研文件材料档案、科研队伍建设档案、科研科普活动档案、教育信息情报档案、科研经费管理档案、科研表彰奖励档案。

（七）科研成果管理

搭建快捷高效的科研成果征集与推荐平台，加强文稿与证书的现代化备案管理，建立成果推广应用机制。

（八）科研信息管理

加强学校科研网站建设，实现科研档案材料电子化管理，编辑"科研信息动态"等内部交流刊物，订阅教育科研科普刊物。

第三节 高等职业院校科研管理制度体系

一、课题管理制度

课题管理是指在现代社会的科研活动中，课题管理者以管理科学理论为指导，遵循科学和经济的规律，运用计划、组织、协调、控制等管理职能来管理课题研究工作，有效地发挥人、财、物、信息等要素的作用，以期最合理、最经济、最有效地达到预期的课题研究任务的活动。

课题管理制度是指导课题（或项目）有效组织和实施，促进教育资源配置，保证研究质量的重要制度保障。职业院校教育科研管理部门要结合课题管理中存在的问题，有针对性地制定科研课题管理制度，明确学校科研管理部门、课题负责人之间的责权利关系，突出课题立项、过程、结题、成果等环节的管理。

（一）课题立项论证制度

申报课题要经所在部门负责人和主管院长同意，由院学术委员会论证通过后，经院务会议批准立项，加盖科研管理处公章后，方可上报。

（二）课题备案制度

被批准立项的课题在接到立项通知后，要将课题下达书复印件和立项申请书复印件交到科研管理处备案，并要建立相应的课题管理档案。

（三）课题研究过程管理制度

1．定期研讨、总结、交流制度

每项课题要建立健全课题研讨制度，定期研讨和总结，以确保课题研究的不断深入。至少每年要组织两次全体研究人员参加的课题研讨活动，每半年小结一次，如需要，可以每周或每月进行一次学习研讨和课题小结。

2．以老带新制度

根据个人研究方向或工作目标，在尊重个人意愿的基础上，在课题研究或日常工作中，运用以老带新结对子的方法，促使年轻人更好更快地发展。在一些跨部门的课题研究中，实行课题组组长负责制，由课题组长运用以老带新结对子的方法，让年轻人在具体的课题研究活动中，在老同志的带领和帮助下承担具体研究任务。年轻同志在课题研究中应主动向老同志请教，真诚地拜师学艺。

3．定期汇报与指导制度

（1）科研管理部门每年要组织一次课题进展情况的汇报，课题组组长要定期向科研管理处汇报研究情况，并写出阶段性总结。汇报时需要提供相关佐证材料。

（2）科研管理部门要定期对课题组的研究情况进行检查，对研究内容、管理方式提出指导性意见，使课题组成员的研究水平及能力得到不断提高。

4．开题论证制度

为了更好地保证课题按期获得阶段性成果和按时完成研究任务，课题组在接到立项部门通知后，必须请有关专家对课题进行开题论证，方可开始课题的实际研究。

5．结题评审制度

对已完成研究任务的课题，课题组要向科研管理部门提出书面结题申请，并附以下材料：

（1）课题研究方案。

（2）课题研究主题报告。

（3）反映课题研究过程的主要资料。

（4）课题研究成果。

由科研管理部门初审合格后，方可报送立项部门结题。结题后的课题档案材料要交科研管理处存档。

二、课题档案管理制度

教育科研档案是教育科研工作的重要组成部分，教育科研档案管理是否到位、规范、科学是教育科研管理是否成功的显著的标志之一。为了增强教育科研课题的规范性、科学性，制定教育科研课题档案管理制度成为必然。

（一）课题档案的内容

课题档案是课题组在研究过程中形成的全部资料，包括申报表，日常研究中形成的文字资料、音像资料，有关的论文，结题材料，课题重要事项变动报告等。根据课题研究的不同阶段可分为立项卷、过程卷、结题卷、成果卷。

（1）立项卷：课题立项卷主要包括课题申报表、课题立项申报材料（包括研究计划、论证材料）、立项批准书、课题实施方案、开题报告等。

（2）过程卷：主要有课题实施过程中的原始材料，包括阶段性研究计划、问卷、实验记录、组织培训、召开会议记录等一切有关科研活动的文字和影音记录，阶段检查记录、阶段总结等。

（3）结题卷：主要包括课题研究总结、课题结题验收表、研究报告、成果推广应用材料等。

（4）成果卷：主要包括论文、著作、获奖证书等。

（二）档案的建立

1. 档案建立的主体为学校教育科研管理部门。

2. 课题档案要实行一题一档制。主要是课题研究过程中形成的文件材料，如课题申请书、课题研究计划、课题申报立项书、开题报告、中期成果鉴定、申请结题报告、结题验收鉴定书，以及课题研究过程中的全部纪实材料、佐证材料。

3. 课题档案材料要注意原始性、真实性。如观察记录、调查问卷、访谈记录、教案、课堂教学实录等资料都必须是在研究过程中搜集获得的第一手资料。

4. 档案材料的收集，可以采取学年、学期末定时收集和在工作过程中随时收集的方法。对收集上来的资料首先进行认真汇总整理。

5. 每卷档案都要有卷首页，包括"档案编号、资料名称、存档时间"等内容，以便查找。最后在档案管理册上或电脑上登记备案卷的"编号、资料名称"及其他有关信息。

(三)档案的管理与使用

1. 要充分认识教育科研规划档案在教育科研中的资料、凭证和情报的价值。建立完善档案管理制度，配备档案资料柜，安排专人负责管理，并对科研档案的归档时间范围、建档要求等做出具体规定，做到档案管理的制度化、科学化、系统化，不断提高管理和服务水平。

2. 积极运用现代化手段管理档案。将教育科研规划档案的重要内容输入计算机，实现网络化管理，最大限度地发挥档案资料的应用价值。

3. 明确档案保管期限。教育科研规划立项课题保管期限要有明确的时间。

4. 档案的借阅使用。因工作需要借阅教育科研档案，应严格履行借阅登记手续，用后按时归还。查阅时不得污损、卷折，不得在卷内划线、打圈、批注和涂改。严格遵守档案保密制度，若需要复印，在请示主管领导并获批准后方可复印。归还档案材料时，档案管理人员应对档案做详细检查，发现问题要当面指出，并问明情况及时处理。

5. 档案要按顺序分类存放，存放处要有防火、防盗、防潮、防尘、防光、防霉、防鼠等设施。档案室（柜）必须保持清洁，定期对档案进行清点，对破损的档案要及时修正和复制。

三、教育科研经费管理制度

教育科研经费是教育科学研究能否顺利完成的重要保障。目前，教育科研经费主要来源于上级教育行政部门和单位自筹资金。主要用于对重大、重点课题研究的资助，对教育科研事业发展的仪器设备的投入，教育科研先进工作者的表彰，优秀教育科研成果的奖励等。制定教育科研经费使用制度，不仅能够保证科研经费专款专用，而且能够提高经费使用效益，做到合理分配，实行有效的监督检查，避免经费浪费，力求用最小的资源消耗来较好地完成科研任务，并取得最佳的科研成果。从目前情况来看，全国各地教育科研经费投入还很不充足，因此，要不断地加大教育科研经费的投入，要努力做到经常化、制度化，要千方百计筹措资金，开拓教育科研经费投入的渠道，切实加大对教育科研经费的投入。

教育科研经费管理制度主要是为了规范科研经费管理，提高科研经费使用效益，充分调动职工积极性、主动性和创造性而制定的。主要包括科研经费管理的范畴、科研经费管理的原则、科研经费的使用范围等。下面是某所高职院校教育科研经费管理办法。

（一）科研经费管理的范畴

科研经费是指上级部门每年拨入学院的科研经费和专项课题经费以及在职人员利用该院条件获得的各类科研项目经费和学校、企事业单位及个人资助的科研经费。

（二）科研经费管理的原则

1. 任何渠道来源的科研课题经费均为学院收入，由财务处统一管理，单独设账，独立核算，专款专用。

2. 严格按照项目研究的目标和任务，科学合理地编制预算，编报决算。

3. 科研经费须纳入经常性财务审计内容，严格执行国家法律、法规和政策规定，防止违纪、违规和违法行为发生。

（三）部门管理职责

1. 财务部门负责科研经费的财务管理和会计核算，为项目负责人编制项目经费预算提供相关指导，负责编制项目决算，监督、指导项目负责人按照项目立项通知书（任务书）或合同约定以及有关财经法规在其权限范围内合理使用科研经费。

2. 科研管理部门负责提供经审批的科研项目资助名单，配合财务部门做好科研经费管理的有关工作。

3. 科研项目主持人是科研经费使用的经济责任人，负责编制科研项目经费预算，按规定使用经费，接受有关部门的检查与监督，并对科研经费使用的真实性、有效性承担相应责任。

（四）科研经费的使用范围

1. 资料费：指在项目研究过程中发生的资料收集、录入、复印、翻拍、翻译等费用，以及必要的图书和专用软件购置费等。

2. 数据采集费：指在项目研究过程中发生的问卷调查、数据跟踪采集、案例分析等所产生的费用。

3. 差旅费：指在项目研究过程中开展国内调研活动所发生的交通费、食宿费及其他费用，开支标准应当按照国家有关规定执行。

4. 会议费：指在项目研究过程中为组织开展学术研讨、咨询以及协调项目或课题等活动而召开小型会议所产生的费用。会议费的开支应当按照国家有关规定，严格控制会议规模、数量、开支标准和会期。

5. 设备购置费：指研究、开发项目和科研平台建设所必需的专用仪器、设备购置和改装、维修等费用。

6. 专家咨询费：指在项目研究过程中发生的支付给临时聘请的咨询专家的费用。咨询费不得支付给课题组成员及项目管理的相关人员。

7. 劳务费：指在项目研究过程中发生的支付给直接参与项目研究的在校研究生和其他课题组临时聘用人员等的劳务性费用。

8. 印刷费：指在项目研究过程中发生的项目研究成果的打印费、印刷费和誊写费等。

9. 出版、鉴定、验收费：指科研成果在出版、发表、鉴定、验收、报奖及转化时所需的费用。

10. 通讯和其他费用：指与研究、开发和推广直接有关的用于信息沟通的通信费用以及其他相关支出的费用。

（五）科研经费管理措施

1. 各项目主持人要及时向财务部门报送项目预算。财务部门与科研管理部门审核项目预算。在项目的立项和验收过程中，科研管理部门和财务部门应及时了解项目的立项和鉴定、验收等情况，认真把好项目经费预算关。

2. 一切经费支出必须使用合法票据，由项目主持人签字，财务审核，报主管领导审批，经主管财务领导同意后方可办理报销手续。

3. 项目主持人不得借协作科研之名，将科研经费挪作他用或转入与项目主持人有直接经济利益关系的关联单位。项目主持人在调离学院后，凡在学院任职期间申请的科研经费原则上不允许带走，留学院更换项目主持人继续完成（更换项目主持人需报科研管理部门审核，经主管领导批准）。如确因研究需要转出的，要有转入单位的正式发票，由科研管理部门和财务部门共同审核，并经主管领导审批后，由财务部门办理相关手续。

4. 科研经费开支范围必须与其预算口径一致。项目主持人和依托单位必须严格执行核定的项目预算书，不得超范围开支。如需进行重大调整时应向科研规划处提出申请，经主管院长同意后方可调整。

5. 财务部门负责科研项目完成验收、鉴定、结题后的财务清算工作，并根据经费预算和经费支出情况编报经费决算，经费决算经项目负责人签字同意，主管领导审核，报主管财务领导审批，送科研管理部门存档。

6. 科研项目因故无法开展的，经科研管理部门呈报立项部门审核，报主管领导审批后，按自行撤销处理，科研经费按项目管理办法规定处理。

7. 加强科研项目结余经费的管理，明确课题结账时间和结余经费用途。科研项目结余经费可结转下一年度继续使用或用于项目组下一项目前期预研开支。

8. 科研经费不得用于支付各种罚款、捐款、赞助、投资等项目支出。不得列入国家和项目经费下达部门、单位禁止列入的其他支出。

9. 凡使用科研经费购置的固定资产属于学院资产，必须纳入学院资产统一管理，列入项目组所在部门的固定资产账户进行核算与管理。科研项目完成后其成果形成的无形资产和知识产权，按照国家有关规定管理。

(六)监督与检查

1. 科研管理部门和财务部门要对科研经费的使用和管理情况进行定期的监督检查和跟踪,每年进行一次专项审计。

2. 建立健全科研经费使用管理制度,对所承担项目的一切经费开支行使监督权,做到审批手续完备,账目清楚,内容真实,核算准确,监督得力,并自觉接受上级有关部门的监督检查。

3. 对于弄虚作假获取、截留、挪用、挤占、贪污科研经费等违反财经纪律的行为,要按照有关规定对相关责任人进行批评教育,同时根据情节给予经济和行政处罚,触及法律的交由司法机关追究其法律责任。

第四节 高等职业院校教育科研评价

教育科研评价是科研管理中一项重要的基础性工作。教育科研评价是影响科研创新能力的一个重要因素。教育科研评价是目前我国各级教育科研管理部门为实施有效管理、监督而采取的重要手段之一。近年来,教育科研管理部门对教育科研评价进行了积极的探索,做了大量的工作,推动了科学研究的迅速发展。但也存在不少问题,如重形式、轻效果,重数量、轻质量,重包装、轻创新,制订考核评价指标不遵循科研规律等,以至于在一定程度上助长了急功近利等不良风气和短期行为;公开透明的评价机制和专家信誉制度未能很好建立,重人情拉关系、本位主义等现象在某些评审评价活动中还时有发生,某些评审、评价活动暗箱操作的现象还比较严重,影响了评价活动的公正性和客观性。因此,规范教育科研评价工作,建立健全教育科研评价机制,促进教育资源优化配置,正确引导教育科研工作健康有序地发展成为必然。对教育科研评价既要重视和认真探索,又要避免赶潮流和新闻炒作,以科学的态度,理性地对待教育科研评价问题;既要坚持正确的评价导向,又要遵循科学规律,制定科学的评价指标体系,建立公开透明的运行机制。

一、科研工作评价

教育科研工作是教育工作的重要组成部分,是提高教育教学水平、促进教育改革和发展的重要体现。在全面推进素质教育过程中,教育教学必须以科研工作为先导。为了使教育科研工作更加科学化、规范化,加强教育科研工作评价成为重中之重。

1. 科研方向:能把握时代的脉搏,与时俱进,在一个较高的立足点和较宽阔的视野上审视教育发展的方向;认真贯彻落实有关教育科研的政策法规;能够紧跟教育教学改革的最新教育理念；能够紧密联系实际，做扎实有效的教育科研。牢固树立科研兴教、科研兴校、科研兴师的理念，营造民主、宽容、自由、合作的文化氛围，尊重和保护教师从事教育科研的积极性、创造性，增强教师的科研自信心，促进校本科研风气的形成。

2. 组织机构建设：有专门的领导负责；有科研组织机构，分工具体，职责明确。

3. 管理制度建设：积极探索本单位教育科研的有效运行机制，坚持科研的科学性和严肃性，促进学术规范。有详细规范的教育科研管理制度，而且实用性强、操作性强；能够有效地执行科研制度。

4. 科研档案建设：课题档案材料完整规范，能够反映研究过程的真实情况，成为课题实施和深化的载体。课题档案不仅要包括课题研究方案、活动记录、研究报告，还应该包括关于课题的读书笔记、调查问卷分析、教学后记、教育案例和相关的研究成果。

5. 科研经费情况：要保证开展科研工作所需要的经费。

6. 教职工参与学习、培训情况：要开拓教师参与学习、培训、学术交流的校内外畅通的渠道，使教师能从多种渠道获得教育资源和信息，促进教师专业化的提高。要建立科研平等对话、合作切磋、资源共享的平台，促使教师经常进行研讨，交流信息，分享经验，共同提高。独立开展教育科研学术活动、研讨会、现场会、年会等。积极参加上级组织的各种科研培训工作。

7. 课题研究及科研成果情况：领导承担课题；骨干教师参加课题研究；课题研究工作深入、扎实，结合本地、本校实际，取得较好效果。课题结题及经验推广效果好。教师的著作、论文等成果较多，具有较好的推广价值，有较好的社会效益。

二、课题立项评价

课题立项评价是科学研究活动的先评价，即是在科研活动未开展之前，对课题做出价值判断的过程，从而确定是否立项；课题立项评价是一种综合评价，它不仅要对课题的学术价值和理论价值做出价值判断，而且要对课题的经济效益、社会效益、完成课题的保障条件，课题的实效性等方面做出全面评价。为了使立项评价科学有效，管理者应召集若干名专家对课题的各个方面进行评价，从而进行表决。随着时代的发展，各级教育科研管理部门对课题立项评价工作越来越重视，大都采取了定量与定性评价相结合的方法。对可量化部分，运用客观评价系统进行评价；对难以量化的部分，采用专家评议的方法，但要提供一定的标准，以减少非公正因素的干涉。

（一）课题立项评价的原则

一般说来课题立项评价应遵循以下基本原则：

1.需要原则

教育科学研究的根本目的是满足教育教学改革的需要，是提高广大教师教育教学水平的需要，是丰富教育教学理论的需要。因此，在进行课题立项时应优先选择那些热点、难点和急需解决的关键性问题作为科研课题。这样，研究工作才更易于得到必要的支持，其成果也易于为社会所应用、吸收，成为真正的社会力量。

2.价值原则

教育科研立项的价值原则是指研究课题能为教育改革和发展服务，能够提高教育教学效率，即有较好的应用价值。同时，又能够繁荣教育科学，即具有理论价值。

（1）应用价值

教育实践中提出的问题永远都是我们教育科学研究选题最重要的源泉。如果选题不具有实际的应用价值，不能在教育实践中发挥作用，这样的课题不会被社会承认，也不可能最终成功。因此，在立项课题时应优先选择当前教育改革实践工作中最迫切、最亟待解决、最关键性的问题进行研究。

（2）理论价值

教育科学研究工作要走在教育实践发展的前面。只有这样，才能科学地预见未来，为将来做好准备。因此，在对课题立项时，除了选择对当前教育实际工作中迫切需要优先选择的课题进行研究外，还要对那些具有超前性的、预见性的理论性课题进行研究。

3.可行原则

可行原则是指选择和确定课题时应考虑完成该课题是否具有实际可能性。完成一个科研课题需有以下三个基本条件：一是研究该课题所依据的理论（包括必要的文献资料）；二是研究该课题所需要的物质条件，包括资金、设备、仪器、场地和人员构成等；三是该课题研究者应具备的知识结构和技能等。选题时应根据上述条件对课题可行性做周密、具体的分析。如果脱离实际，贸然选择过大或过难的题目，会使研究长期无成果，甚至被迫终止。

（二）课题立项评价的主要内容

1.选题

（1）选题具有前瞻性，体现了时代发展和教育改革的需要，符合教育教学改革的最新要求。课题的设计以及研究内容、思路与方法等具有一定的开拓性，是课题能否立项的关键性内容。如果一个课题的选题科学意义不大，则不论其他内容设计得如何，都应将这个课题筛掉，不予以立项。

（2）具有理论价值或实践价值，尤其要具有实效性。课题研究要围绕教育教学改革和发展的重点、难点和热点问题，有较强的针对性和必要性，课题研究过程和研究成果将对提高本地、本校或本专业教育教学质量具有较高的实践价值，或者能丰富和发展有关理论。

（3）具有创新性。一是选题具有时代感，与时俱进；二是内容新，或者是新问题，或者是老问题新发现、新视角、新方法，或者能填补原教育科学的空白，或者能丰富与发展原有的研究成果。三是角度新，教育科学研究的选题不应盲目地"赶时髦""挤热门"，而应经过周密的调查研究、认真思考，从新的角度挖掘，赋予新意。

2. 论证与设计

研究目标是否指向问题的解决方法，研究内容与研究目标是否匹配并具体化，研究重点是否突出，研究思路是否清晰，研究方法是否恰当，研究措施是否具体，研究步骤是否清楚，整个设计是否缜密、有新意、切实可行。

3. 完成课题的可行性

主要有学术团队的研究能力和学术水平。比如主持人具有完成该课题的研究经历、研究能力、研究时间与精力；课题组人员构成合理，研究能力较强；研究者对于研究领域的国内外现状的研究基础深厚；课题设计和论证以及计划的形成体现出较高的学术规范等。研究计划具有科学性和可操作性；课题承担单位具备完成课题研究的经费、设备、图书资料等必要条件。

4. 预期成果

预期成果包括研究报告、论文、专著、影像制品、网站网页、相关软件等形式，仅有下列情况之一者，评审时将不予通过：编著或译著；教辅用书；一般性的工作总结；课题立项前已经获得的成果；他人已经获得的成果或与他人成果在性质和特征上类似的成果。

（三）课题立项评审工作的基本原则

1. 公开、公正、公平

在评审中要坚持公开、公正、公平的原则，强化质量标准，鼓励原创研究、形成正确的激励导向，增强评审工作的规范性、科学性和公开性，匿名评审与非匿名评审相结合，确保评审活动和评审结果的客观公正，同时兼顾地区与学校间科研发展的相对平衡。

2. 权威

组织与建立由教育理论专家与教育实践专家相结合、省内专家与省外专家相结合的评审组，坚持教育科研的研究质量与学术品味，确保评审过程与评审结果具有较高的权威性。

3. 高效

精心组织、合理安排、科学实施、严格管理，努力提高评审工作的效率，为各项课题的实施奠定良好的基础。

4.全面

重点与一般相结合，普及与提高相结合，专业研究队伍与群众性教育科研相结合，全面覆盖基础教育（幼儿教育）、职业教育、成人教育、高等教育领域，以体现教育科学规划的整体性、综合性。既要满足教育科研较好地区拔高的需要，又要满足教育科研欠发达地区今后发展的需要。

5.服务

要充分体现科学研究"百花齐放、百家争鸣"的方针，坚持"服务本位"的思想，将课题评审作为科研管理工作的一个重要环节，为教育行政决策和改革实践服务，为繁荣教育科学服务。

三、研究过程评价

一般来讲，没有好的过程，很少有好的结果，要把教育科研人员从事研究的综合信息和整体内容纳入评估体系，用科研成果的质量、所产生的实际效应等综合指标来评价课题的科学研究过程，避免以偏概全及不公正的评价。对课题研究过程的评价主要有以下几方面：

（一）课题准备阶段的评价

1.对前期资料的收集与思考的评价

（1）收集的课题研究资料是否反映了国内外的研究现状。

（2）理论依据是否充分，是否保证研究的科学性（理论支撑具体、有力、对课题研究有启发指导意义）。

（3）课题实践依据是否充分（研究的问题有现实意义）。

2.对研究设计的评价

（1）目标是否明确（细化，有利于转化操作行为）。

（2）对要研究解决的问题是否有合理的设想与猜测。

（3）针对问题解决是否设计了可操作的具体措施。

（4）对研究过程中拟采用的科研方法是否有科学、合理的选择。

（5）研究队伍结构是否合理，是否有明确的任务分工。

（6）研究经费是否充足。

（7）对研究的结果与成果是否有明确的预期。

（二）对课题实施阶段的评价

1.每季度是否有体现研究进度的计划与小结。

2.是否注重研究过程中资料的收集与积累（如：观察记录、调查研究、数据统计与分析、典型课例、研究随笔、对研究中的研究反思等）并以此为基础提炼研究结论。

3.是否有阶段性研究成果。

4.是否积极参与省、市、区（县）组织的培训活动。

5.是否积极、主动参与成果交流与分享活动（如：市区竞赛、研讨活动；在市以上刊物发表研究文章；发表论文、体会等）。

6.研究结果与成果是否得到本校领导与学科同行的认同（教学效果好、成果有推广价值）。

7.是否有课题研究档案，档案是否规范等。

（三）对课题结题材料的评价

1.对结题报告的评价

（1）结题报告的体例是否符合课题自身的研究内容与研究方法。

（2）结题报告是否符合原方案（方案可适度调整）。

（3）结题报告内容是否真实、可靠。

（4）结题报告的结论是否明确。

2.对课题研究其他材料的要求

（1）能充分体现出研究活动的过程性。

（2）能充分体现研究成果的丰富性。

四、课题结题评价

课题结题是研究过程中的一个重要环节，是对整个课题研究工作所进行的总结。课题结题评价对教育科研课题的深化和发展起着导向和推动作用。随着教育科研事业的发展，做好教育科研课题的结题显得非常重要。课题结题评价属于验收性评价，由课题管理单位委托专家组进行评估验收。

（一）课题结题评价的作用

1.进一步完善课题研究成果

对课题进行检测、评审，不仅要对研究成果进行价值判断，指出课题研究成果存在着哪些不足，在哪些方面需要改进，进一步提炼成果，取得高质量的研究成果，促进教育科研的健康发展，提高教育科研的质量，而且要使教育科研得到社会认可，并产生积极的社会效应，促进教育事业的可持续发展。

2.进一步提高研究者的水平

通过对教育科研课题的结题评价，研究者可得到信息反馈，从而研究者可以对课题的研究过程进行反思，如有问题可在以后的课题研究中加以改正，以保证课题研究目标的实现。

（二）课题结题验收形式

通常，课题在结题时可分为通信结题和召开评审会两种方式。组织结题者的身份不尽相同，有的由立项单位聘请有关专家，召开评审会，撰写验收意见；也有的由立项单位委托课题承担单位组织一些专家进行验收；还有的由项目负责人自己请人进行验收。

（三）课题结题验收的程序

1. 准备好课题结题材料：（1）课题立项申请书、任务下达书复印件。（2）《课题结题验收表》《评价表》一式三份。（3）课题结题研究报告一份。每项课题必须提交一份研究报告，字数在1万字左右。研究报告的形式上必须包括：课题提出的背景、目的和意义；课题研究的主要内容；研究方法的主要特色与创新；课题进程或阶段说明；研究的主要结论与观点、研究的突破性进展；成果的社会影响；研究中存在的问题及今后的研究设想等。研究报告的实质内容必须结合课题研究的实际工作，从科学性、创新性、规范性及应用价值等方面加以评价，注意研究报告的学术性。（4）课题研究的主要成果原件（论文、著作等）一套。著作类科研成果：要突出实践、实验分析，突出应用推广价值和社会效益；论文类科研成果：要有围绕课题研究的若干篇论文；教材类科研成果：要突出教学改革的内容，体现创新部分，突出学生学法教育和能力培养；多媒体课件及软件开发类研究成果：要有先进性、科学性和创新性，突出实际应用效果和效益。（5）相关附件或佐证材料复印件（包括被哪里采用、转载及获奖证书等）。（6）课题研究的主要的过程性材料，包括课题的开题报告、实施方案、各阶段的研究工作计划和研究工作总结、阶段性总结、观察记录、调查问卷、实验记录、行动研究方案、行动研究反思总结、研究工作记录、获奖证书等。

2. 基本程序：主持人申请 → 课题承担单位初审 → 市地教育科研管理部门或高校教育科研管理部门初评 → 向课题立项部门送交材料 → 课题立项部门召开结题评审会 → 主审专家审阅材料、打分、撰写评审意见 → 评审小组交换意见 → 形成最后验收意见并署名 → 课题立项部门签署意见并盖章 → 颁发结题证书。

（四）课题结题验收评价的内容

课题结题评价是对课题开题、研究方法、研究过程、研究成果等方面的综合评价。主要有以下几方面：

一是研究成果反映的学术思想是否正确，研究思路、研究的问题与边界是否清晰。

二是课题实施是否达到了申请书中有关成果的设计要求。

三是研究成果提出的理论、观点、方法和建议、对策等有何学术价值和实践意义，是否具有科学性和创造性。

四是研究成果所依据和使用的资料与数据是否准确、完整。

五是研究成果所运用的方法以及手段是否具有可靠性和先进性。

六是研究成果达到何种水平。

七是研究尚存在哪些问题和不足，该领域尚有什么问题值得深入研究，今后需要朝什么方向努力。

八是对课题是否能通过结题验收做出明确结论。

五、科研成果评价

（一）明确教育科研成果的内涵

教育科研成果是指对某一教育问题，有计划地通过资料积累、实证研究和逻辑思维活动等所取得的具有一定社会价值和学术价值的创造性成果。这种研究成果是以知识产品的形式表现出来的。根据这一定义，教育科研成果就应该符合下列基本要求：

1. 研究成果必须是通过有目的、有计划的研究而获得的。
2. 对教育改革与发展具有一定的社会价值。
3. 对我国教育科学的发展有一定学术价值。

教育科研成果可以划分为基础理论成果、应用研究成果和开发研究成果三种类型，其形式有研究报告、实验报告、科研论文、教育专著、咨询报告等。

（二）教育科研成果评价的作用

教育科研成果评价是依据一定的价值标准，通过规定的程序对教育科研成果进行价值判断和评估的过程。教育科研成果评价是教育科研管理中的一个关键环节，科学、公正地评价教育科研成果，对教育科研工作的开展有着十分重要的意义。

1. 有利于提高广大教师的科研素质。全面实施素质教育，关键在教师。教育科研成果评价正是通过对教育科研成果评判和估价，来促进教师由经验型向研究型、学者型、专家型转化。

2. 有利于提高教育科研管理的有效性。教育科研成果评价本身就是教育科研管理过程中的一个重要环节。评价通过指标体系的构建和成果价值的判断，可以为各级各类学校的教育科研管理的优化提供明确的方向，可以促进学校和教师根据评价的指标体系来调整教育科研计划，改进教育科研工作，提高教育科研的质量和水平。

3. 通过教育科研成果评价，不仅可以沟通教育科研信息，促进成果的交流，避免重复性劳动，而且能够使我们正确认识研究成果的价值，促进教育科研知识的普及、教育科研成果的应用和推广。

(三)教育科研成果评价的主要内容

教育科研成果的评价标准是一个相对稳定的动态的指标体系。教育作为一项事业，随着社会经济、政治、文化的发展而不断发展，教育科学研究也在不断深入和拓展。教育科研成果的评价标准为此也应不断修正、充实和完善。

1. 基本条件

（1）政治标准：坚持以马列主义、毛泽东思想、邓小平理论、"三个代表"重要思想、科学发展观、习近平新时代中国特色社会主义思想为指导，坚持党的基本路线，正确运用马克思主义的立场、观点和方法进行科学研究。

（2）学术标准：学风端正，观点鲜明，资料翔实，数据准确，论据充分，逻辑严密，方法科学，具有创新性和前沿性，符合学术道德和学术规范要求。

（3）社会标准：基础研究成果学术上有所创新，理论上有所建树，提出新思想、新观点、新概念或新方法，在探索重要理论问题、填补学科空白、为教育决策提供重要的理论依据等方面做出贡献，推动了教育理论的发展和学科建设，受到学术界广泛的重视和好评。应用研究成果对教育改革和发展中的重大现实问题、对教育行政部门的重大决策提出具有重要价值的意见和改革方案，被吸收采纳，收到良好的社会效益；教改实验成果已在较大范围推广，对于推动教育改革实践、大面积提高教育教学质量取得明显实效。

2. 在对教育科研成果评价过程中，应根据其社会效益和实用价值给出等级评价

一等——对领导部门进行决策提供了重要依据，在教育理论上有重大突破，在实践上有重要的参考价值；在国家级出版社、刊物出版专著或发表论文；在省内外教育界具有重大影响。

二等——对教育领导部门进行决策提供了重要依据，在教育理论上有所突破，在实践上具有重要的参考价值；在省级出版社、刊物出版专著或发表论文；在省内教育界有较大影响。

三等——理论上有一定创造性的见解；在实践上有很好的参考价值；在省级出版社、刊物上出版专著或发表论文，在省内教育界有较大影响。

四等——在理论上确有一定深度；对解决教育教学实际问题确有一定参考价值；在省内教育界有一定影响。

六、科研骨干评价

(一)教育科研骨干评价的作用

教育科研骨干是指在教育科研中起重要作用的人。通过评价，建设一支高素质的

教育科研教师队伍，充分发挥骨干的带头和引领示范作用，进一步提升教育科研为教育决策和教育实践服务的功能。

（二）教育科研骨干评价的内容

1. 职业素养方面

（1）坚持党的基本路线，热爱祖国，忠诚于人民的教育事业。在各项工作中起骨干带头作用，在教师和学生中有较高的威望。

（2）热爱教育科研事业，具有较强的创新开拓精神和科研意识；具备较强的教育科研能力；积极组织和参加各级科研活动。

（3）能坚持不懈地结合教育教学实践进行科学研究和教改实验，并取得独创性的、有推广价值的成果，不断提高教育教学水平。

（4）从实际出发，积极探索教学改革新路，具有承担教育科研项目的能力，或进行某一方向专题研究的能力。

2. 业务能力方面

（1）近三年，至少有两项课题研究成果获较高级别的奖项（省级教育科研骨干要获省级及以上教育科研成果一、二等奖；市级教育科研骨干要获市级及以上教育科研成果一、二等奖）。

（2）取得的课题研究成果在省级以上刊物公开发表或在教育教学改革中取得明显成效。

（3）所主持的课题研究工作进展顺利、成效显著。在课题研究中和本地域、本校教育研究中确实起到了骨干作用。

第五节　高等职业院校科研方面存在的问题

一、科研机构方面存在的问题

（一）机构设置不统一，机构之间的关系未理顺

各高校科研管理部门有的下设在教务处，有的是独立部门。名称也不统一，有科研处、高等教育研究室（所）、教学研究与评估中心、发展研究中心等。以高校为例，有的高校科研管理部门是独立设置，成为与教务处平行的一个机构，在校长的领导下，负责学校科研工作，构成"校长—教育科研管理部门"的科研管理体系。这种单独设置的优点是符合分工原理，有利于规范管理。一种为非独立型，即教育科研管理部门

从属于教务处，构成"校长—教务处—教育科研科"的科研管理体系。这种形式，有利于教育科研与教学工作紧密结合，但不利于专业管理，教育科研工作往往受到教学工作的冲击，加上个人精力有限，科研管理工作难免会遭到"冷落"。因此，要加强教育科研机构设置，理顺机构之间的关系。

（二）教育科研机构的职能发挥的不全面

教育科研机构担负着教育科研工作的组织与协调、指导与管理、宣传与推广等方面的工作任务，是教育科研工作的组织者与推动者。目前，某些地区的专业教育科研机构由于人员、经费等原因存在着业务领导与指导体制不明、职能定位不清（科研管理成分居多、研究成分少）、学术影响力和综合实力不强、自我宣传与推介能力不高、对科研成果的总结推广和信息宣传不够、对群众性科研培训的组织力度不够等问题，这些问题制约了其自身建设，也导致其在教育科研工作中的组织、指导和培训的职能无法全面发挥。

二、科研队伍方面存在的问题

1. 专职科研人员总量不足，结构不合理

在调查中发现，在科研队伍建设方面也存在不少问题，最突出的就是专职科研人员总量不足，结构不合理。很多省属高职院校没有独立的教育科研处（科、室），很多院校的科研部门人员数量平均不超过5人，这对于一个院校开展科研工作来说，人力极其不足，尤其是与教务、教研部门人员数量相比就更显得稀少了。科研队伍结构不合理反映在三个方面：一是知识结构不合理，以学科知识为主，缺少教育学理论、心理学理论等知识。二是年龄结构不合理，青年教师居多，50岁以上的人数较少，比例不协调。三是人员学历结构不合理，高学历人员偏少。另外，在管理队伍中一些人知识相对贫乏，科研工作日常管理人员多，主动参与决策的少，从而影响了教育科研整体水平的提高。由于在新形势下，科研管理更需要全面研究和处理人、事、物及其相互关系，同时管理过程也很复杂，涉及学科门类多，还需有科学的方法和程序，对科研管理人员素质的要求越来越高。因此，如何加强教育科研队伍建设，培养一批既懂管理，又钻研业务的科研骨干成为当前亟待解决的问题。

2. 教师从事科研的目的显示出功利性与被动性

教师之所以要开展科研，有多方面的因素。促使教师去开展科研，除了内部主观原因以外，还有外部的诱惑或驱使。教师的科研行为与动机存在着一定的关系。动机是行为的原形，行为又是动机的外显表现（社会心理学）。动机纯了，才能赋予其以高尚的行为；动机不纯，其行为必然无益而多害。

大部分教师的科研目的的初衷是好的，他们大都认为科研有助于提高教学质量，改进实践教学，能够加速自身的专业成长。然而，不可忽视的是有一部分教师表现出一定的功利性，他们认为从事教育科研的主要目的是评职、晋级。与此同时，有的人表现出一定的被动性，只为服从领导的安排；此外，还有的教师没有特定的目的，与大家保持一致或不参加教育科研。这在一定程度上反映了部分教师对教育科研工作认识不够和态度不够端正。他们对教育科研其实不是发自内心的认同，没有真正认清教育科研的意义和作用。如果他们真正从科研中获益，尝到科研给自己带来的除了外部利益（诸如评定职称）以外，更多的是自己内心的满足与教育教学上的改进，找到一条属于自己的成功之路，这对于加速教师队伍的成长也会产生很大的积极影响。

（3）缺乏高水平的研究团队和领军人才

目前，我省高职院校缺乏高水平的研究团队和领军人才，不能很好地解决教育教学改革中的热点和难点问题。教育科学研究的创新能力不强，高水平的研究成果较少，服务决策的能力还较弱，还不能很好地承担起重大决策课题的研究任务。

三、教育科研管理制度不够健全

在调查中发现，很多高职院校的制度建设还需进一步完善，尤其制度的执行力度需要进一步加强。教育科研常规管理包括科研课题管理、教育科研机构管理、组织队伍管理、教育科研经费管理、教育科研骨干管理、教育科研档案管理、教育科研成果管理等。调查发现，很多部门教育科研管理制度还不够健全，有的即使有制度，执行情况也不是很理想，常规管理还有些欠缺，教育科研管理的随意性还很大。

四、教育科研效果方面存在的问题

（1）教育科研质量还有待于提高

目前，教育科研工作中低水平研究、重复研究的局面尚未从根本上得到改变，教育科学研究的创新能力不强，高水平的研究成果较少，科学研究成果的评价、推广应用还比较薄弱，学术不端行为依然存在；对外学术交流活动的质量和水平有待提升。尤其是由于部分科研人员缺乏相关理论知识，不能规范地进行教育科研，有些单位的课题落实不到位、不按要求认真组织实施等原因，致使课题研究还存在立项轰轰烈烈、过程冷冷清清、结题匆匆忙忙的现象。另外，对课题结题的评价标准还需要改进，不能只重视发表的论文和研究报告，要注重评估课题研究对教育教学实践的作用和影响，使课题研究源于实践，又应用于实践。要提高科研质量首先要把握科研方向。教育科研工作的三个重点方向是服务决策、创新理论和指导实践，要围绕主题主线加强宏观政策和战略研究。但目前从调研地区的情况看，服务决策研究还没有被摆在教育科研重点研究的首位。这其中的原因，一方面是教育科研机构和团队服务大局的意识还不强，教育实践对教育科研的重大需求是科学引领、政策咨询；另一方面是教育科研人员为行政决策服务的能力和水平不够，还不能很好地承担起重大决策课题的研究任务。服务区域教育决策和解决区域教育以及学校发展重大问题的课题少之又少，对科研方向的把握成为下一阶段提高科研质量的一项重要内容。

（2）成果推广与转化的力度不够

虽然近几年来教育科研得以广泛开展，不同层级的新成果不断地产出，但遗憾的是不论是管理者，还是被管理者，往往是写出了报告，评审获奖，就算大功告成。大量的教育科研成果被"写在材料里，放在柜子里，锁在抽屉里"，没有被有效利用，科研成果能够转化推广的量非常少。很多课题脱离教学实际，与教学衔接不够紧密。一些教师也希望能够有机会学习和应用到这些优秀的教育科研成果，使自身较快地提高教育科研水平。现在无论是某地区，还是某所高职院校，都缺少优秀教育科研成果推广和转化机制。当然要想更好推广教育科研成果，就要求教育科研成果具有较好的质量，较好的普适性，更有利于推广与转化。

（3）课题研究实效性不强，教育科研服务地方经济、社会发展的能力不强

大多数高职院校对地域经济社会发展的状况缺乏准确认识，导致教育与地方经济社会联系不够紧密，服务地方经济、社会发展的能力不强。很多课题研究只是为了评职晋级或者满足上级的要求，没有从本职工作岗位遇到的问题出发，课题研究与工作脱节，导致课题研究实效性不强。

（4）教育科研评价和考核制度不合理

各科研机构和学校为了提升科研水平，增强科研实力，鼓励广大教师和有关科研人员积极投身科研，都纷纷出台了相关的科研考核办法或规定。这些办法或规定也的确在一定程度上激发了教师和有关科研人员从事科研的积极性。但问题在于各单位的科研考核办法或规定大多侧重于量化评价和考核，存在着重数量、轻质量的现象，不能客观地反映科研成果本身的质量和研究者的实际水平，更谈不上反映研究者的内在思想和精神价值。具体地说，就是根据研究者在什么级别刊物上发表了多少论文，在哪一级出版社出版了多少字数的学术著作，申报了哪一级别的课题，获得了多少科研经费等，把这些论文、著作、课题、经费等按一定的方法折算成分数或科研工作量，然后进行考核、评定和奖惩。表面上看来，这种教育科研评价方法简单明了、易于操作、相对客观，但实际上这种"量"与"质"的标准都值得怀疑，首先"量"的标准并不完全正确，因为根据经验，我们知道论著字数、数量的多少与其本身质量的好坏并不存在必然联系。这样势必引导教师去追求课题立项的数量而轻视课题完成的质量，结果导致不少立项课题未能按时完成或完成质量较差，部分课题研究成果的学术价值和经济、社会效益不高。有些科研成果甚至等完成结项时已变得毫无意义。

第六节 加强高职院校教育科研的策略

一、进一步加强教育科研管理体制建设

教育行政部门和高职院校主要领导要切实担负起对教育科学研究工作的领导责任,将其作为基础性工程切实抓好。一是加强宏观调控。各级政府及其教育行政职能部门在规划教育事业发展规模,调整教育结构,调配人、财、物等时,应把教育科研管理体制、组织机构等微观内容纳入到宏观运行的轨道中来,要明确规定科研人员编制、教育科研机构名称、教育科研机构设置、隶属关系以及权限划分等,并确保教育科研的适度超前发展,确保"科研兴教""科研强校"战略的实施。二是加强督导评估。在对学校进行督导评估时,应重视对教育科研开展状况的督查,严格按照既定评估方案打分定等,形成报告,以保证教育科研在学校的全面开展。各高职院校要设置独立的教育科研管理部门。

二、进一步加强队伍建设:提高素质与优化结构并重

随着科学技术的迅猛发展及教育教学改革的逐步深入,教育科研的作用更加突出,对科研队伍素质要求更高,教育科研工作能否有序开展与科研人员素质和能力高低密切相关。因此,加强科研队伍建设,建立一只政治素质过硬、业务素质强、管理水平高的高素质科研队伍,不仅是提高教育教学的需要,同时也是有效组织领导教育科研工作的重要保证,对教育科研整体水平提高具有积极的促进作用。要搞好队伍建设,主要应抓好以下几方面工作:

第一,加强教师教育科研培训。有一支高素质的教育科研队伍,是提高教育科学研究水平的重要保障。要加强教育科学研究人才培训工作,将教育科学研究培训工作纳入教师继续教育之中,使广大中青年教师都能掌握基本的教育科学研究方法;培训一大批普通教师,尽快建立一支素质优良、专长突出、结构优化、布局合理的教育科学研究工作人才队伍。在教育科研培训上,要采取网络培训与实地培训相结合的方式。另外,分层次进行培训。如主管科研行政领导培训、科研管理人员培训、课题负责人培训、广大教师培训等。同时也要加强教师的校级教育科学研究的培训,特别是课题的立项、中间过程和结题的培训,要积极鼓励教师参加国内外教育科学研究的培训和学术交流,并采用多种形式的培训,增加培训的效果。

第二，要通过多种途径吸收一些学历较高、知识丰富、科研能力较强的优秀人员充实到教育科研队伍中来，不断提高科研队伍的整体素质。

三、进一步加强制度建设与执行的力度

（1）要建章立制、修订完善、抓好落实。教育科研管理规章制度，一方面要适应社会发展需要，符合国家政策法规，遵循科研管理自身规律和特点并借鉴兄弟院校先进经验和方式；另一方面，要从实际出发，积极探索适合自身发展的新途径，使规章制度既符合实际又切实有效，充分发挥其政策导向作用和规范管理功能。通过教育科研规划、课题管理、经费管理、科研档案管理、科研成果评定与奖励、科研成果推广转化、学术交流等一系列规章制度的建立、实施、改进与完善，进一步规范管理、提高管理效益，最大限度地把广大教师和教育科研人员从事科研的内动力和积极性引导好、发挥好、保护好，形成良好科研环境与秩序，努力提高教育科研水平和学术声誉，使教育科研上水平、上层次，增强科研发展后劲。通过一系列规章制度的制定，推动教育科研管理工作真正走向制度化、科学化、规范化轨道，为教育科研整体水平的提高及加速发展提供制度上的保证；通过各项规章制度的实施，营造一个有利于成果转化、有利于科技创新、有利于人才成长的宽松环境。

（2）搭建网络平台，提升教育科研管理与服务能力

加快基础信息平台、数字管理平台、培训服务平台和成果发布平台建设，开展教育基础信息数据统计与分析、网上科学研究项目管理、网上培训与咨询、信息交流和网上科学研究成果展示与推广等工作，建立教育科研论坛，提升管理和服务能力。

另外，要采取定期检查与不定期抽查的方式对教育科研制度执行情况进行监控。

四、进一步加强教育科研成果推广与转化力度

教育科研成果是教育科研工作中的一项重要内容。在研究—成果—应用—效益的科研系统化过程中，研究是关键，应用是转化，效益是目的，成果是核心。但成果在转化之前仅仅是潜在生产力，只有通过推广应用，才能变为现实生产力，对教育的发展产生作用。目前很多教育科研成果大都被用于评职、评奖，科研成果转化率低。成果本身价值不高，可操作性不强等是成果难以转化的内因，而需求不足、机制尚未形成是难以转化的外因。因此，要从以下几方面加强成果推广与转化力度。

第一，建立组织。建立组织是加强成果推广工作的领导力度、保证推广工作顺利进行的有效举措。

第二，选定实验推广基地。推广某项科研成果，不调研、不论证、不实验，盲目地拿来靠行政命令全面铺开，是一种极不慎重也不科学的做法。要本着"先点后面，

点面结合"的推广原则，在充分了解教育科研成果的适用范围和局限性、总结出切实可行的操作模式后，再由教育科研机构实施全面推广。

第三，采取各种措施，全力推动教育科研成果的实验推广工作。一是培训驱动。筛选出推广的教育科研成果后，让成果的研究者亲自进行理论培训和现场示范指导。二是典型带动。通过开设示范课，或召开现场经验交流会，以典型带动，推动教育科研成果的推广工作。三是搭建平台。强化教育科研的合作平台和学术探讨、成果交流的平台建设，结合各级各类教育发展的重要阶段和重要事项，定期、不定期举办专题研讨、专项研究，为广大教师提供学习交流的机会。四是充分利用远程教育资源中的网络，办好教育网站，将优秀的科研成果上传到网上，做到资源共享，服务于教育教学。

第四，鼓励内化教育科研成果，发展创新。推广教育科研成果决不能机械移植，而应注重消化、吸收，转化为自己的东西。这是推广教育科研成果的关键所在。因此，要鼓励实验教师在领会推广成果的理论精髓、掌握推广方法的基础上，根据自身的特点、风格，融汇教育科研成果之长，形成自己的特色，实现教育科研成果的内化。

第五，设立全省优秀教育科研成果出版基金，鼓励优秀教育科研成果的出版，扩大优秀教育科研成果的影响力，使优秀教育科研成果能够产生最大的社会效益，真正推动教育事业发展。

五、加大对教育科学研究的宣传力度

加大对教育科学研究的宣传力度，努力在全社会形成重视教育科学研究工作、关注教育科学研究动态、尊重教育科学研究工作者的良好氛围。

倡导求真务实、甘于寂寞、勇于创新、团结协作的教育科学研究精神。要让学校的领导和教师都认识到教育科研的重要性，能够支持教育科学研究，减少教育科学研究功利性，真正解决教育发展中存在的问题，并促进教育科学的繁荣，营造有利于教育科学研究事业发展的良好氛围，鼓励教育科学研究工作者积极探索，勇于创新，创造性地开展教育科学研究工作；要建立教育科学研究成果表彰奖励制度，对做出突出贡献的单位和个人给予表彰和奖励。

六、加大教育科研经费投入

要多方筹措经费，加大对教育科学研究的经费投入，促进教育科研高质量快速发展。应逐步加大教育科学研究和教师教育科学研究培训经费投入；各高等学校应从现有经费和专项经费中拿出一定经费用于高等教育科学研究，并逐步增加。鼓励教师完成教育科研成果后在产生社会效益的同时也能够产生经济效益。

七、进一步加强教育科研评价与考核，采取定量评价与定性评价相结合的方式

教育科研评价是教育科研管理中一项重要和基础性工作。教育科研评价是影响教育科研创新能力的一个重要因素。近年来，各级教育科研管理部门对教育科研评价进行了积极的探索，做了大量的工作，推动了教育科学研究的迅速发展。但也存在不少问题，如重形式、轻效果，重数量、轻质量，重包装、轻创新等。因此，要建立健全教育科研评价机制，制定科学的评价指标体系，不仅注重量化评价，更要注重质性评价，要建立以质量为导向的评价体系，正确引导教育科研工作健康发展。

在教育科研成果的鉴定评奖方面要加强评价评奖的导向。教育科研成果的评价是加强课题研究成果质量管理的重要手段，在对课题研究成果进行定性定量相结合的综合性评价中，要加强评价标准的科学性，其中成果的实践性是不可或缺的内容。

在课题立项上，不仅要看课题立项的数量，更要重视课题完成的质量。在教育科研经费资助方面，要给那些完成质量较高的课题更多资金扶持。当课题没有按期完成或完成质量不高时，要要求其返还教育科研经费。

总之，管理与评价是服务，管理与评价是导向，管理与评价也是质量和效益。随着教育改革与发展的不断深入，教育科研工作的意义越发重要，教育科研管理与评价的作用日益突出，因而研究探索教育科研管理如何服务教育科研工作，如何充分发挥管理的效能，全力推动教育事业的发展，将是我们不断实践和思考的课题。

第七章　高等职业教育思想政治教育研究

当前，我国正处在由制造大国向制造强国转变的阶段，对技能人才的需求不断增加。高等职业学校承担着培养高级技能型人才的重要任务。这种需求的增加，不仅体现在数量和规模上，更多体现在对人才思想政治素质和职业技能的要求上。因此，加强高职学校思想政治教育成为当务之急。为了比较科学、准确地掌握高等职业学校思想政治教育的现状，课题组有选择地对黑龙江省20余所高等职业学校的800余名学生进行了问卷调查，对各学校领导干部、教师进行了线上访谈和个别访谈。通过对调查数据进行统计分析、整理，结合在访谈中了解到的情况进行现状描述，采用定性与定量结合的方法，在阅读和分析有关文献的基础上，准确把握黑龙江省高等职业学校思想政治教育取得了哪些成绩、存在哪些问题、影响因素有哪些，提出相应的建议与对策，从而为教育行政部门和学校提供科学依据和决策参考。

第一节　高等职业教育思想政治教育实证分析

一、问题的提出

（一）研究目的和意义

党的二十大报告指出：科技是第一生产力、人才是第一资源、创新是第一动力。要把技能人才作为第一资源来对待。高等职业学校学生是未来现代化建设的骨干力量，他们的思想道德素质和科学文化素质如何，影响着我国的前途命运。因此，总结高等职业学校学生思想政治教育工作中的经验，分析新形势下高等职业学校学生的思想特点，探索高等职业学校学生思想政治工作的规律性问题，对于全面提高高等职业学校学生的素质、预测高等职业教育未来的发展和对我国社会主义现代化建设有着十分重要的意义。

1. 理论意义

高职学生所存在的问题在很大程度上是由于经济全球化和多种外国文化的影响引

起的,这些多多少少会影响高职学生的心理、行为和价值取向。这就要求高等职业学校思想政治教育战线的教育工作者正确地分析和认识当前高等职业学校学生思想政治教育面临的新形势、新问题,找出新的解决措施,让高职学生的思想政治素质朝着更加好的方向发展。

2.现实意义

作为我国产业的接班人,高职学生中的绝大多数毕业后将直接进入社会。他们的思想政治状况如何,直接关系到我国产业大军的素质,关系到国家的发展和民族的未来。加强和改进高等职业学校学生思想政治教育,提高高等职业学校学生思想政治素质,对于全面实施科教兴国战略和人才强国战略,提高劳动者素质,培养中国特色社会主义事业合格建设者和可靠接班人,具有重大而深远的现实意义。

(二)核心概念

(1)高等职业院校

高等职业院校包括:高等职业技术学院和高等专科学校,是经国家教育部批准或备案而设立的、以大学专科教育为主的普通高等院校。

(2)思想政治教育

思想政治教育,是指一定的阶级、政党、社会群体遵循人们思想品德形成发展规律,用一定的思想观念、政治观点、道德规范,对其成员施加有目的、有计划、有组织的影响,使他们形成符合一定社会、一定阶级所需要的思想品德的社会实践活动。

(3)高等职业院校思想政治教育

高等职业学校思想政治教育是指高职学校用一定的思想观念、政治观点、道德规范,对所有学生传播完整准确的马克思主义的基本理论和基本观点,使之形成正确的政治立场、把握正确的政治方向、具有一定的政治敏锐性和政治鉴别力,帮助学生树立起正确的世界观、人生观、价值观和职业观。

二、研究背景

2018年1月中共中央、国务院出台《关于全面深化新时代教师队伍建设改革的意见》,2019年8月中共中央办公厅、国务院办公厅出台《关于深化新时代学校思想政治理论课改革创新的若干意见》,2020年12月中宣部、教育部出台的《新时代学校思想政治理论课改革创新实施方案》,2022年11月,为认真贯彻落实党的二十大精神,按照中共中央、国务院《关于新时代加强和改进思想政治工作的意见》的重要部署等政策文件为本课题研究提供了理论支持和方向引领,确保课题研究沿着科学性、专业化之路推进。

三、研究程序

（一）研究内容

党的十八大以来，以习近平同志为核心的党中央高度重视学校思政课建设，强调推动思想政治理论课改革创新，要不断增强思政课的思想性、理论性和亲和力、针对性，强调"大思政课"我们要善用之，一定要跟现实结合起来。习近平总书记在中国人民大学考察时又特别强调，"思想政治理论课能否在立德树人中发挥应有作用，关键看重视不重视、适应不适应、做得好不好"。2021年，党中央、国务院印发了《关于新时代加强和改进思想政治工作的意见》，明确提出加快构建学校思想政治工作体系。党的二十大报告明确提出，"育人的根本在于立德""用社会主义核心价值观铸魂育人，完善思想政治工作体系，推进大中小学思想政治教育一体化建设"。黑龙江省教育部门和高职院校紧密联系实际，切实推进贯彻落实学校思想政治课建设与创新，但取得了哪些成绩、存在哪些问题，需要我们进一步调查研究。本课题从以下几方面进行了研究：

1. 高等职业院校思想政治教育现状。在问卷调查和访谈的基础上，从思想政治教育课教学、教育环境、学生、教师、管理者和职业道德与思想政治教育的衔接关系等方面进行调研，结合文献资料和工作经验积累，概括总结高等职业学校思想政治教育已取得的成绩和存在的问题，找准症结所在。

2. 剖析当前高等职业学校存在的问题及影响因素。通过问卷调查数据和访谈以及一线参研人员的实地观察，分析黑龙江省高等职业学校思想政治教育的基本数据与信息，总结出黑龙江省高等职业院校思想政治教育存在的问题及影响因素。

3. 探索新时代高职院校思想政治教育创新的有效策略与方式方法。通过研究文献和调查数据，描述、解释、分析、论述黑龙江省高等职业院校思想政治教育的有效策略和方式方法。

（二）研究方法

第一，问卷调查法。有针对性地选取黑龙江省高职院校的学生为调查对象，主要是通过问卷调查来综合分析所存在的问题。

第二，文献研究法。通过查阅图书资料、网络搜索有关信息等方式，搜集关于高职院校思想政治教育的相关信息，把认为有价值的资料摘录下来。在此基础上，对全省高职院校思想政治教育所处的现状进行整体分析，并找出问题所在，通过问题来探讨分析高职院校如何更好地加强思想政治教育。

第三，对比研究法。通过研究相关研究成果，以及结合高职学生目前思想教育的当前现状，取长补短、紧密联系实际，结合研究对象，探讨出有效的解决办法。

第四，观察法。观察学生思想及行为特点、课堂情况及德育活动的情况等，力图多角度、更全面地把握高职院校学生思想政治教育现状及存在的问题，为进一步探寻问题成因并提出对策和建议提供帮助。

（三）研究进程

本课题研究分三个阶段：

1. 准备阶段：2021 年 9 月—2021 年 11 月。

选定研究课题，成立课题研究小组，学习本课题相关的理论，对课题成员进行培训。制订《课题研究方案》和《课题实施计划》完成课题申报、立项。

2. 实施阶段：2021 年 12 月—2022 年 3 月。

设计高等职业院校思想政治教育现状问卷调查方案并进行问卷调查。通过问卷调查，了解高等职业院校开展思想政治教育的实际情况，掌握第一手材料。

3. 调研阶段：

（1）开展线上调研，对高等职业院校相关校领导及教师进行访谈，向学生发放调查问卷。

（2）开展线上研讨会，总结前一阶段的工作，及时发现问题，提出应对策略。

4. 总结阶段：2022 年 4 月—2022 年 7 月。

对课题相关数据和材料进行整理，对课题研究工作进行总结和反思，找出高等职业教育思想政治教育存在的问题及影响因素，并提出高职院校思想政治教育创新的有效策略与方式方法。

四、研究发现或结论

本课题研究的创新与突破之处主要体现在：一是选题顺应了新时代对人才培养及育人方式变革的发展需求，凸显了思想政治教育的育人价值和作用，体现出课题研究在选题上的高占位和前瞻性。二是以国家一系列的政策文件要求为依据，探索新时代高职院校思想政治教育创新的有效策略与方式方法，体现出课题研究内容设计的先进性与专业性。思想政治教育是一项长期性、综合性的事业，需要多方努力形成教育共同体，更好地落实立德树人这一根本任务。

五、分析和讨论

（一）高等职业学校思想政治教育的实证分析

1. 学生自然情况分析

（1）学生生源地构成情况

高职学生来自乡镇、农村学生所占比重较大。在调查中，当问及调查对象的家庭所在地时，选择来自农村的有43.9%；选择来自乡镇的有21.8%；选择来自城市有34.3%。通过调查可以看出，高等职业院校学生群体主要来自农村及乡镇。目前，我国的教育资源存在明显的地域不均衡问题，农村和乡镇或欠发达地区的教育资源相对不足，教育理念、教学设施还较落后，这就导致了这些地域的学生接受教育的质量也会大打折扣。另外，来自农村的学生其家长的文化水平也普遍不高，在对孩子的教育方式方法上可能欠妥，从而大大影响了思想政治教育的有效性。

表7-1 学生生源地构成情况的统计表

	人数（人）	占比（%）
农村	357	43.9
乡镇	177	21.8
城镇	279	34.3
合计	813	100

（2）学生家庭经济状况

在调查样本中，有22.9%家庭经济状况富裕，有28.8%家庭经济状况一般，有48.3%家庭经济状况贫困。从这些数据可以看出，大多数高职学生家庭经济状况不富裕。

表7-2 学生家庭经济状况的统计表

	人数（人）	占比（%）
富裕	186	22.9
一般	234	28.8
贫困	393	48.3
合计	813	100

（二）高等职业学校思想政治教育存在的问题

对大多数高职学生来说，高职毕业就面临就业，很多高等职业院校对学生技术和能力的培养关注较多，思想政治教育却遭到忽视，具体有以下几方面：

1. 从学校层面

（1）相较于专业技能，学校对思想政治教育重视不够

高等职业院校以培养技能型人才为主要教学目标，各校高度重视学生专业技能的提高和培养，这也是高职学生相较于本科高校毕业生就业的唯一优势，所以教学活动也大多以这一目标开展。由于思想政治教育在就业时不是直接涉及的，因此，学校和

教师对思想政治教育尤其理论知识不是十分重视，部分高等职业院校即使开设思想政治教育课，也大多流于形式。部分院校认为，只要有技能，只要能就业，思想政治教育等其他教育问题统统都不重要。所以，高等职业院校对待思想政治教育工作的态度是"说起来重要，做起来次要，忙起来不要"。在这种观念的影响下，任课老师的教学热情大打折扣，听课热情本就不高的学生也更加倦怠，觉得思想政治教育课可有可无，导致思想政治教育工作的开展流于形式，没有发挥其应有的作用。

（2）学校对校园文化建设重视不够

文化是民族的血脉，是人们的精神家园。它作为一种精神力量，能够在人们认识世界、改造世界的过程中转化为物质力量，对社会的发展产生深刻的影响。校园文化作为一种亚文化，是彰显学校精神风貌的重要载体，在一定程度上能够满足学生的情感需求，同时它还是高等职业学校学生思想政治教育的一个重要的环境因素。所以，当代高职学校思想政治教育的发展，理应重视开发校园文化精神资源，并把他们上升为思想政治教育的重要内容。而事实上，高职学校由于发展相对滞后，建设资金相对短缺，学校对校园文化建设重视不够。主要表现在：校园文化建设在突出时政教育方面存在内容更新不及时的现象；运用现代化载体宣传的手段不够，基本以字幕电子屏、宣传板、条幅等形式为主；活动形式还不够新颖，导致活动效果不甚理想；在创设活动育人方面，方案还不够完善；志愿服务活动相对较少，导致学生实践能力较弱。

3. 从学生层面看

（1）部分学生人生观价值观存在问题

在人生的目标和追求方面，有15.3%的学生选择衣食无忧，有41.3%的学生选择拥有财富和地位，仅有6.8%的学生选择对社会有贡献。这表明，多数学生崇拜金钱物质，贪图享乐，把物质生活追求当作人生目标，忽视精神追求；有的过分强调个人需要，重索取而轻创造、重权利而轻义务，劳动观念淡漠，缺少奉献意识。造成这种结果主要原因是，随着互联网的不断发展，各种西方思潮不断侵蚀，对高职学生的思想产生了巨大影响。部分学生存在着追赶时髦、盲目攀比、追求物质享受、极端个人主义、"一切向钱看"等错误思想，失去人生信仰，偏离人生轨迹，甚至做出违法乱纪或有损国家形象、人民利益的事。

表7-3 高职学生的人生的目标和追求的统计表

	人数（人）	占比（%）
家庭幸福	685	84.3
事业成功	655	80.6
衣食无忧	124	15.3
拥有财富	336	41.3
奉献社会和他人	55	6.8

（2）法律意识较为薄弱

部分高职学生分辨善恶是非能力较差，面对诱惑和挑唆时容易情绪失控。对一些不良信息缺乏抵御能力，法律意识较为淡薄。此外，当与他人发生冲突、意见不一致时，很容易冲动，有时出现打架斗殴的情况，失去对自己行为的约束力，有的甚至走上违法犯罪的道路。

（3）对思想政治教育的认识不够

有32.8%的学生认为学校的思想政治教育工作对学生的学习、生活和成长是很大作用的，有19.4%的学生认为学校的思想政治教育工作在某种程度上束缚了学生的思想，限制了学生的行为，有50.3%的学生认为学校的思想政治教育工作缺乏时效性和实效性，有54.4%的学生认为坚持思想政治教育是对的，但应该遵循理论联系实际的原则。部分学生对一些政治常识性知识缺乏，对党和国家的方针、路线、政策的了解和认识不够深刻。由此可以看出，高职学生对思想政治教育的认识不够。

表7-4 高职学生对思想政治教育工作的看法的统计表

	人数（人）	占比（%）
学校的思想政治教育工作对学生的学习、生活和成长是很大作用的	267	32.8
学校的思想政治教育工作在某种程度上束缚了学生的思想，限制了学生的行为	158	19.4
学校的思想政治教育工作缺乏时效性和实效性	409	50.3
坚持思想政治教育是对的，但应该遵循理论联系实际的原则	442	54.4

（4）学习认知能力存在偏差

从选择报考高等职业学校的原因来看，选择成绩差、考不上普通高校的高达73.9%，选择所以老师和家长的建议的占比20.2%，而选学习技能、将来找个好工作的只有3.9%，这体现了高职学生在学习认知能力方面出现了严重偏差。

表7-5 高职学生报考高等职业院校原因统计表

	人数（人）	占比（%）
听从老师和家长的建议	164	20.2
学习技能、将来找个好工作	32	3.9
成绩差、考不上普通高校	601	73.9
随便报的	16	2

在学习态度方面，当问及遇到不会的题时，有28.7%的学生能及时咨询老师，有21.4%的学生能够查阅资料，努力赶超其他同学，有36.5%的学生选择遇到不会的得过且过，对所学的知识一知半解，有13.4%的学生选择对学习不感兴趣。可见，高职学生在学习态度方面还有不尽如人意的地方，还需要加强。

表 7-6　高职学生学习态度统计表

	人数（人）	占比（%）
遇到不会的及时咨询老师	233	28.7
遇到不会的及时查阅资料，努力赶超其他同学	174	21.4
遇到不会的得过且过，对所学的知识一知半解	297	36.5
对学习不感兴趣	109	13.4
合计	813	100

（5）部分学生存在心理问题

当问及学生自己经常处于哪种情绪中时，认为一直都很不错，与同学老师相处愉快的占比35.8%，认为大多数情况都很不错的占比38.1%，选择一般，没什么心情波动的占比5.4%，认为经常心情不好，各种烦恼的占比20.7%。说明高职学生存在心理健康问题还是很严重的。

表 7-7　高职学生对自己经常处于哪种情绪中的统计表

	人数（人）	占比（%）
一直都很不错，与同学老师相处愉快	291	35.8
大多数情况都很不错	310	38.1
一般，没什么心情波动	44	5.4
经常心情不好，各种烦恼	168	20.7
合计	813	100

当问到最影响你的心理状况的因素时，认为是家庭环境的占比30.8%，认为是学校环境的占比52.3%，认为是社会环境的占比16.6%，认为其他因素的占比0.3%。由于大部分高职学生在学生生活的时间较长，所以受学校环境影响较大。同时，从调查中发现，部分高职学生由于父母离异或外出务工，得不到父母的关照和爱护，对学生身心影响较大。

表 7-8　最影响心理状况的因素统计

	人数（人）	占比（%）
家庭环境	250	30.8
学校环境	425	52.3
社会环境	135	16.6
其他因素	3	0.3
合计	813	100

在人际交往中，认为善于交朋友，并有很多朋友的占比31.4%，认为有朋友，但缺乏知心朋友的占比41.3%，经常感到很孤独的占比19.8%，偶尔感到很孤独的占比7.5%。

表 7-9　高职生人际交往状况统计

	人数（人）	占比（%）
善于交朋友，并有很多朋友	255	31.4
有朋友，但缺乏知心朋友	336	41.3
经常感到很孤独	161	19.8
偶尔感到很孤独	61	7.5
合计	813	100

（6）文明素质与社会公德缺失

在对发现同学中有不文明行为时的态度的调查中，仅有40.5%学生主动会去制止，有49.9%的学生想制止但又不好意思或不敢，认为与我无关的占比9.6%，这一数据表明：目前高职学生文明素质还不够高，社会道德存在严重缺失现象。在调研中还发现，部分学生见到教师不打招呼，不主动问好；部分学生会仅对任课教师打招呼，对不是任课的教师置之不理。由此可以看出，高职院校思想政治教育在文明素养和社会公德方面效果还不理想。

表 7-10　高职学生对不文明行为的态度统计表

	人数（人）	百分比（%）
主动制止	329	40.5
想制止但又不好意思或不敢	406	49.9
与我无关	78	9.6
合计	813	100

（7）高职学生职业规划不明确

在调查中发现，高等职业院校学生缺少明确的职业生涯规划，仅有32.1%的学生有明确的职业规划，有47.2%的学生思考过，但没有答案，有20.7%的学生很迷茫。

表 7-11　高职学生是否有明确的职业规划的统计表

	人数（人）	占比（%）
有明确的职业规划	261	32.1
思考过，但没有答案	384	47.2
很迷茫	168	20.7
合计	813	100

根据问卷调查所收集的数据可以看出近半数的学生对于自己的未来是没有规划的，甚至有20.7%的学生对自己的未来表示迷茫。高职学生毕业后意味着步入社会，将面临就业问题，在高职学校的学习可能是他们最后的学习时间，虽然高职学生有专门的职业规划课，但是学校需要对高职学生的就业规划有一定的重视。

3. 从课堂教学看

（1）教学内容趣味性不够，学生学习兴趣不浓

课堂教学存在两种不良倾向。有些教师照本宣科，课堂上不关心学生实际，泛泛而谈，教学内容缺乏趣味性，导致学生学习兴趣不足，收不到好的教育效果；部分教师放任自流，无论学生在课堂上干什么，一味地迁就，迎合学生的心理，思想政治教育课流于形式，同样也达不到教育的目的。

（2）教育形式过于单一，影响教育效果。思想政治教育工作缺乏时效性和实效性。在调研中发现，有38.3%的学生认为现行思想政治教育脱离实际，大道理多；有36.8%的学生认为思想政治教育内容陈旧，有49.8%的学生认为教学形式单一，有41.2%的学生认为教师语言表达能力不足、课堂气氛不活跃。

表 7-12　高职学生认为思想政治教育课最大的问题统计表

	人数（人）	占比（%）
理论功底欠缺，专业素养不够	289	35.5
内容陈旧	299	36.8
形式单一	405	49.8
教师语言表达能力不足、课堂气氛不活跃	335	41.2
老师缺乏威信	259	31.9
脱离实际，大道理多	311	38.3

4. 从教师队伍看

（1）由于师资不足，一些思想政治课教师为兼职教师，教学知识面较窄，教育方法不当。有21.3%的学生选择学校思想政治教育教师队伍很强，都是专职教师；有15.6%的学生认为学生思想政治教师队伍很弱，教学知识面较窄。一些教师在做学生思想工作时，缺乏有效的教育方式方法。只有16.4%的学生认为老师在进行思想教育的时候，方法很好，有14.3%的学生认为教育方法很差。有54.1%的学生认为教师的生活和工作态度对自己有一定的积极影响。

表 7-13　教师进行思想教育的时候教育方法情况统计

	人数（人）	占比（%）
很好	133	16.4
好	308	37.8
一般	256	31.5
很差	116	14.3
合计	813	100

表 7-14　学校思想政治教育的教师队伍整体素质状况表

	人数（人）	占比（%）
很强，都是专职教师	173	21.3
强，满足教学需要	340	41.8
一般，其他专业教师兼任	173	21.3
很弱，教学知识面较窄	127	15.6
合计	813	100

表 7-15　教师的生活和工作态度对你是否起到了积极的影响

	人数（人）	占比（%）
有一定的积极影响	440	54.1
有很大积极影响	266	32.8
一点儿积极影响都没有	107	13.1
合计	813	100

（2）思想政治教育方式和手段简单化

通过调查发现，思想政治教育方式和手段简单化，不能完全满足学生的需求。面对反复犯错误的学生，大部分教师对学生进行批评教育，仅将学校的条例规章制度搬出来，教训学生一通。在日常管理工作中，只是通过行为观察和其他学生、教师的反馈来了解学生情况。部分学生认为在学生犯错误时老师只是进行批评教育，不听学生解释，学生没有表达自己想法的机会，教师没有威信，得不到学生的信任。很多学生在遇到生活、学习、情感上的问题时不愿意与教师进行交流。长期积压在心里容易出现心理问题。

5. 从辅导员队伍看

辅导员是学生思想工作的管理者和组织者，直接接触学生，也对学生产生最直接而深刻的影响。当前高职院校的辅导员队伍，存在着一些的问题。

（1）辅导员数量不足

高职院校都在扩招，带来了不断增长的学生数量，而且学生的素质参差不齐，然而，配备的辅导员的数量却远远无法适应学生的数量，这样就加大了思想政治教育工作的强度与难度，这必然导致辅导员需要承担大量而繁琐的日常事务性工作，这使辅导员很难抽出更多的时间用于德育工作。

（2）辅导员的专业素质未完全达标

目前，各高职院校的辅导员大多来自各个专业的高校毕业生，高职院校辅导员应聘条件一般要求是具有本科或研究生以上学历，并"具有较强组织管理能力和语言、文字表达能力，积极乐观，善于沟通"，只有少数学校对应聘者所学专业进行限定，许多现在担任辅导员工作的人员在做辅导员的工作之前，并没有深入细致地了解过辅导员工作所需要的相应的学科理论，并且也缺乏实践工作经验。缺乏辅导员应具备的专业素质，导致辅导员队伍专业度不高，直接影响德育工作的顺利开展。

（3）辅导员队伍稳定性不高

高职院校辅导员几乎都是来自各个高校的毕业生，近年来本科和硕士研究生的就业前景并不乐观，很多毕业生在无法找到期望的职位时，就会抱有"先就业，再跳槽"的想法，于是他们在担任辅导员工作的同时，会边工作边准备考研或考公务员，一旦考试成功便会离岗。有的班级甚至会更换几个辅导员，这对德育工作开展的连续性造成了很大影响。辅导员队伍稳定性不高，是影响德育效果提升的重要原因之一。

（4）辅导员工作积极性不高

长时间从事德育工作的辅导员普遍会产生职业倦怠，从而导致其工作积极性降低。产生职业倦怠原因有：首先高职院校辅导员职业前景并不尽如人意。我国高职院校对辅导员的重视程度远远低于任课教师，这使得辅导员在高职院校中的地位和所应受到的尊重远低于教师，对职称的评定也远落后于从事直接教学的教师，且能够进修或培训的机会极少，工作责任和家庭负担都较重，发展前景不乐观。其次，因辅导员工作特殊性，对其工作表现的衡量也无法像其他教师一样直观，使得辅导员难以获得对其职业期待的回报，久而久之产生职业倦怠。再次，辅导员的收入低，社会保障不完善也是造成职业倦怠的原因之一。

6.家校沟通不畅

在问到"你的家庭与学校或者班级联系如何"时，认为联系非常密切，父母主动通过微信等渠道联系的占比13.1%，认为偶尔沟通，主要是询问一些情况才联系的占比26.3%，认为与学生家长沟通主要是辅导员的工作的占比39.4%，几乎不联系的占比21.2%。说明高职学生家校沟通还存在一定问题。

表7-16　家庭与学校或者班级联系

	人数（人）	占比（%）
经常沟通，父母主动通过微信等渠道联系	107	13.1
偶尔沟通，主要是询问一些情况才联系	214	26.3
与学生家长沟通主要是辅导员的工作	320	39.4
几乎不联系	172	21.2
合计	813	100

第二节　高等职业教育思想政治教育效果不佳的原因分析

（一）高职学生自身的原因

1.受高职学生身心变化的影响

高职学生心理特征有其特殊性，大多数高职学生成绩不佳，不被家长和老师所看好，这也造成了他们容易多发心理问题。另外，感情容易受挫，受挫容忍力弱。从社会层面讲，在面对当今的社会偏见、文凭歧视以及就业竞争时，高等职业院校学生普遍感到压力巨大，且内心备受打击；从学校层面讲，来自老师的批评或是同学的不理解都会让他们内心无比的失落；从家庭层面来看，在面对父母和亲朋的指责和冷眼相向时，让他们内心深受伤害。他们还没有形成较强的意志力，在受到外界刺激时，容易产生不良情绪，焦虑、易怒、暴躁。尤其在网络时代，经受不住网络上不良信息和各种游戏的诱惑。

随着年龄的增长，高职学生自我意识不断提高，更多追求独立和个性化。有的甚至喜欢穿奇装异服。虽然他们的心理逐渐走向成熟，但多数高职学生住校生活，在身心上常常表现出：追求独立与依赖的矛盾，面对现实与理想的矛盾，追求个性与社会认可的矛盾，心理闭锁与渴望被理解的矛盾。当主观情绪与客观现实发生矛盾时，高职学生的心理及思想意识会受到严重的冲击。

2.受高职学生文化基础的影响

高职学生文化课基础较差、底子薄。对文化课学习不感兴趣，上课睡觉、玩手机，不爱听课，导致各科学习成绩不佳，尤其对思想政治课更是提不起学习兴趣。上述种种现象，给高职学校思想政治教育带来很大挑战。

（二）高职学校的因素

1.受学校环境影响

学校是开展教学活动的场所，也是学生学习生活的地方。良好的教学环境是学生具有较好的学习成绩、形成良好思想品德的、拥有健全人格的重要保证。教学环境不仅指办学环境，还包括学校的文化环境。良好的学校环境为高职学生思想政治教育提供前提和基础，有助于培养学生的责任感和使命感。优化学校文化环境，有利于增强学生学习氛围。

2.受学校师资力量的影响

师资力量不仅包括教师的专业文化水平、教学水平，还包括教师自身道德修养和其他为人之师所不可少的综合素质等。教师是教育事业发展的根本，教师作为教育教学活动的直接人，师资力量的强弱不仅直接影响了学校的教学质量，同时影响教育事业的发展。从访谈中得知，高职思政教师从专业背景来看，思想政治教育专业背景的教师占比非常少，在30%左右，相关专业的教师（如法学、历史学、哲学、教育学）占比在25%左右。

3.学校思想政治教育课程设置

影响思想政治教育效果的因素，自然离不开思想政治教育课程的设置。国家及教育管理部门对思想政治教育课程设置不仅对课程内容做了规定，同时也对不同年级学生思政教育课程提出了要求。首先，学校思想政治教育课程设置是否合理，是否符合学生专业发展特点，都直接或间接影响了学校思想政治教育的效果。其次，思想政治教育课程与专业教师的安排上是否合理，也会直接或间接影响思想政治教育的效果。在调研中发现，部分学校即使按照相关要求设置了必要的课程，但在条件保障、课程评价及教师的待遇等方面与专业课相比，也处于弱势地位。因此，课程课时的设置、教师待遇的缺失必然影响思想政治教育的效果。

（三）家庭教育因素

大多高职学生来自基础教育薄弱的农村，其家长的文化水平普遍偏低。父母是孩子的第一任老师，父母的教育方式、关心程度直接影响孩子的受教育状况。大多高职学生父母学历层次低，家庭教育知识贫乏，不重视与孩子进行沟通与交流。家庭教育是一个人的起始教育，是人生教育的基础，对人的影响是最重要的。学校教育和社会教育是以家庭教育为基础的，是家庭教育的重要补充。孩子在家庭里受到良好的培养和教育，以后的学校教育就会顺利；孩子在家庭里得不到良好的培养和教育，以后学校教育就会事倍功半，他们的缺点和错误就需要学校和老师花费大量精力去矫正。所以家庭教育这第一道关口必须要把好，这对打好教育基础至关重要。

从调查的结果看，高职学生父母的文化程度普遍不是很高，大部分是初中文化程度，占到64.40%，小学文化的占20.32%，高中及以上文化程度的占7.09%，没上过学的占8.19%。他们很多人根本不重视家庭教育，认为给孩子吃饱穿暖就可以了。在调查中发现，高职学生父母对孩子学习非常关注的只占39.7%；有时过问一下的占35.7%。

（四）受社会因素影响

影响高职学生人生观、价值观的社会原因很多，但就其最重要的一点来说，就是现代网络传播媒体的影响。随着现代社会经济的发展，科学技术不断更新，网络媒体的传播速度非常快，消息的更新速度也很快，正是由于这些原因，在这种开放的环境下存在着各种各样的思潮，如拜金主义、享乐主义、自由主义、利己主义等，这些负面思想会大大阻碍马克思主义指导下的世界观、人生观、价值观的形成，也会使高职学生因为各种诱惑而产生思想上的动摇和震荡，对于高职学生形成正确、科学的世界观、人生观、价值观造成不利影响。

第三节　高等职业院校思想政治教育取得的主要成效

一、教育行政部门和学校层面

（一）以活动为载体，引领思想政治教育工作

近年来，教育行政部门及学校高度重视学生思想政治教育，以建党百年和党的二十大为契机，组织高职院校深入开展党史学习教育，教育引导学生衷心拥护党的领导和我国社会主义制度。各校结合实际开展老党员讲入党故事、大国工匠进校园、"榜

样引领 技能筑梦"优秀毕业生返校、专家学者讲党课等活动，以学生身边的鲜活典型事例促进思想政治教育落地。通过革命遗址遗迹、纪念场馆等红色教育场所和《建党伟业》《大国工匠》等影视资源，利用虚拟现实等现代信息技术，线上线下结合开展形式多样的学习、传承活动，引导学生体验革命传统和革命精神，坚定革命理想和信念，取得了较好的效果。

二、学生层面

（一）政治立场坚定

整体而言，高职学生思想上积极进取，思想政治素养较高，政治态度比较端正，行动上拼搏向上；坚决拥护党的领导，坚定"四个自信"，对中国特色社会主义发展道路、共同理想和政治制度高度认同，理想信念比较坚定，政治觉悟较高，前进的步伐与党和国家保持高度一致；认同中国共产党的先锋队性质，入党积极性较高。在调查中发现，当问到现在是否还需要弘扬爱国主义精神时，有80.7%的学生认为非常需要。有81.4%的学生向往加入中国共产党。

（二）世界观、价值观、人生观积极向上

大多数学生世界观、价值观、人生观是积极向上、健康良好的。在问到人生目标和追求时，有84.3%的学生认为家庭幸福，有80.6%的学生认为事业成功，大多数学生积极践行社会主义核心价值观，有良好的人生目标和追求。

（三）政治意识不断提高

大多数学生积极关注国家大事，在调查中发现，很关注的占比30.76%，关注的占比45.81%，不关注的仅占16.38%。

从对高职学生平时上网的目的调查可以看出，大多数高职生关注国内外时事和社会热点问题，有60.05%的学生平时上网看国内外时事和社会热点问题，政治参与意愿较强，具有较强的社会责任感和历史使命感，有86.68%的学生上网是为了查找学习资料，有53%的学生上网为了游戏娱乐，有47.14%的学生为了网上聊天交友，有56.59%的学生网上购物。从调查数据看，高职学生上网玩游戏娱乐的人还较多，在这方面还要加强教育，积极做好学生的工作，让其把有限的时间用在有意义的事情上来。

（四）思想道德状况总体向上向善

大多数学生道德观念日趋成熟，道德评价不断进步，思想道德状况总体向上向善，对中华传统美德、中国革命道德和社会主义道德有较高认知和认同。在道德认知、道德意愿和道德践行层面均呈现出非常好的发展态势。在道德认知层面有85.2%的学生

充分肯定雷锋精神的时代价值；在道德意愿层面，83.5%学生向往成为社会道德模范或英雄；在道德践行层面，有79.3%的高职学生愿意参与各种公益活动或志愿服务，把雷锋精神落实到个人行动上，自觉服务他人和社会。

第四节　高等职业教育思想政治教育创新策略

一、高等职业院校思想政治教育要突出以下特点

（一）从任务上看，要突出针对性

高等职业院校学生正处于人生观、世界观形成的关键期，思想政治教育的核心是要对学生进行理想信念教育，要着重培养他们的爱国主义教育和民族精神，自觉维护祖国的尊严，培养学生的爱国情怀，把国家利益放到首位。他们即将走向工作岗位，要培养学生的职业精神，进一步增强其使命感和责任感。

（2）从目标上看，要具有职业性

高等职业教育的培养目标是培养素质全面、能力突出，适应社会主义现代化建设要求的高素质劳动者。首先要帮助学生树立正确的职业理想和职业道德，加强职业道德、职业纪律、职业规范和职业理想教育，把个人理想与社会发展的需要结合，要以集体主义为原则，以诚实守信为重点；要让高职学生遵守社会公德，具有社会主义民主意识和法纪意识，具有职业道德，养成爱岗敬业的高尚思想道德情操。

（3）从方法上看，要凸显多样性

青年学生思维活跃、好奇心强，有较强的可塑性。在教学过程中不仅要注重教学理论课讲授，还要通过视频、微课、图片、影视等方式方法调动其学习的积极性。要加强校内外实践教学，在社会实践中提高高职学生的综合素质和能力。

（二）从国家层面

1.搭建大资源平台，加强思政教育资源建设

加强国家智慧教育平台思政教育资源建设，指导学校用好平台。组织开发一批权威实用的教学案例库、在线示范课程库、微视频、讲义、教学素材库、课件等优质教学素材，供一线思政教师使用，同时加大优质资源推广使用力度。打造网络教育宣传云平台。组织开展"大思政课"网络主题宣传活动，建立"云上大思政课"平台，开展"同上一堂思政大课"活动。重视思政课教学，摒弃旧教法，贯彻新理念，开展"思政金课"行动。要搭建"学研育"一体化平台，促进学习、教研、育人一体化。

2. 构建大师资体系，建设专兼结合的师资队伍

建立一支由分管领导、学生处、校团委、班主任、辅导员、德育课教师等组成的思想政治工作队伍。要让这批队伍具有坚定的政治信仰、厚实的业务基础、良好的师德师风，要让他们成为党的理论、路线、方针、政策的宣讲者，成为学生健康成长的引领者。要有计划地制订培养计划，加强师资培训，提升队伍的业务能力、知识结构、工作方法和艺术，让他们经常到优质学校学习和考察，要深入学生之中，了解学生所需。

（三）从学校层面

1. 善用大思政课感性情怀，内化于心，外化于行

教师要真正理解学生需求，要真正感动学生心灵。这就需要教师用心设计教育情境，达到润物无声的效果。要结合现实，激发学生的真实情感体验，形成基于现实的深刻情感认知，把道理讲透，通过情境吸引学生、感动学生，从而达到内化于心、外化于行的目标。

2. 善用社会大课堂，推动实践课教学见成效

要利用好社会资源，加强实践课教学的实效性。高职学校要根据思政课教学目标和要求，充分利用好红色教育资源、历史博物馆等社会资源，开展社会调查、志愿服务、理论宣讲等实践活动。这些社会实践活动，用课余时间开展，在时间和地点的安排方面比较灵活，又能理论联系实际，学生也乐于参与，也有利于培育学生正确的世界观、人生观和价值观，有利于学生思想修养的形成与发展。要开展好"技能成才，强国有我"主题教育活动，把优秀成果作为课堂教学的有效补充，推动实践教学规范化。利用案例分析、新闻述评、辩论、演讲、观看视频和学生模拟讲课等形式组织好课内实践教学。比如以"建党百年"为主题，依托班会，组织学生观看《建党伟业》《觉醒年代》等红色影片，了解历史知识的同时让学生体会先辈共产党人艰苦奋斗、锐意进取的拼搏精神；组织学生进行"建党百年"演讲比赛、山歌拉练等活动，让学生全员参与，切身体会党史文化的现代内涵。

3. 构建"全方位"的高等职业学校学生心理健康教育体系

（1）全面提高各级领导对心理健康教育工作重要性的认识，切实加强领导，把心理健康教育纳入学校人才培养体系。健全心理健康教育工作网络，建立明确的职责分工和协调机制。学校要把心理健康教育纳入德育工作体系，逐步建立起分管校长负责、思政教师为主体、班主任和专兼职心理健康教育教师为骨干、全体教师共同参与的心理健康教育工作体制。

（2）加强制度建设，围绕心理健康教育和咨询机构的规范管理、心理危机预防与干预、心理咨询工作流程、心理健康教育课程教学、心理健康教育从业者职业道德规

范等内容，建立健全各项规章制度。

（3）普及心理健康知识，介绍增进心理健康的方法和途径，帮助学生培养良好的心理品质和自尊、自爱、自律、自强的优良品格，有效开发学生的心理潜能，培养学生的创新精神。开展并强化心理现象解析，帮助学生以科学的态度对待心理问题。

（4）传授心理调适方法，帮助大学生消除心理困惑，增强克服困难、承受挫折的能力，引导大学生珍爱生命、关心集体、悦纳自己、善待他人。

（5）发挥课堂教学在学生心理健康教育工作中的主渠道作用，保证学生在校期间普遍接受心理健康课程教育。根据心理健康教育的需要进一步完善相应的课程体系，开设心理健康教育必修课。充分考虑学生的心理发展规律和特点，科学规范学生心理健康教育课程的教学内容，切实改进教育教学方法。制定专门的教学大纲或教学基本要求，通过案例教学、体验活动、行为训练等多种形式提高课堂教学效果，积极引导广大同学树立积极健康的世界观、人生观、价值观。

（6）充分发挥学校心理咨询室的作用，为学生提供心理咨询服务。加强心理咨询制度建设，建立健全心理咨询值班、预约、重点反馈、个案记录及档案管理工作制度。坚持保密原则，按规定严格管理心理咨询记录和有关档案材料。

（7）加强心理教师队伍建设，对学生进行专门的心理健康教育。

学校心理健康教育需要教育者运用心理相关的多种学科的理论与技术，通过心理健康知识与技能的教育和心理咨询与辅导，帮助学生解决成长过程中的心理问题，提高学生心理素质和人格健康水平。加强教师继续教育工作，对在职心理教师进行系统的专业培训。与其他科目教师相比，除基本教学技能和学生管理技能外，心理教师更需要系统的、专业的咨询技能培训和督导。此外，教师行动研究已经成为教育领域比较热门的研究方式。作为一线工作者，心理教师有着详细的一手资料，因此学校要鼓励和支持教师的科研工作，以"课题研究"为载体，以研促训，以研促教。

（四）从社会环境看

1. 净化校园周边环境

校园周边环境直接影响着高职学生的思想政治教育效果。对学校周边的各种娱乐场所要加强管理。对一些不法经营者售卖的不良出版物，淫秽色情等音像制品要加大查处力度，对从事各种不良文化活动的行为要加大执法力度。

2. 加强学校与社会各界的广泛联系，开展形式多样的思想政治教育活动

学校应积极同校外各种文化教育机构、群众团体和附近村镇、企业等进行联系，取得它们的配合和协作，共同指导学生的各种课余活动和假期生活，大力开展学生喜闻乐见、健康向上的文体活动，丰富学生的课余生活，并通过这些活动教育学生，提高他们的学习质量，加速他们的社会化进程。还可以组织学生到工厂、农村参加一定

的生产劳动，到敬老院、福利院、公共场所等地参加一些社会公益活动，通过社区志愿者活动、企业文化精神宣传等让他们在这些教育活动中自我教育、自我提高。学校、家庭、社会三方中，学校是主体、是纽带，家庭积极配合，社会起组织领导协调作用。只有这三方面相互配合，相互补充，才能形成良性循环，促进高职学生思想政治教育网络体系的建立。

3.强化安全教育，建设文明安全校园

（1）完善制度，强化管理。积极开展"法治进校园"宣讲活动，定期进行普法活动和预防欺凌专题教育。完善校园欺凌预防方案，定期排查欺凌事件，建立管理台账，采取措施及时消除隐患，坚决防范学生欺凌事件发生。建立健全日常防范相结合的安全管理制度，强化24小时值班陪餐制度、防火防汛防震应急救援管理等一系列安全工作规章制度。使各项制度职责更具体化、更细致化，同时大力推进"双重机制"建设工作，做到分工到人，责任到人，使学校安全管理网络覆盖到校园的每一个区域，每一个角落。力争做到有章可循，违章必究，不留盲点，不出漏洞。

（2）加强法制教育。加强学生安全教育，增强学生的安全意识，使学生学会自我保护、自救、互救的常识和技能。开展学宪法、讲宪法活动，有效预防青少年违法犯罪行为，进一步增强学生的法治观念，丰富学生法律常识，使学生自觉遵守并维护国家法律、法规及学校的各项规章制度。通过举行广播操汇演、手抄报评比、"五四"征文、学宪法网络答题、星级寝室评比等内容丰富的活动，努力促进学生正德塑品，有效提升教师对学生成长过程中的导师作用。

（五）发挥载体功能，不断创新教育方式

1.发挥校园文化载体功能

高等职业院校学生的学习积极性不高，很难让学生在单纯的学习中找到自信。开展思想政治教育如一味地说教，很难达到理想效果。高等职业院校具有特殊的职业性，培养学生的创业精神、工匠精神及中国梦显得格外重要，因此学校平时应注重核心价值观的教育，从精神文化上丰富高职学生的日常学习生活。同时，学校应积极宣扬各企业特色，营造多彩的企业文化氛围以激发高职学生的学习热情和就业信心。因此要将思想政治教育融入学校校园文化建设中，让学生在校园中找到自信。紧扣新时代主旋律，结合开学及毕业典礼以及重要节庆日、纪念日等，开展丰富多彩的校园文化活动。可借助学校广播、网站、黑板报、展览室、手抄报等多种传播媒介，创设浓厚的学习氛围，营造良好的学习环境，让学生学习和接受。结合校史、校情形成学校独有的校园文化理念，充分发挥校园文化载体作用，打造寝室文化、教室文化、长廊文化、社团文化，引导学生形成良好的价值观念。

2. 发挥网络新媒体功能

当代高职学生是网络的"原住民",要充分发挥网络传播优势,重视网络平台建设。通过学校贴吧、微博、抖音号、视频号等网络新媒体平台,时刻关注学生思想动态。抓住重大节庆日、党团日等重要时间节点,通过网站、微信公众号等做好宣传工作。

3. 发挥校企协同育人作用。加强校企协同育人,将职业道德、职业精神、工匠精神教育贯穿于学生实训实习全过程,开展"劳模进校园"活动,邀请有工艺专长、传统技艺传承等方面业绩突出的技能人才、优秀毕业生走进校园,做专题报告,充分利用企业德育文化资源,着力培养学生的专业精神、职业精神和工匠精神。

4. 发挥家校共同育人合力。发挥学校主导作用,引导家庭、政府、社会共同育人,组织家庭教育讲师团,开展家庭教育大讲堂,定期邀请专家进行专题讲座,组织家长开放日活动、主题讲座报告会、家长学生共进午餐等活动,引导家长走进校园,配合学校工作,助力学生成长。

5. 发挥辅导员的主导作用

(1)加强辅导员队伍专业化建设。引导广大辅导员模范遵守新时代师德师风建设有关规定和要求,提高教育教学、组织管理、人际沟通和职业指导等方面的能力,发挥在学校实施教书育人、管理育人、服务育人和沟通学校、家庭、用人单位等方面的重要作用,提高高职学校学生管理和德育工作水平,促进学生德、智、体、美劳全面发展。

辅导员要围绕德育工作目标,创造性地开展工作,把班级建成健康向上的班集体。要全面了解目前所带班级每一名学生入学时的家庭情况、身心健康状况、个性特点、学业基础、爱好特长、发展诉求等,并密切关注其变化情况,结合所学专业,深入分析建班育人实践中需要重点关注的工作领域、学生个体,以及可能面临的困难和需要重点解决的问题。

(2)辅导员要做好学生思想工作。密切关注学生思想、心理、学习、生活状况,坚持以心育心、以德育德、以人格育人格,不断提高学生思想水平、政治觉悟、道德品质、文化素养,培养学生正确的人生观、世界观、价值观。针对学生在成长过程中遇到的实际问题,晓之以理、动之以情、导之以行、持之以恒,采用易于被学生接受和理解的方式进行教育、引导和援助,帮助学生提高认识,激发学习兴趣,有效提升应对挫折、适应岗位、融入社会的能力。密切跟踪社会舆论热点,及时研判可能对学生思想状况造成的影响,第一时间加以正确引导。注重运用新媒体、新技术,拓展网络育人阵地,利用网络唱响主旋律、传播正能量。

(3)做好班级管理工作。组建班委会、团支部,健全班级制度,树立优良班风学风,鼓励学生参与规章制度制订、环境布置等班级文化建设,引导学生自觉养成良好的思想品质和行为习惯，维护教育教学秩序和生活秩序。落实《深化新时代教育评价改革总体方案》"完善德育评价"有关要求，客观、公正地做好学生综合素质评价，及时对学生进行鼓励和指导。加强安全教育、法治教育、卫生健康教育和心理健康教育指导，维护班级和学生安全。

（4）组织班级活动。指导班委会、团支部开展工作，根据人才培养目标、德育工作要求和班级特点，开展覆盖全体学生、形式多样、时代性、趣味性、针对性和实效性强的主题班会、主题团日等班级活动。鼓励引导学生积极参与"文明风采"活动、"技能成才，强国有我"主题教育活动等，在校期间至少加入一个学生社团、发展一项兴趣爱好、参加一次竞赛竞技、参与一项志愿服务、展示一项才艺特长。

（5）做好职业指导工作。了解班级所属专业的人才培养方案，熟悉专业培养目标、专业特点和学业要求，有针对性地帮助学生认识自我，了解社会，了解专业和职业，传承奋斗精神，增强职业意识，树立正确的职业理想和职业观、就业观、创业观，培养良好的职业道德、职业素养和职业行为习惯，提升职业生涯规划能力。指导学生根据社会需要和自身特点选择职业发展方向，顺利实现就业、创业或升学。

（6）做好沟通协调工作。密切与学校相关部门、班级任课教师、家长、社区等的沟通，全面及时了解学生表现，协同任课教师，帮助家长和社区配合学校做好学生的教育、管理和服务工作。根据学校安排，组织学生参加社会实践、劳动实践、实习实训等活动，积极与实习单位沟通联络，共同做好学生顶岗实习期间的教育和管理工作。

（7）辅导员要及时总结、改进工作。建立健全班级管理和学生成长档案，做好育人全过程的信息采集，跟踪了解学生学习、生活、成长等方面的进展情况并深入细致分析，定期对照班级建设目标和达成进度，反思工作不足和制约因素，及时调整改进建班育人策略，达成育人目标。总结成功经验，逐步形成符合高职学生年龄特点、成长规律的科学管理理念和工作方法。

（8）妥善应对突发事件

保护学生身心安全，维护学生合法权益。熟悉并掌握各级教育行政部门、学校关于应对校园安全、公共卫生、网络舆情等突发事件的工作要求，做好应急预案，提高意外伤害现场施救能力。能够第一时间对突发事件进行初步处理，妥善做好应对，及时了解、掌握有关信息并按程序上报。事后做好总结研究分析工作，完善班级应急工作预案，向学校提出合理化建议。

"师魂匠心"筑梦，"以德润身"塑魂——黑龙江农业经济职业学院"师魂匠心"传统文化弘扬传承系列活动典型案例

黑龙江农业经济职业学院始建于1958年，2002年晋升为高职院校，先后获批国家示范性高等职业院校、国家级优质高职院校、国家级现代学徒制试点单位、中国特

色高水平专业群A档建设单位，国家级"1+X"证书制度试点单位。

建校六十多年来，学院始终坚持扎根黑土办教育，将一所普通的高职院校打造成了"地方离不开、行业都认可、国际能交流"的中特高院校，其不竭的发展动力和创造力，来源于学院根植北大荒精神和零距离服务"三农"的初心，来源于学院对于自身文化价值体系的坚守。学院以"团结进取、自强不息、甘于奉献、追求卓越"的精神为核心，把培养师生的"学农、务农、为农"的爱农情结作为根本导向，把弘扬中华优秀文化培育师生"坚韧、淡定、勤耕"的价值取向作为活水源头，将中华优秀传统文化与育人管理有机融合，与塑师风、教学、学风有机融合，打造了以"师魂匠心"为核心的"德与情—诗与花—行与传"三个维度的传统文化弘扬传承系列活动，搭建了"以德润身""以文化人"的育人平台，打造了具有特色的校园文化建设品牌。

一、建设背景

学院高度重视中华优秀传统文化的传承与弘扬，通过开展"师魂匠心"传统文化弘扬传承系列活动，以中华传统文化为引领，将北大荒精神、铁人精神、东北抗联精神、龙江精神融入学院文化育人体系中，将中华传统美德融入课程、教材、教育资源、教育环节，通过教育引领、文化传承和研学实践，教育引导广大师生传承中华优秀传统文化基因，坚定文化自信，自觉弘扬、践行爱国奋斗精神，培养了一大批"爱国、奉献、务实、执着、创新"的时代新人。

二、建设思路和目标

"师魂匠心"传统文化弘扬传承系列活动，旨在将传统文化与新时代职教工作者的思想、使命、修为深度结合，与学生素养提升、全面发展紧密融合，通过文化塑魂、典型引领、普及推进等方式，建设以农经精神为核心，有规划、有品牌、有载体、有活动、有作品、有影响的校园文化品牌，进一步引领和推动农经校园文化建设，增强师生的文化自觉和文化自信，营造传承发展中华传统美德的良好氛围，提升学院的文化软实力和社会影响力。

三、建设基础

该学院是教育部确定的"中华传统美德职教行"活动黑龙江省牵头院校。学院按照全国职业院校"奋进新时代 中华传统美德职教行"组委会的部署，按照省教育厅在全省职业院校开展"奋进新时代 中华传统美德职教行活动"方案的要求，成立了"奋进新时代 中华传统美德职教行"活动领导小组，牵头制定了《黑龙江省职业院校"奋进新时代 中华传统美德职教行"活动计划》，结合黑龙江省"弘扬爱国奋斗精神、建功立业新时代"活动、文明校园创建等工作，依托学院国家3A级景区、国家科普基地、校史馆、各类专业文化馆等校内文化基地，以及牡丹江地区丰富的红色资源等校外文化基地，开展了丰富多彩的文化活动，培育教师的"师魂匠心"和学生的"匠心匠志"。

同时，通过农经全媒体联盟、"两微一端"等载体，培育和推进了学院网络文化建设，形成了传承和弘扬优秀传统文化的良好氛围。

多年来，学院在特色校园文化建设体系构建方面，为涉农类高职院校校园文化建设提供了可借鉴、可推广的工作范例。学院《校园芍药文化节》成果荣获了教育部校园文化建设优秀成果二等奖；《校企深度合作培养现代新农人的路径探索与实践》获国家级教学成果奖二等奖；《基于"五维三化"理念的高职学生文化艺术素质培养体系的创新与实践》获黑龙江省教学成果二等奖；《涉农高校校园文化体系建设与现代农业产业升级问题研究》获黑龙江省农业科学技术奖一等奖；"师魂匠心"文化品牌被评选为全国职业院校"奋进新时代 中华传统美德职教行"美德典型案例。

四、活动开展情况

1. "德与情"系列，聚焦立德树人，涵养爱国精神

学院充分发挥课堂主渠道作用，将中华经典诵读等优秀传统文化融入课程体系中，大力推进思政课改革和"课程思政"建设，把爱国奋斗精神和龙江精神有机融入到思政课及相关专业课程中，通过建设牡丹江红色文化主题思政"慕课"，打造"农经精神"和"抗联精神"两大农经特色"四进四信"教学专题，深化爱国奋斗精神的研究阐释，总结提炼学校改革发展历史中的爱国奋斗精神元素，建设师生情系"三农"的精神家园；通过开设农经文化讲堂，举办"阅品书香""文明端行""志愿农经"等系列文化活动，将中华传统文化和爱国奋斗精神作为引导师生奋发图强的载体，引导他们与党同心同德、爱国报国；通过组织先进事迹报告会，时代楷模、劳动模范、工匠大师进校讲座，开展党建为民工程、旗帜工程、"师魂匠心"先锋典型人物评比表彰等活动，引导师生进一步坚定"四个自信"，切实增强对党和国家奋斗目标的思想认同、情感认同、价值认同。

2. "诗与花"系列，树立文化品牌，培养匠人精神

"熟读经典澄心悟道，苦练技能塑匠精工"，学院以办学六十多年的发展为积淀，以"师魂匠心"为核心，从芍药的品格中汲取文化源泉，打造了"一院一品"的系列专业文化品牌，"红色、奉献、引领"的人文素质系列文化品牌，"创业、助农、奉献"的服务系列文化品牌。

2018年启动"奋进新时代 中华传统美德职教行"活动以来，学院每年组织两次全校范围的汇报展示活动，将经典诗词的诵读、原创诗歌作品创作和传统文化风采展示活动与队列表演、团体操展示结合在一起，通过"农经文化讲堂"这一载体，聘请专家入校，进行中华传统文化的剖析和解读；通过组织千人诵读传统文化经典作品、"孔子八德"诵演、传统文化学习成果汇报演出等活动，以比赛、表演、实践、展示、交流等形式开展传统美德教育；通过成立礼仪社、汉文化社等中华传统文化社团，提升

学生对传统文化的兴趣和参与度；通过开展"阅品书香"书友会系列活动、课前十分钟经典诗词诵读、"文香公寓"创建等活动，将传统文化的精髓与师生的职业道德教育、匠人品质养成有效融合；通过让师生同台，将传统文化的精髓与师生的职业道德教育、匠人品质养成有效融合，营造了良好的校园文化氛围。

3. "行与传"系列，传承践行文化，厚植三农情怀

学院对优秀传统文化和爱国奋斗精神，勤学之、传习之、笃行之。大力推进学生技能、素质双提升的"匠心匠志"育人工程。通过开展电商下乡助农、万名大学生进万村、暑期"三下乡"社会实践、"青年红色筑梦之旅"等活动，强化学生"学农、爱农、留农"情怀，凝聚青春合力，助力乡村振兴，培养了大批"懂农业、爱农村、爱农民"，具有坚韧品性、匠人精神的科技新农人、电商新农人、管理新农人。

学院免费开放教师科研和服务平台，依托校内的动物疫病诊疗中心、分析检测中心、植物组培繁育中心、农村电商学院等服务平台，遴选优秀学生成为教师助手或者独立承担项目，围绕"为农服务、为民解忧"开展工作，师生联手开展科研攻关18项，食用菌窝口机、菌袋捡拾机等项目荣获专利，获团中央创新创业大赛一等奖。

2017年，学院与牡丹江团市委共同开展了"农民电商讲习所"活动，263名师生深入宁安市12个乡镇243个村屯开展电子商务讲座，普及电商知识，提供技术指导，并持续提供跟踪服务。2018年，学院组建大学生红色宣讲团、新思想学习小组，深入周边村镇开展了"青年红色筑梦之旅"实践活动，"农民实用法律宣讲""农产品宣传推广""农业技术服务"等八个实践活动服务队，走进牡丹江市柴河镇、二道河子镇进行社会实践，将智力、技术和项目资源送到广大农村，助推当地科技兴农和精准扶贫，以实际行动展现爱国精神；2019年，学院着重推进了百项志愿服务活动，依托1个院级志愿者协会，以及8个分院志愿者协会，开展大型志愿服务活动80余项，承接大型赛会志愿服务工作20项，累计参加志愿服务学生1万余人次、服务时长5万余小时；选拔2名西部计划志愿者开展为期一年的志愿服务工作，选拔推荐4名"兴边富民"大学生支教团成员赴绥芬河、漠河开展为期一年的支教工作。志愿服务系列活动的开展，进一步激发了师生爱校、荣校的奉献意识和责任担当。

五、工作创新点

1. 精神引领。以农经精神为核心，大力传承"芍药老人"精神。"芍药老人"是学院退休老校长韩行舟教授，他年近九旬仍坚守在岗位上，一直致力于学院的芍药的培植、扩繁，追逐着百亩芍园的梦想。2009年，学院为传承"芍药老人"精神，展示农经发展成果，开始打造校园芍药文化节，至今已经举办11届的农经校园芍药文化节已经成为了牡丹江的市民节，每年接待游客10余万人。

2. 文化塑魂。将孔子八德"孝、悌、忠、信、礼、义、廉、耻"的文化内涵融入教职工文化活动，融入学生素质教育中，组织了诵读、演讲等丰富多彩的职工文化活

动，组织了每日诵读经典晨读、每周"中华传统美德教育"专场风采展示、每月汇报表演、每学期经验分享的系列文化活动，将以"孔子八德"为代表的中华传统文化，融入师德师风建设和学生第二课堂活动中，强化师生的孝善、团结、忠心、诚信、礼让、大义、廉洁、廉耻的优良品质，让中华民族的优秀品质和精神浸润师生心灵。

3. 借力而行。携手牡丹江市诵读者协会和牡丹江电视台，深入挖掘凝练"芍药老人"的精神内涵和优秀品质，举办了"师魂匠心"专场访谈和系列诵读活动，让"师魂匠心"这一概念在农经校园里深入人心，让"坚守、坚韧、躬耕、奉献"的价值观成为学院发展的核心推动力。

4. 活动搭台。举办以"师魂匠心"为主题的系列文化活动，开设"农经文化讲堂"，聘请专家剖析和解读中华传统文化；通过组织千人诵读传统文化经典作品、传统文化学习成果汇报演出等活动，以比赛、表演、实践、展示、交流等形式开展传统美德教育；通过开展"阅品书香""诗词创作"等活动，将传统文化的精髓与师生的职业道德教育、匠人品质养成有效融合。

5. 大赛推进。通过举办系列教师职业技能大赛，提升教师的职业技能，培植匠心情怀；通过鼓励教师指导学生参与大赛，激励教师树立匠心、提高师艺，打造了一支具有"师魂匠心"品质，肩负服务"三农"使命的"政治强、业务精、纪律严、作风正"的工作队伍。

6. 榜样引领。通过聘请时代楷模曲建武、全国十佳优秀班主任李迪等专家进校做讲座，对教师进行"师魂"引领；邀请全国三八红旗手标兵刘彩华等优秀毕业生代表回校报告，对在校学生进行"匠心"引领；通过开展两年一次的"师魂匠心"典型人物评选活动，树立师生身边的榜样，以典型事迹为师生引路。

六、活动成效

通过开展传统文化演绎、感恩教育、学生特长展示等涵养爱国精神、培养匠心精神、厚植"三农"情怀的系列活动，学生的综合素质普遍提升，育人效果突显成效。近年来，学院文化艺术类必修课选课人数每年达到2432人次，组织开展第二课堂活动每年48.2次，参与人数1万余人次；近年来，学生荣获全国创新创业大赛等赛项国家级一等奖2项、三等奖1项；省级二等奖3项、三等奖1项，荣获省级以上各类技能大赛奖励200余项，学院被选为全国高职高专创新发明教育基地、牡丹江市高校大学生创业培训基地。

多年来，学院通过思政引领厚植"三农"情怀，培育了大批科技新农人、电商新农人、管理新农人，涉农专业留省就业比例居同类院校前列，学院先后荣获全国"五四"红旗团委、全国艺术教育先进单位、全国职业院校"魅力校园"、国家AAA级旅游景区校园、黑龙江省职业教育先进单位、黑龙江省"三育人"先进集体、黑龙江省文明单位标兵、黑龙江省文化科技卫生"三下乡"活动先进集体等荣誉称号，连续四届获教育部大学生艺术展演优秀组织奖。《中国教育报》以《农经坐标 引领未来》为题，《中国青年报》以《根植沃土 大爱传承 打造农职院校特色校园文化》为题，分别报道了学院校园文化建设成果，央视《新闻1+1》栏目、新华社、凤凰网等各类新闻媒体累计报道百余次，培养了入职新时代匠人团队、全国种粮标兵刘彩华等一大批具有爱农情怀、坚韧品性、匠人精神的技术技能人才。

第八章 高等职业教育师资队伍建设

《中国教育改革和发展纲要》指出："振兴民族的希望在教育，振兴教育的希望在教师，建设一支具有良好政治业务素质、结构合理、相对稳定的教师队伍，是教育改革和发展的根本大计。"教育部《关于加强高职高专院校师资队伍建设的若干意见》也提出："各类高职（高专）院校要按照培养高素质实用性人才的要求，从适应社会主义市场经济发展需要的高度，充分认识全面提高师资队伍整体素质的重要性和迫切性，切实加大师资队伍建设工作的力度，努力建设一支师德高尚、教育观念新、改革意识强、具有较高教学水平和较强实践能力、专兼结合的教师队伍。"《中共中央 国务院关于全面深化新时代教师队伍建设改革的意见》提出，要"全面提高职业院校教师质量，建设一支高素质"双师型"的教师队伍"。高等职业教育教师职业道德建设、双师型教师队伍建设等问题是职业教育教师队伍建设面临的重大课题，是困扰职业教育教师队伍建设向纵深发展的瓶颈问题。

第一节 国内外高等职业教育师资队伍研究现状

一、国内研究现状

国内关于高等职业教育师资队伍建设的研究成果中理论性研究偏多，实践性研究相对较少。随着我国高等职业教育规模迅速发展，培养生产、管理、建设、服务等一线高技能应用型人才的就业教育，为高等职业教育迎来了发展的契机。但是高等职业教育在取得显著性发展的同时，更面临着质量发展的难题，突出表现为高等职业院校的毕业生在就业市场上没有明显的优势，其可替代性比较高。高等职业院校培养的学生尚没有满足企业、行业要求，没有突出职业教育的特色，制约目标实现的关键在于职业院校还没有建立一支高素质、结构合理的"双师型"教师队伍。

就目前的研究来看，对于师资队伍建设中"双师型"教师的认识已经从标准的认定深入到素质的分析。比如，段青河同志的《关于"双师型"职教师资队伍建设的思考》就提出"双师即双证"，白兆盈同志在《谈职业学校"双师型"教师队伍建设》中提出，

"双师型"教师是教师与技师的叠加,"双师型"教师是指从事职业教育的既能传授专业理论知识,又能指导专业实践,具备"双师"知识、素质、能力的专业教师。

研究成果中也提出了一系列"双师型"教师队伍建设的策略和途径,肯定了"双师型"教师的提出在当前背景下的理论价值和实践意义,讨论了"双师型"教师的标准和"双师型"教师队伍建设策略的可行性。如肖化移同志提出实行"学校中心、能力本位、行动研究"的在职教育与培训模式来培养"双师型"教师。刘爱群同志提出了培养"双师型"教师的措施,"积极寻觅,挖掘专门人才,引进'双师型'教师;立足校内,创造实践条件,造就'双师型'教师;依托社会,采取挂职方式培训'双师型'教师;开放办学,利用校企联合,补充'双师型'教师"。王旭善同志在《双师型教师队伍建设》一书中阐述了高等职业教育"双师型"教师队伍的重要地位和作用,并且也从社会和学校两个层面,对"双师型"教师队伍的管理提出了科学、系统的可操作性的措施。学校和社会的作用在"双师型"教师队伍建设中非常重要,但是教师在专业知识与技能方面的自身努力也是必不可少的。

关于师资队伍建设中的"双师型"教师队伍现状的分析与研究,如傅经章同志在《江苏省高职院校"双师型"师资队伍建设的现状及对策》中就现存问题从历史、相关政策、教师的科研意识、学校的激励机制等方面做出了原因分析;方桐清同志在《高职教育"双师型"教师队伍建设中的困难和问题》中从认识、管理和环境三方面分析"双师型"教师队伍建设与发展过程中出现的问题。尽管从高等职业教育"双师型"教师队伍建设研究来看理论性研究成果相对较多,但缺少对实践问题的有针对性的探讨和分析。

二、国外研究现状

20世纪80年代以来,职校教师的综合素质培养成为国际职业教育关注的热点。德国、美国、澳大利亚、日本、英国等国家纷纷把职校教师素质及培养模式纳入研究的视野,在师资队伍建设和管理方面的研究也比较早,因此教师素质能力也普遍较高,对教师素质能力的要求和考评也非常严格。

德国的职业教育因"双元制"而闻名于世。"双元制"下的师资建设充分利用了学校和企业两个不同的教育资源和教育环境,采用课堂教学和企业实践有机结合的方式,发挥企业、学校优势互补的作用。这既有利于教师个体实现"双师素质",又有利于优化师资结构,实现"双师结构"。

美国对于从事职业教育的教师资格有严格的规定,对职业教育教师的要求比普通教师要高。职业教育教师资格一般要求为:具备学士学位,有相关领域1~2年的实际工作经验的优秀者,负责安排和监督执行教育计划的人,必须有硕士学位,并有相关领域的工作经验。

澳大利亚职业技术教育以"培养高水平的实用型技术人才,最大限度地为经济和社会发展服务"为办学宗旨,其全称为"技术与继续教育",即 TAFE。TAFE 学院以职业教育与培训为主实施教育,建立在明确的行业(企业)职业岗位需求基础上,是"为职业"或以就业为导向的教育。高质量的师资是实现 TAFE 学院人才培养目标的保证,对从教教师有着严格的要求。

日本的"双师型"教师称为"职业训练指导员"。它是指具有技术专业(即机械、电工、家电维修等)和教育专业双学士学位的教师,它集理论教授与实践操作于一身。持有职业教育教师资格证者必须先到企业工作,然后才有资格转到教师岗位上来。日本成立了专门的"职业能力开发机构",该机构成立了"职业能力开发综合学校",以企业事业岗位需求的职业能力为基点,专门负责职业训练指导员的培训和职业技能训练。

英国职业教育的师资培养以其严格、规范、制度化的教师资格证书制而著称。其技术和职业教育主要分为中等教育阶段和继续教育阶段。不同的教育阶段对教师的职前教育会有较大的差别。

上述国家的"双师型"教师培养都有以下特点:

1. 注重校企合作,充分发挥企业在师资建设中的作用。
2. 聘用大量的兼职教师。
3. 重视教师工作经验的积累和实践能力的提升。
4. 政府的重视和支持。

第二节 高等职业教育教师的使命与素质

一、高职院校教师的使命

高等职业院校专业教师的素质能力高低直接关系到高端技能型人才培养的质量。因此,建设一支高素质的教师队伍,提升高等职业院校教师素质能力尤其是"双师型"素质是搞好职业教育的根本。

从理论意义上讲,"双师型"教师队伍是职业教育培养目标实现的保证。职业教育是"以能力培养为本位,以就业为导向"的就业教育,这决定了职业教育应紧密结合行业、企业等市场需求,体现出职业教育的职业性、实践性和针对性。通过校企合作培养"双师型"教师能够保证教师的质量。因此,应使"校企合作"成为培养"双师型"教师的有效途径，探索出切实有效的培养策略。理论界在这一方面的研究还不充实、涉入较浅，应加深该方面的研究，丰富"校企合作"，构建"双师型"教师队伍的理论基础，为职业院校具体实践提供理论依据。

从现实意义上讲，第一，有利于解决职业院校人才培养质量与社会需求之间的矛盾。职业教育的目标在于培养应用型、技能型人才。"双师型"教师的匮乏成为制约其目标实现的关键。因此，实现培养目标，保证输出的人才满足社会需求，首先必须加强"双师型"教师培养。第二，有利于职业教育特色的实现。"双师型"教师是职业教育中的特殊群体，只有利用"校企合作"，结合企业需求，才能从根本上改变职业教育成为"压缩本科"的弊端，彰显职业教育特色，满足行业、企业要求。第三，有利于学校、企业的双赢。一方面学校可以充分利用企业的新工艺、新技术等，更新教师知识，提升其专业技能，帮助教师融技术、实践于教育教学；另一方面企业能够充分利用学校教师专长，进行科学研究，解决实际生产中的难题，最终提高企业自身的竞争力。总之，实现学校和企业联合培养"双师型"教师可以使双方优势资源共享，实现互惠互利。

二、高职院校教师应具备的基本素质

所谓素质，即品质，一般是指人自身所具有的对其自身活动发生作用的比较稳定的基本品质，它包括现实素质、先天素质和可能素质。目前我们常说的素质，主要讲的是现实素质，它是指人在后天所形成的较为稳定的基本品德，主要包括人的思想、知识、身体、心理品质等。

教师职业是一种专门性的职业，作为一名教师，其必须具备多种素质才能胜任教育工作。可以说教师素质的高低直接影响教育事业的发展，也关系到国家的兴旺和民族的昌盛。高职院校教师的素质应该包括德、才、能、心理等几个方面。即教师职业道德素质、人文素质、专业素质和心理素质等。

（一）职业道德素质

教师职业道德是指教师应有的道德和行为规范，是教师从事教育教学活动过程中所应当遵循的行为规范和必须具备的与之相适应的道德观念、情操和品质素质等。教师职业道德是全社会道德体系的组成部分，是职业公德的组成部分。教师的职业道德就是一种社会公德，也可以简称为"师德"。具有高尚品质、独特人格魅力和渊博学识的教师，会对学生产生深远的、巨大的影响。所以，师德高于普通社会道德。教师被人们誉为"人类灵魂的工程师"，因而从业教师的职业道德对学生的成长有着至关重要的影响。作为一名合格的人民教师，必须坚定对党的信念，对社会主义的信念，树立科学的世界观、人生观、价值观，具有为教育事业奉献终身的崇高理想、高度负责的敬业精神、良好的职业道德和健康的心理素质。高职院校的教师同样必须具备这些良好的职业道德素质。

1. 忠诚于党的教育事业

教师职业需要很强的奉献精神，正如陶行知先生所说的"捧着一颗心来，不带半根草去"。作为一名教师，必须忠诚于党的教育事业能够很好地处理国家、社会和个人需要之间的关系，具有高度的使命感和强烈的事业心。

2. 爱岗敬业

高等职业教育学校教师作为教育工作者，要有良好的社会形象，要为社会主义精神文明建设和社会进步起推动作用。要有高尚的道德品质和爱岗敬业的精神。

教师爱岗敬业的一个重要表现就是要热爱学生，这种师爱可以鼓励学生克服困难、积极向上。要培养师爱，首先要增强对师爱的认识，要把青年学生看作未来的社会主义建设者和接班人。师爱还要求教师平等地关心和爱护每个学生，对落后的和成绩差的学生，教师要倾注更多的爱。

3. 淡泊名利

教师必须具有"平平淡淡才是真"的心态。教师职业从经济地位来看，付出与工资待遇相比，远远不对等；与科学家相比，又没有很高的社会地位。教师必须有踏踏实实的工作作风和任劳任怨的精神，以平常心态对待名利。

4. 为人师表

为人师表是我国教师的传统美德。孔子说过："其身正，不令而行；其身不正，虽令不从。"唐代教育家韩愈则进一步提出教师应"以身立教"，认为这样的教师才会"其身亡而其教存"。现代教育家陶行知先生就倡导"教师应当以身作则""以教人者教己"。

为人师表首先应表现在教师义务方面。教师必须遵纪守法，依法执教，遵循和贯彻党和国家的教育方针，认真完成教育教学任务。表现在行为方面，要处处严于律己，做学生的表率。表现在教师的品德方面，在思想境界、道德情操方面，教师要成为学生的楷模。表现在教师的风度方面，要语言文明、举止端庄、礼貌待人、仪容整洁大方。

5. 严谨治学

"学而不厌、严谨治学"是我国教师的美德。孔子说过："抑为学之不厌，诲人不倦，则可谓云而已矣。"其学生子贡解释他的话是："学不厌，智也；教不倦，仁也。仁且智，夫子既圣矣。"意思是说，孔子的"学不厌""教不倦"，体现了教师仁与智两种至高无上的品德。高职院校的教师同样需要这种治学风格。

6. 团结协作

培养年轻一代的任务不可能由个别教师独立完成，而需要许多教师互相配合，共同完成。没有教师之间的交流与切磋，相互支持与合作，就不会取得好的教育成绩。高职院校的教师同样要相互尊重与信任，努力处理好上下级关系、领导与群众的关系。

(二)人文素质

人文素质一般包括两部分,一个是人文知识,另一个是人文精神。有了人文知识不一定有人文精神,人文精神构建在人文知识上,也隐含在包含科学知识和科学精神的实践活动当中。人文素质涉及的是人自身如何处理与自然、社会、他人的关系以及人自身的理性、情感、意志等社会属性方面的问题。

高职院校教师人文素质的高低,直接关系到他们所培养的学生的文化素养水平。高职院校的教师只有通过大量的人文知识的积累,才能与其自身修养发展相适应。人类优秀的文化传统,通过教育得以继承,通过教师的劳动得以传播。

(三)专业素质

教育质量的高低在很大程度上取决于教师队伍整体和个体的素质。高职教师队伍的素质是显示其专业水平的关键因素。

高职教师的专业素质主要体现为以下几个方面:

1. 与时俱进的教育理念

教育理念是教师在对教育进行理性思考和深刻理解的基础上形成的教育观点和教育信念,是否有明确的教育理念是衡量教师成熟与否的重要标志。高职院校教师同样应从古今中外丰富的教育思想中不断吸收营养,面向未来,适时调整教育理念的坐标,从而与时俱进,至少要具备一些教育理念:(1)平等地对待每一个学生,切实体现教育的公平、公正、民主的原则;(2)关注学生全面和谐发展,使其身体与心理、智力与非智力协调发展,自我意识和社会认识同步增长,学校学习与社会实践相互补充;(3)尊重学生的个体差异和自主发展,让学生充分发挥自己的潜能,实现自己的人生价值;(4)构建学生合理的知识结构,奠定扎实的知识基础。

2. "一专多能"的教学能力

对于高职教师来说,由于高职培养目标强调知识的应用性、综合性以及因需而变的适应性,因此高职教师要做到:第一,眼睛要向外,经常跟踪社会需要并及时调整和更新所教知识、开发新课程;第二,能够把系统的学科知识提炼、转化为应用的知识,并根据学生特点进行设计;第三,能够打破理论与实践的壁垒,把两者融为一体。这些,都要求教师有"一专多能"的教育才能。

3. 熟练自如的实践动手能力

实践教学是高职教育的一个重要环节,实践教学也是高职学校的教学目标。因此,高职教师须具备较强的实践动手操作能力,能很好地指导学生的实践,要能够通过自己熟练的操作演示,让学生直观地了解所要学习的技能。

4. 教学与专业所需的科研能力

作为高职教师,由于从事的是高等教育,而且又是高等教育的一项新生事物,对研究的要求十分迫切，研究内容也十分丰富，所以必须勤于研究、善于研究、勇于实践，以科研促教学，实现高职教育的健康良性发展。高职教师的科研能力主要表现在两个方面：一是要有强烈的忧患意识和探究欲望，保持对职业变化的敏感，善于将工作中遇到的问题用科研的方式加以对待，进行系统的理论分析；二是要掌握教育研究和专业研究的基本方法，少走弯路，保证研究的严谨性和准确性。

（四）心理素质

林崇德教授将教师的心理素质定义为"教师在教育活动中展现出来的，决定教育教学效果，对学生身心发展有直接而显著影响的心理品质的总和"。高职院校教师心理素质主要应包括以下几个方面：

1. 健康的人格

人格是人的社会性的集中体现，它带有强烈的职业烙印。不同的职业对人格特质和模式的要求有所不同。教师人格是指教师应当具备的优良的情感以及意志结构、合理的心理结构、稳定的道德意识和个体内在的行为倾向性。高职院校教师的人格首先应该是健康、和谐、全面发展的人格，教师的人格应当高于也必须高于其他行业的人格模式要求，教师的人格应该成为全社会的表率。教师的人格对社会的影响具有辅助作用。教师通过学生、家长与社会发生密切的联系。教师的人格水准状况会对整个社会的精神文明建设产生巨大的辐射作用。

2. 良好的情感特征

高职教师的情感特征对学生具有潜移默化的影响。一般来说，高职教师的情感特征主要有四个方面的表现：（1）真诚。一方面高职教师要真诚地对待每一个学生，以信任、友谊的态度成为学生的知心朋友；另一方面，教师一旦犯了错误，要勇于面对学生，诚恳地承认错误，并迅速改正。（2）乐观。教师面对挑战和挫折，不但自己要有乐观的态度，而且还要以自己的信心、克服困难的勇气、乐观的情绪和坚强的意志去感染学生，增强学生克服困难的勇气。（3）进取。高职教师必须以对人生目标不懈的追求、对教育教学工作不懈的探求和创新的进取精神去影响每一个学生，激发学生的求知欲和探索创新精神。（4）宽容。作为教师，既要严格要求学生，又不能过多地责怪学生，要以宽阔的胸怀宽容学生，宽容但不放纵。

3. 坚强的意志品质和较强的心理承受力

教师除做好自己的业务工作外，还要协调好与学校、社会、家庭和学生几方面的关系。教师可能经常遇到许多的挫折和刺激，所以必须有随时承受挫折的心理准备，有坚强的意志品质，在困难面前不能低头，并要以自己的行为感染学生，锻炼学生坚强的意志品质。

4. 浓厚的职业兴趣

作为高职院校的老师，首先要对自己的职业产生浓厚的兴趣。只有有对职业教育事业的无限热爱，对学生的无限挚爱，才能做好教育教学工作。教师的职业兴趣是推动教师孜孜不倦地进行教育教学探索、调动工作积极性的动力。高职教师要增强责任感，用科学的态度指导学生，密切与学生的交往，热爱学生。

第三节 高等职业院校人才梯队构成

随着社会对职业教育重视程度的不断提高，职业教育改革和建设的步伐也在加快，大力加强职业教育教师人才梯队建设，提高职业教育教学质量，确保职业教育长期健康发展，已成为一项十分重要而迫切的任务。根据职业教育教师的成长规律，结合办学实践，职业院校的教师队伍应是以青年合格教师为基础、"双师型"教师为中坚、骨干教师为核心、专业带头人为领军的梯形结构。

一、职业教育教师人才梯队的构成

1. 以青年合格教师为基础

具有大学本科或研究生学历的青年新教师，依靠本人努力和老教师的帮带，经过两三年时间的历练，一般能够顺利完成一门课程的教学任务和班主任的教育管理工作，具有基本的教学能力和教育管理能力。他们了解高职院校的培养目标，懂得人才培养模式和教学模式，熟悉课程标准和教学内容体系，掌握课程教学规律，对学校、对学生建立了感情。这些青年教师年轻、成长快、可塑性强，是学校教师队伍中最具活力的一个庞大群体，是教师队伍的基础。

2. 以"双师型"教师为中坚

在职业院校中看，"双师型"教师是教学的主力军。因为职业教育肩负着为社会建设培养高技能专门人才的使命，这就决定高职院校教师必须业务精湛，既具有扎实的理论知识，又具有很强的专业实践能力，能够同时担当理论教学与实践教学的"双师型"教师。有了这样一支专业教师队伍，才能使理论教学与实践教学、学校教育与企业生产实践、校内基本技能训练与校外顶岗实习有机地结合起来。而且在数量上，"双师型"教师要达到专业教师的50%以上，所以"双师型"教师是职业院校教师队伍的中坚力量。

3. 以中青年骨干教师为核心

一般被称为中青年骨干的教师，通常能够胜任两门以上专业基础课或专业主干课程的教学，教学水平高、效果好，能起示范作用，又能从事各项教学建设，诸如制定人才培养方案、编制课程标准、撰写课程教学进度计划、开展教育科学研究，并取得优秀教学成果。他们热爱职业教育事业，爱岗敬业，乐于奉献，帮带青年教师，他们是专业教师团队中的核心力量。

4.以专业带头人为领军

专业带头人学术（业务）水平高，教学质量好，教学科研成果丰硕，具有先进的职业教育理念。在一个专业教师团队中，他们能够团结、凝聚全体教师，深化教学改革，组织重点专业、特色专业、精品课程等的建设与改革；组织实验、实训实习基地建设；开展科学研究，为区域经济发展方式转变、产业结构调整升级组织科技服务。专业带头人往往是学校中某个专业学术水平、教学水平和科技服务水平的代表，是专业建设的领导力量。

二、"双师型"教师的内涵

"双师型"教师概念是在以往职业教育中重理论、轻实践，重知识传授、轻能力培养的大背景下提出的。根据人们对"双师型"教师的理解，其基本内涵有两点：一是认为教师既有教师资格证书，又有专业技术职业资格证书。按照这个界定，"双师型"教师必须具备这样一些能力：一是教学能力，包括五个方面，（1）具有扎实的专业理论基础；（2）能胜任本专业两门以上课程的教学，并熟悉有关课程的内容；（3）能主编所任课程的教学大纲，参编相关课程的教学大纲；（4）胜任本专业相关的实验、实习、实训、课程设计、毕业设计的组织与指导；（5）能运用现代教学技术进行教学，教学效果好；（6）具有教育教学管理的基本能力。二是教研能力，包括，（1）能承担综合课程开发工作，并编写课程教材；（2）具有较高的学识水平，能撰写质量较高的学术论文；（3）积极探索高职教育的教学规律，进行教育教学改革。三是专业实践能力，包括，（1）具有一定的设计能力、工艺能力和技术开发及技术服务能力；（2）具有中高级技工的生产操作能力；（3）具有胜任专业工作的能力，并有一定的专业实践经验，具有一定的创新能力。

目前，"双师型"教师是我国高职教育界对专任教师普遍提出的基本素质要求。从实际情况来看，高职院校必须从社会的生产、建设、管理、服务一线引进或聘任大量的专兼职教师，充实教师队伍，必须按照社会主义市场经济对高职教育的要求，通过培训和在职教育、实际工作锻炼等多种形式，努力提高现有教师队伍的素质。

三、"双师型"教师对培养高技能人才的意义

高等职业教育主要是培养理想信念坚定，德、智、体、美、劳全面发展，具有一

定的科学文化水平，良好的人文素养、职业道德和创新意识，精益求精的工匠精神，较强的就业能力和可持续发展的能力，掌握本专业知识和技术技能的复合型技术技能人才。"双师型"教师对提高高职教育教学质量、培养合格的人才做出了积极的贡献。可以说，高职院校的"双师型"教师在学校教师队伍中占有十分重要地位，对提高职业教育教学质量具有十分关键的作用。

（一）高职教育的培养目标决定了"双师型"教师的重要地位

高职教育的培养目标是培养适应生产、建设、管理、服务第一线需要的技术应用型专门人才，学生在具有必备的基础理论知识和专门知识的基础上，重点掌握从事本专业领域实际工作的基本能力和基本技能。高职教育的培养目标能否实现，在很大程度上取决于"双师型"教师的数量和质量。

（二）高职教育人才培养模式决定了"双师型"教师的重要地位

高职教育人才培养模式是使学生具备一定的知识、能力、素质。以适应社会需要为目标、以培养技术应用能力为主线设计学生的知识、能力、素质结构和培养方案，是高职教育的重要特征之一。"双师型"教师在从设计培养方案到实施培养方案的全过程中起着重要的作用。

（三）高职教育教学特征决定了"双师型"教师的重要地位

高职教育教学内容体系是以"应用"为主旨和特征构建的，实践教学在教学计划中占有较大的比重。要高质量地完成高职教育的教学任务，实现高职教育的目标，就要求教师特别是专业教师必须具有"双师素质"。既要有较强的教学能力，又要有较强的专业实践能力；既能从事理论教学，又能从事实践教学。

第四节　高等职业教育师资队伍建设的现状

一、我国高职院校师资队伍的现状

近年来，随着高职教育的蓬勃发展，我国高职院校的师资队伍建设工作已初具规模，取得了一定的成果。尤其是一大批高职院校参与和完成了"国家示范性高等职业院校建设计划"，使各高职院校都已充分意识到建立一支高素质"双师型"专业教师队伍的重要性。然而从现状上看，高等职业院校教师队伍在整体素质、结构和数量上仍然不能满足国家倡导的大力发展高职教育的需要，在教师队伍建设问题的研究分析上还不够系统，在教师队伍建设的措施上与高职教育的实际结合还不够紧密，在高等职业院校师资队伍建设的机制和运行环境上还不深入、不到位。

教育部《关于加强高职高专师资队伍建设的若干意见》指出：各高职院校要做好师资培养规划，力争用 5~10 年时间，培养一支教育观念新、改革意识强、师德高尚、有较高教学水平和较强实践能力、专兼结合的教师队伍。要使师生比达到 14：1，学历达到大学本科以上水平，并逐步增加硕士和博士学位教师的比例，其比例一般不低于全部教师总数的 30%。高级专业技术职务的比例达到专业教师总数的 30%，"双师型"教师数不低于专业课教师总数的 80%。而目前我国高职院校师资队伍现状还不尽人意，主要表现在以下几方面。

（一）高职院校师资队伍建设中"双师型"教师数量不足，比例不合理

近年来，高等职业教育发展的规模与速度空前提高。高职院校与学生越来越多，从事职业教育的教师数量也在不断地增加，但仍不能满足职业教育的发展需求。教师的匮乏使得高等职业教育教师的周教学时数明显增加。很多教师从高等学校毕业即参加工作，"理论型"教师偏多，"双师型"教师数量严重不足，比例不合理，导致了"双师型"教师普遍工作量繁重。虽然目前教师队伍建设得到各方面的重视，但由于这么多教师缺少实践经验，不能保证实践教学质量。很多"双师型"教师疲于应付日常教学和日常管理等琐事，在保质保量完成教学任务的前提下，往往只能求量舍质。教师没有足够多的时间参与相关培训，这给"双师型"教师队伍的建设造成了一定的困难。

（二）高职院校"双师型"教师来源单一化

高等职业院校的教师大部分都来源于普通高校毕业生，很多教师从学校走到学校，没有一定的实际工作经验和经历，动手能力和专业技能较差。教师来源的单一化、高校化，造成很多教师只有理论功底，缺少实践经验，难以保证人才培养的质量，培养的学生缺少专业实践能力，最终使得"双师型"教师队伍建设变得更加困难。高等职业教育的培养目标定位为培养一线的技能型、技术型人才。要保证这类人才的培养质量，满足企业的需求，首先要求教师是高素质的技术型、技能型人才，尤其是教师自身具备较强的实践操作能力。因此，高职院校急需企业的优秀人员充实到教师队伍中来，只有这样才能保证教师队伍整体素质。

（三）高职院校"双师型"教师认定标准不统一

"双师型"教师是针对高等职业教育办学特点提出的一种新型教师，是实现高等职业教育培养目标的基础。这就需要明确什么是"双师型"教师，即"双师型"教师的基本素养、认定标准等。虽然政策文件及有关学者多次提出"双师型"这一概念，却没有达成共识，普遍的有"双证书说""双职称说""双素质说""双能力说"等。这导致了"双师型"教师认定的混乱，在"双师型"教师的认定执行环节中无章可依、各行其是。

（四）高职院校"双师型"教师专业技能较差，缺少企业实习锻炼的机会

学生的专业技能水平在很大程度上决定教师的专业技能水平。作为教师要首先做到自己的专业技能跟得上企业、行业的技能需求。广大教师要想提高专业技能，就要定期到企业顶岗实习。从目前实际情况来看，由于教师数量缺乏，造成课时量较大，大部分教师没有时间到企业实习锻炼，教师参与校企合作的机会也比较少。学校提供的培训很多时候理论居多，不能满足大部分教师对专业技能的需求，最终制约了教师专业技能的提高。在当前"双师型"教师师资队伍中，很多"双师型"教师可以说是名义上的"双师型"教师。一方面，很多高等职业学校要么为了达标，要么虚荣心作祟，把很多本不属于"双师型"教师的教师划入了"双师型"教师行列。另一方面，则因为教师多年远离企业生产一线，面临着专业技能老化、滞后于企业最新技术的问题。即使有少数教师是来自于生产一线的行业技术人员，其实践能力、动手操作能力如果得不到及时的更新，其实践能力也将大打折扣。而职业院校在教师实践技能培训方面的落后，则显著地影响了教师自身专业技能的提升，导致教师专业技能、实践操作能力较差。

（五）来自企业的兼职教师较少

兼职教师是"双师型"教师队伍的重要组成部分，在"双师型"教师中发挥着巨大的作用。但是，我国高等职业教育中兼职教师的比例偏低，尤其是从企业聘请的兼职教师比例更低。对兼职教师的任用也存在诸多问题，如大部分兼职教师主要从事理论课教学，从事实习指导的兼职教师较少，这与国家要求的"兼职教师主要应从企业及社会上的专家、高级技术人员和能工巧匠中聘请"的初衷是有出入的。同时，相比发达国家职业教育兼职教师比例达到专任教师的30%的标准差距甚远。兼职教师能够优化教师队伍，其前提是必须聘用既懂得理论又有实践经验，或者有着较强的技能水平的技术人才到校任教。但当前兼职教师的聘任、管理存在着与国家加强兼职教师队伍建设的实质精神相背离的现象。这样导致兼职教师不仅不能真正改变"双师型"教师力量薄弱的情况，还给学校带来了负面的影响，增加了学校经济负担。

（六）高职院校"双师型"教师激励政策不完善

"双师型"教师的发展除了教师自身的努力外，还需要高等职业院校制定相关的激励政策，如福利待遇、培训等。各方面完善的政策措施是推动"双师型"教师发展的外在动力，但当前各职业院校在这方面的工作显然是不到位的。对"双师型"教师的激励并没有与非"双师型"教师区别开来，很多学校甚至实行统一的激励政策。这就导致了教师对此满意度较低，不利于"双师型"教师的成长。完善的、令人满意的"双师型"教师的激励政策是"双师型"教师发展的助推器。它能极大地刺激"双师型"教师的发展，提高"双师型"教师的发展速度。但是，当前各职业学校激励政策工作

的不到位，甚至相关激励政策落后于"双师型"教师的需求，使"双师型"教师的成长缺乏一个外部强有力的推力。在"双师型"教师与非"双师型"教师各方面的待遇相差不大的情况下，"双师型"教师的发展缺乏强有力的外部推动力。

（七）教师培养培训实效性不强

行业、企业参与教师培训的积极性不高，不愿接受教师实习，企业教师培训基地数量太少，项目不健全、不规范，不能提供足够的岗位来接纳教师实践，有些专业没有对口企业可供实习。没有稳定的企业培训基地已经成为教师到企业实践和培养教师的一大限制因素。高等院校教师培训基地基础条件较差，培训内容还比较滞后，实践技能教学环节薄弱。学校校本研修力度不够，教师的可持续发展能力没有得到充分展现。

第五节 影响"双师型"教师队伍建设的因素

（一）高职院校教师对"双师型"教师队伍建设重视程度不够

在师资队伍建设中，教师对"双师型"教师队伍建设重视程度不够，对"双师型"教师队伍建设缺乏足够的认识。其表现在：第一，有一些教师观念落后，受传统思想观念"重文轻武"的影响较多，很多教师在高等职业教育教学中比较重视理论知识的传授，普遍存在"重理论、轻实践""重知识的传授、轻技能的培养"的现象。再有，有些教师对自身专业技能、实践能力等提高的积极性不强。第二，教师对"双师型"教师队伍建设不重视。高等职业教育是与经济社会紧密联系的教育，它有着鲜明的实践性、针对性、实用性。因此，教师传授给学生的知识、技能必须紧跟时代的步伐，很多教师队伍却以教学任务重、没有时间或太忙为借口，在职业技能方面缺乏不断进步、主动适应和精益求精的态度，这样就会导致教师专业技能不适应专业要求，影响了学生培养的质量，也阻碍了向"双师型"教师的发展。"双师型"教师的建设最终需落实于教师个体，只有充分调动广大教师的积极性、主动性，重视向"双师型"教师的发展，才能加快"双师型"教师队伍建设的步伐，实现"双师型"教师队伍建设的目标。

（二）职业教育由于自身服务能力差，对企业帮助不大

在当前高等职业教育发展中校企合作是最重要的，可是企业的合作积极性并不高，普遍存在着学校一方"热"的现象。建立一种稳定的校企合作关系，要求职业院校不断提高各方面的综合素质，尤其是服务企业的基础能力，才能保证校企合作畅通无阻。

就企业来讲，要想校企合作成功开展，需要要求职业院校有一支高素质的师资队伍，并有符合行业、企业要求的专业、课程和教学；还要保证学校向社会输出的毕业生能够顺利适应企业岗位。在校企合作中职业院校和企业的地位是平等的。如果一方实力太弱，则这种合作关系就无法维持。企业与学校的合作，是希望借助职业院校的优势资源解决经济技术难题、对企业内部员工实施培训。但职业院校为企业提供相应帮助的基础能力太差，表现在：一方面，大多数职业院校实习、实验条件差，教师科研能力不高，学校在校企合作项目中难以给企业带来直接的、有用的帮助。另一方面，当前职业院校教师数量少，教学任务重，压力大，没有时间，也没有精力深入企业实习、锻炼，更没有机会参与企业的生产、经营，为企业提供相关支持和服务。在当前劳动力供过于求、企业在劳动力市场上处于绝对优势的情况下，企业能够轻而易举地招聘到所需人才，而职业院校所输送的毕业生却不一定能满足企业需求，这必然影响企业参与职业教育的积极性。职业教育由于自身服务能力差，对企业帮助不大，使得企业难以在这种合作中获益，企业对于校企之间的合作不够积极。

（三）企业参与校企合作的积极性不高

高等职业教育的发展离不开企业的支持，职业教育教师队伍的建设亦离不开企业的参与。在我国高等职业教育中，企业在当前师资建设中作用并不明显，企业作为一种营利性经济组织，以追求利益为首要目的。而职业教育的本质在于其准公共性质，以培养人才为其目标。当企业与职业学校合作时，首先考虑的是：这种合作能否给自己带来利益，这种利益是直接的还是间接的。参与职业教育等于把钱花在公共利益上，这必然会影响企业利润目标的实现，一旦校企之间的这种合作对企业的生产运营带来威胁，企业则会毫不犹豫地终止这种合作。企业仅仅把眼光放在短期、近期利益上，缺乏长远眼光。有的企业甚至把教师、学生的实习看作解决自身"用工荒"的一种手段，校企双方在利益追逐上的分歧使得企业参与合作的积极性不高，企业参与职业教育成为可有可无的自愿行为。企业承担具有公益性质的校企合作责任与企业自身利益最大化的理性"经济人"目标存在冲突，这种冲突有时很难调和甚至不可调和。除此之外，企业在校企合作中的贡献得不到社会认可，企业在这种合作中的付出得不到相应的利益补偿也成为了企业参与性不强的原因之一。

（四）政府在校企合作中职能的缺失

校企合作共建"双师型"教师队伍是经济发展对职业教育提出的客观要求。这种合作是企业、职业院校两种不同的利益主体在各自不同利益的基础上进行的合作。学校和企业处于这一矛盾统一体中的两端，不可避免地存在着矛盾，仅依靠双方的自由合作，无法保证其长期性、稳定性。因此，政府必须以强有力的第三方介入这种合作，并对其进行统筹、指导、协调和监督，为合作提供最基本的保障。在学校与企业的合作关系中，双方是相互合作、相互服务的关系。这种合作的持久、稳定需要双方均获利。如果某一方利益受损，合作就会中断。尤其是企业作为对市场比较敏感的一方，其生产技术、生产方式会随着市场的需求不断调整。而学校在人才培养方面的周期性较长，适应市场能力较弱。一旦学校不能为企业提供适应的人才，企业为自身利益考虑则会终止与职业院校的合作。因此，为保证合作的顺利进行，需要政府在合作中进行统筹协调。由校企之间的合作，变成政府、职业学校、企业三方的互动，政府在这种合作中为学校、企业提供一切可能的服务、支持，保证校企合作的稳定性。政府在校企合作中发挥着不可替代的作用。当前我国政府在合作中职能的缺失则成了合作不稳定、不深入的主要原因。首先，政策法律的不健全，使校企合作缺少良好的合作环境。校企合作双方主体利益不同，要实现合作，协调矛盾冲突，需要政府制定明确的政策法律，明确各方的责任、义务、权利等。校企合作主要靠"关系和信用"建立，缺乏合作办学的内在动力，难以形成长效的合作机制。各级政府在制定技能型人才发展规划等方面也没有发挥应有的作用，导致人才培养上的"瞎子摸象"。因此，职业教育的发展需要政府建立、健全校企合作的长效机制。

第六节 高职院校"双师型"教师队伍建设的策略

针对高职院校师资队伍建设的研究，首先，提升教师职业道德素养、思想政治素养、师德师风和服务理念；其次，提升教师的教育教学能力、专业能力和科研能力，使教师队伍向专业化发展迈进；最后，对教师师资队伍建设形成科学的建设策略。

（一）加强党对教师队伍建设的全面领导

充分发挥各级党组织的领导和把关作用，充分发挥党员教师的先锋模范作用。

（二）加强教师标准体系建设

没有标准就没有质量。加快研制高等职业学校教师专业标准，推进以"双师素质"为导向的新教师准入制度。通过健全标准体系，规范教师培养培训、资格准入、招聘聘用、职称评聘、考核评价、薪酬分配等环节，推动教师聘用管理过程科学化。不断完善职业教育教师评价标准体系，提高教师队伍专业化水平。

（三）加强教师队伍职业道德素养与师德师风的建设

师德师风建设是教师队伍建设中的重要组成部分，同时也是一项长期的系统性的工程，因此我们的高职院校领导层一定要将师德师风建设放在日程上，师德师风建设一定要落到实处，这就要求我们把师德师风建设融入到高职院校的教职员工当中，在教师中，主要以师德师风教育为重点，以爱岗敬业教育为重点，因为师德师风建设主要的点就在教育上，着重体现引导和建设。要想做好师德师风建设，首先要深入地开展学生教育活动，不断地提高教师对师德师风的建设认识，提高广大教师建设自身思想道德的自觉性，这样也能够为师德师风建设的开展奠定基础。

（1）引导教师提高自身的思想修养

从教师本身定位，树立"黄炎培职业教育理念"，加强职业情操的陶冶，强化职业道德修养，坚持榜样示范引导，养成良好的教师素养和师德师风。

（2）善于总结实践，收获技能与素养

高职院校"双师型"教师在自身参加实践的过程中，要善于学习，学习一线人员的操作流程，熟练操作技能；学习从业人员的职业道德与素养，结合自身专业备课、上课，要密切接触所教专业学科的专业读物以及查阅相关资料，以丰富教学内容，提高学生学习兴趣。在实践过程中与自身的理论相结合，从而对所从事的专业形成一个完整的认识，以更好地向学生传授知识与技能。

（四）加强教师队伍教育教学能力的建设

1. 高职院校新进教师的职前培养

职前培养主要指的是吸收高等职业技术师范学院的毕业研究生和优秀的本科毕业生充实师资队伍。这些毕业生热爱职业教育，专业思想巩固，重视实践，初步具有"双师"素质，他们很多人取得了高级或中级职业资格证书，在职业学校任教，留得住、用得上。在工作岗位上再继续对他们进行培养和培训，他们会较快地成为高水平的"双师型一体"教师。相比较而言，德国非常重视职业教育教师在职业界的实际工作经历，大学毕业生要成为职教教师，要有5年或5年以上的工作经验。在我国职教师资的培养仍然沿用普通师资的培养模式，即学校本位培养模式，很多新教师上岗前对自己即将工作的环境、工作性质一无所知，缺少在实际工作场景中的训练。针对以上这些情况，职前培养应该采取建设培养基地和开办网络大学的方式打造"双师型"教师的摇篮。

2. 加强高职院校教师的培养基地建设

建设具有一定规模、适应培养技能型人才需要的，面向社会、资源共享的高水平职业教育实训基地。组建培养国家级高水平示范职业技术院校"双师型"教师摇篮的师范大学。这是不同于普通师范大学的工程，是培养目前高职院校紧缺的"双师型"教师的学校，是振兴中华民族的重要工程，应高瞻远瞩，及早启动，并予实施。

3. 高职院校"双师型"教师校本研修

教师校本研修主要是指为了满足学校教育改革和教师自身发展的需要，由学校发起、组织并以学校为基地，以本校教师为本，对教师进行在职教育和培训的形式。这里的高职院校校本研修是指高职院校立足实际情况，结合高职教育的特点，针对高职教师素养实施的教师校本教育和培训。具体内涵是，高职院校结合本校的特色和改革需要，充分考虑在职教师的专业发展需求，以本校为主要基地，充分利用本校资源，创造良好的软硬件条件，通过多种形式为教师提供的一种支持性的在职教育。

（五）加强实践锻炼，加强高职院校教师专业技能的建设

1. 在学校中选派业务水平较高、有敬业精神的青年教师到发达地区、国家的高职师资培训基地进修学习，提高其教学水平和职业技术。经过国外及发达地区进修的专业教师眼界开阔、思想比较活跃，不仅能学到先进的科学技术知识，而且能学到先进的科学方法和教育技术，能把高职教育的最新理论和对教师的最新要求带回学校，使得本校教师的水平与国际高职教师水平接轨，产生国际型的"双师型"教师。

2. 选派一定比例的中青年专业教师定期到企事业、科研单位挂职锻炼。为了提高专业教师理论联系实际的能力，要求其专业教师，特别是缺乏专业实践经验的青年教师，都必须到企业进行专业实践的锻炼。职业院校每学期抽调专业教师到企业进行实践锻炼，大体完成以下几项任务：①开展行业或专业的社会调查，了解自己所从事专业目前的生产、技术等的现状和发展趋势，以便在教学中及时补充反映生产现场的新科技、新工艺；②带着教学中的一些课题，到企业中去向有丰富实践经验的管理技术人员请教，在他们的帮助下提高科研能力，提高教学质量；③加强学校与企业的经常性沟通与联系，为"产学研"结合建立纽带。通过一段时间的专业实践，这些教师不但能掌握生产技术，也能具备实践经验，讲起课来能联系生产实际，言之有物，具体生动，教学效果必会大为改观。学校必须依托社会，加强和企业、公司、科研院所的合作，走校企、校厂联合办学之路。学校可以利用企业、公司的资源，建立教学、科研实践基地。经常派教师到企业、公司参观考察，挂职锻炼，带领学生实习和实践，了解最新的科技动态和管理方法，弥补校内教学的不足，同时将新技术、新方法融入教学科研之中。企业和学校可以开展横向科研合作，利用校企双方的技术、设备、人才等方面的优势，取长补短，进行技术攻关，共同开发、研制新产品、新项目。

3. 制订计划，定期培训。根据学校专业的实际需要，制订"双师型"教师培训计划，定期聘请有关专家对教师进行心理学、教育学，特别是专业技能和实际操作方面的培训，以提高教师的业务水平和操作能力；要在教师间开展观摩课、专题讲座和研讨活动，让教师在做中学、在学中做，不断提高理论水平和实践水平。学校在培养人才的过程中，对教师队伍也要始终重视"终身学习""全员学习""全程学习"，并把学习转化为创造力。高职院校要做到：一要终身学习，学习专业知识和技能，提高职业素养，如果每位教师都培养了终身学习的强烈意识和习惯，他们就能自觉地在工作中不断学习。二要全员学习，学校的决策层、管理层、操作层都重视学习。三要全程学习，使学习贯穿于学校组织系统运行的整个过程之中。要把学习转化为创造力,不仅要学习大量的知识,获取更多的信息,而且也要学会应用现代智能技术来提高学习与教学效率。同时学校也要强调把学习和工作有机结合,相互促进,学校应定期向师生推荐好书、好的学习资料,并定期开展学术交流,促使师生员工不断地学习、探索,最终使学习的过程变成工作的过程、自我提高的过程,而"双师型"教师队伍也会在学习与工作中日益壮大。

将那些从企业引进的实践操作能力强的教师,重点送到条件比较好的院校的对口专业进行学习深造;将那些缺少相关实践经验的教师安排到企业、生产一线中实习锻炼;对一些经验十分丰富的老教师,实施"以老带新"制度,让他们对中青年教师定期进行培训、指导。要积极引进生产、管理一线的人员担任专业课教学工作,充分培养学生的实践能力和动手能力;要积极聘请行业专家、企业专家担任专业性非常强的课程的客座教授,对现场技术、技能水平进行指导、讲学。

(六)加强高职院校教师队伍科研能力的建设

新升格的高职院校科研是个弱项,要以科研促教学需有个过程。学校可以通过举办科研讲座,聘请专家为教师做关于科研方面的讲座,提高教师对科研的认识,学习科研的基本知识和基本方法;通过报告、论文等的撰写来记载和反思自己的教学实践;通过申报课题和举办论文评奖活动等,鼓励教师积极进行科研活动和课题研究活动;鼓励部分骨干教师联系社会实际,推出切合企业实际需要的科研成果。

(七)建立稳定的校外兼职教师队伍

要充分利用社会资源,将企事业单位那些有着丰富经验、掌握先进技术、具有实际操作能力的专业技术人员引进到高职院校,利用他们的技术技能、实践经验,培养高职院校学生的动手能力、技术能力、实际操作能力。同时,也弥补校内教师不足。也是高职院校建设"双师型"教师队伍的关键因素之一。目前,校外兼职教师队伍与学校关系比较松散,基本上是有课到学校。他们和学校没有形成合力,他们的作用发挥得不够好。因此,学校要同兼职教师签订长期聘用合同,按月发放津贴,使兼职教师有一种归属感,而不是只给任课期间发讲课费。

(八)加强高职院校教师队伍管理制度的建设

作为高职院校"双师型"教师,一定要做到与时俱进,要在职业教育观念、内容、方法、手段上时刻更新,教师如果按部就班不重新学习,将无法适应未来的职业教育要求。"双师型"教师的专业发展是一项长期而艰巨的工作,其成长不仅仅是他们个人的责任,也是国家与学校的责任。国家与学校应该为此提供相关专业制度和调整专业待遇,促进"双师型"教师的专业发展。

1. 采取激励措施，促进"双师型"教师队伍建设

职业院校应该从制度上、从政策导向上向"双师型"教师倾斜，如可以规定：要想成为学科带头人或骨干教师必须具有一年以上的企业实践经验，有一至两项科研成果等，并对获得"双师"资格的教师给予低职高聘、提高工资、享受学术休假、出国培训等优惠待遇，并提高其课时津贴；被评聘为学校学科、专业带头人的"双师型"教师，每月给予专项津贴以及书报资料费等。这些政策与措施看得见、摸得着，对调动广大教师积极参与教学和管理起到了激励作用。

2. 制定相应的激励机制，引导"双职称"评定，提高"双师型"教师待遇

"双师型"教师要得到社会的认可和重视，必须得到政策上的扶持，其中职称评审尤其重要。政府人事部门和教育行政部门要改变现行的在职称评审过程中将高职高专院校和普通本科院校教师评审条件等同的做法，制定适应高职高专教育教学特点的职称评审条例。高职院校教师职称评审必须与高职教育教学特点结合起来，评审条件要体现高职教育特色，突出实践能力，不宜过分强调发表论文的数量和刊物等级的高低，而应重视实际操作能力和实际应用研究能力。要完善教师第二职称的评审体制，建立相应机构，通过"以考代评"等方法，使教师获得第二职称。同时，对于具有"双证"职称的教师，在聘任时可以高聘一级，如同时具有讲师和"工程师"职称的，可以聘为副教授；具有副教授和"高级工程师"的，可以聘为教授，提高"双师型"教师在工资福利等方面的待遇。学校要设立"双师型"教师津贴等激励机制，促使更多教师成长为"双师型"教师。

3. 引导"双师型"教师努力提高自身素质

高职院校和职业教育管理部门要改变教育思想和观念，高度重视"双师型"教师队伍的建设，制定促进"双师型"教师成长的激励政策，促使全体从事职业教育的教师主动转型，努力成为"双师型"教师，成为高职教育发展的主力军。在高职院校，教师只有转型成为"双师型"教师，才有立足之地；学院只有建立一支"双师型"教师队伍，才能在飞速发展的高职教育事业中处于不败之列。

4. 对"双师型"教师要做到使用与培养相结合

（1）建立"双师型"教师定期认定制度，明确"双师型"教师的职责。

（2）建立专业教师定期到生产、建设、管理、服务第一线实践锻炼的制度。结合校外实训基地建设，建立相对稳定的"双师型"教师培养基地，将会收到事半功倍的效果。

（3）建立理论教师与实践教师轮岗制度，推动高等职业教育理论教学与实践教学的一体化。

（4）鼓励教师积极参与科技服务与开发活动。科技服务与开发是高等职业教育的

重要组成部分，对一所学校可产生多方位的辐射效应，促使教师向"双师型"发展。开展科技服务与开发，既加强了与生产科研部门的联系与合作，也为教师创造了生产实践和继续提高的机会和条件，帮助他们开阔眼界了解市场需求，从而加快教学内容更新和教学改革。

（5）不断完善学校的建设。高职院校应重视实验室的建设，重视面向社会、面向专业的资质（如勘测、监理）的获得，重视加强与专业有关的管理及生产部门的联系，取得这些部门的支持，以便为教师提供良好的实习实训场所。同时给教师下达与教学有关的生产任务，使教师直接参与生产实践，为教师获得技术职称提供机会和时间。

5. 建立高职教师培养经费的投入制度

要解决高职教师队伍存在的整体素质不高和教师的来源问题，必须加大对高职教师的培训和培养的力度。主要是对学历和能力的提高、学科带头人和骨干的培养、高职师资培养基地的建设，这些都必须有经费的投入。而目前高职教育经费的投入严重不足，在师资队伍建设上的投入更是少之又少。因此，建立高职教育培养经费的投入制度势在必行。

6. 建立高职院校教师的流动制度

从高职教师个体来看，一方面同其他人才一样需要流动实现职业的转换，以求自身的发展；另一方面也应面对职位的变更实行结构优化的现实。而这些流动必须有一整套制度来保证。同时，高职院校要从其他单位吸纳具有丰富实践经验的兼职教师也有许多现实的困难，这些都需要有相应的制度。因此，建立高职院校教师流动制度，不仅是高职教师自身的需要，也是高职教师队伍结构优化的需要。

7. 建立"双师型"教师的选拔制度

为了保证高职院校"双师型"教师队伍的连续性和稳定性，需要不断补充教师数量。选拔的方法主要有两个：一是从外校调入，具体对象是具有讲师以上职称，同时具有一定的实践教学经验并获得专业技术资格证的教师。二是从生产、建设、管理、服务第一线部门引进那些具有一定的理论知识，特别是具有丰富实践经验的人员，这是选拔"双师型"教师的一个重要渠道。

（1）从普通高校引进相关专业具有副高以上职称、45岁以下的中青年专业教师，形成骨干教师队伍。

（2）从公司、企业引进调入既有理论基础，又有专业技术经验的本科以上学历、中级以上职称，40岁以下的中青年工程技术人员充实教师队伍，成为"双师型"专业教师。

（3）从国内重点大学和海外留学回国人员中，挑选一批具有本科或硕士以上学历、专业对口的人员组成青年教师队伍。

（4）从企业调入的教师和从院校分配的教师在1年内完成高等教育学、高等教育心理学等课程的学习，参加高校教师上岗资格的培训和考试，取得相应证书。

（5）没有企业工作经验的教师利用寒暑假到对口企业（行业）实习2个月以上，增强实践能力。

（6）40岁以下青年教师参加在职研究生进修学习。

（7）充分发挥专业指导委员会和兼职教师的作用，每学年召开两次以上座谈会，不断提高教学水平和改进教学方法。

参考文献

[1] 徐金寿，吴玲洪. 产学合作 互惠互利——职业院校学生实习有效机制的构建与实验 [J]. 农机化研究，2005(6).

[2] 徐金寿. 职业院校学生毕业实习模式研究与实践 [J]. 江西农业大学学报（社会科学版），2005(3).

[3] 徐金寿. 教师教学质量评价指标体系设计的研究与实验 [J]. 职业技术教育，2005(2).

[4] 徐金寿. 学生实习模式和有效机制的构建与实验 [J]. 浙江职业技术教育通讯，2006(6).

[5] 徐金寿. 教师教学质量督导评价的理论与实践 [J]. 职业教育研究，2007(2).

[6] 卢之章. 生产实习教学法 [M]. 北京：中国劳动出版社，1995.

[7] 马庆发. 当代职业教育新论 [M]. 上海：上海教育出版社，2002.

[8] 谢杭生. 产融结合研究 [M]. 北京：中国金融出版社，1999.

[9] 孙灿成. 学校管理学概论 [M]. 北京：人民教育出版社，1993.

[10] 刘春生，徐长发. 职业教育学 [M]. 北京：教育科学出版社，2002.

[11] 吕文升，方天培. 现代教育学 [M]. 上海：复旦大学出版社，1993.

[12] 董明传. 面向 21 世纪我的教育观（成人教育卷）[M]. 广州：广东教育出版社，2003.

[13] 毕淑芝. 比较成人教育 [M]. 北京：北京师大出版社，2003.

[14] 谭力文. 管理创新 [M]. 北京：民生与建设出版社，2001.

[15] 汪利兵. 教育行动研究：意义、制度与方法 [M]. 杭州：浙江大学出版社，2003.

[16] 高广君，卢亚东，徐眉举，等. 质量要素分解——评价法在教学管理工作中的应用 [J]. 中国高教研究，2001(1).

[17] 鲁洁. 超越与创新 [M]. 北京：人民教育出版社，2001.

[18] 徐方瞿. 创新与创造教育 [M]. 上海：上海教育出版社，1998.

[19] 陈思伽. 中等职业学校学生思想政治教育现状及对策研究 [D]. 江苏：南京林业大学.

[20] 卢梦云. 中等职业学校思想政治教育教学的实效性研究[D]. 云南：云南师范大学.

[21] 劳春南. 新时代中职会计专业德育工作的内容与措施探讨[J]. 广西教育, 2020（10）: 33-34.

[22] 孙明明. 上海高校心理咨询机构与学生辅导员队伍合作关系研究[D]. 上海：华东师范大学.